国家出版基金项目
NATIONAL PUBLICATION FOUNDATION

西安城墙遗产保护与研究丛书

主编 ■ 范明　杨进

西安城墙墙体变形监测四色分级预警体系研究及推广应用

吴　春　钱春宇　王　龙 ——• 著

西安出版社

图书在版编目（CIP）数据

西安城墙墙体变形监测四色分级预警体系研究及推广应用 / 吴春，钱春宇，王龙著 .— 西安：西安出版社，2022.9
（西安城墙遗产保护与研究丛书 / 范明，杨进主编）
ISBN 978-7-5541-5800-5

Ⅰ.①西… Ⅱ.①吴… ②钱…③王… Ⅲ.①城墙—旧城保护—研究—西安 Ⅳ.① K928.77

中国版本图书馆 CIP 数据核字（2021）第 247904 号

西安城墙墙体变形监测四色分级预警体系研究及推广应用

XI'AN CHENGQIANG QIANGTI BIANXING JIANCE SISE FENJI YUJING TIXI YANJIU JI TUIGUANG YINGYONG

吴 春 钱春宇 王 龙 **著**

出 版 人：屈炳耀
出版统筹：李宗保 贺勇华
策划编辑：张正原
审 稿：金普军
责任编辑：王 娟
责任校对：郑 璇
责任印制：尹 苗
装帧设计：西安飞铁广告文化传播有限公司

出版发行：西安出版社
社 址：西安市曲江新区
雁南五路 1868 号影视演艺大厦 11 层
电 话：（029）85253740
邮政编码：710061

印 刷：中煤地西安地图制印有限公司
开 本：787mm × 1092mm 1/16
印 张：15.25
字 数：194 千
版 次：2022 年 9 月第 1 版
印 次：2022 年 10 月第 1 次印刷
书 号：ISBN 978-7-5541-5800-5
定 价：98.00 元

作者简介

吴 春

1988年毕业于西北大学考古专业，现任西安城墙管理委员会副主任，国家文物局专家库成员。西安城墙预防性保护体系主要构建者。曾从事考古发掘工作十余年，主持西安市优秀民居和传统建筑调查、测绘和典型建筑修缮工作，参与大明宫国家遗址公园规划、建设和后期管理，牵头组织唐大明宫遗址申遗工作。主编《大明宫史料汇编》《唐大明宫遗址》《大明宫国家考古遗址公园暨世界遗产地运行管理标准体系》，组织参与“大明宫植物研究”“大明宫复原研究”等课题。

钱春宇

教授级高级工程师，现任机械工业勘察设计研究院有限公司环境工程院院长。主要研究方向为文物保护中的岩土与结构问题、轨道交通影响等。相关成果获省部级科技奖4项，省部级以上工程奖12项，发表论文29篇，获得专利授权5项，编写著作2部，主编或参编国家标准、行业标准各7部。

王 龙

机械工业勘察设计研究院有限公司环境工程院文保专业副总工程师，长期从事古建筑抗震、振动控制及预防性保护研究。在国内外学术期刊发表论文20余篇，其中SCI检索10篇，出版专著1部，参编标准2部，发明专利2项。

总序

城墙，是远古先民告别蒙昧、进入文明时代的要素之一。它是古代城市的重要构成要素，不仅具有防御性功能，更是社会经济文化发展的重要载体和政治统治的象征。中国幅员辽阔，历史绵长，疆域的相对稳定和文化发展的延续性，成就了一脉相承的东方文明，筑造了数目众多的城垣建筑。然而，由于战火和岁月的侵蚀，宋元及更早时期的古代城市城墙大多湮没于地下或仅保留基址和残段。能够基本完整保留至今的西安城墙，成为体现我国古代城垣建筑的重要代表。

西安城墙是明洪武三年至十一年（1370—1378）在唐长安皇城的基础上扩建而成，轮廓呈封闭的长方形，周长13.74千米，是现存规模最大、保存最完整的古代城垣建筑，更是千年古都西安最重要的标志性古建筑，展现了中华民族在政治、军事、建筑、科技、文化等领域的杰出成就，见证了西安城市发展过程中具有转折意义的重要事件，成为第一批全国重点文物保护单位。经过整体保护和环境整治后的遗产景区——西安城墙，形成了与现代都市环境和谐共存的独特历史文化景观，体现出东方文明持久的生命力，是中华民族当之无愧的文明瑰宝。

西安城墙环绕围护着古都西安，似阅尽沧桑的老人沉稳淡定、默默无言，把无数历史秘密深藏在厚重斑驳的青砖之间。2015年2月，中共中央总书记、国家主席、中央军委主席习近平在西安城墙考察调研时指出：“这是世界级的宝贝，要保护传承好。”古老的西安城墙如何在新时代承担起展示历史遗存及古代文明，弘扬中华文化、古城文化及构建西安当代文明的光荣使命，是新一代城墙工作者的历史责任。因此，加强对西安城墙的研究和保护，就成为一项重要而又迫切的任务。

为了更好地保护和传承西安城墙的历史文化，实现遗产的保护、利用和可持续发展，西安城墙的遗产保护团队总结多年来的研究和工作实践，组织编写了《西安城墙遗产保护与研究丛书》，全面揭示城墙遗产的历史、价值以及保护与管理的状况，不仅弥补了明清民国时期西安城墙历史研究的短板，而且系统性地对唐长安城含光门遗址防渗工程等近年来西安城墙文化遗产的保护实践工作进行了梳理，提炼出可供全国众多城墙遗址保护参照借鉴的经验、办法和实用（关键）技术。同时，总结阐释了西安城墙保护概论，整理了微地质环境等基础资料，特别是对文保工作新理念在实际工作中的应用进行了提炼升华，率先创造性地提出了文物本体安全四色分级预警体系，迈出了西安城墙践行预防性保护理念的关键一步。

本套丛书以翔实、可靠、丰富的内容反映遗产的构成、价值、特点和保护实践，坚持科学、系统地描述遗产，以充分的资料展示良好的保护和管理现状，力求诠释西安城墙的历史文化价值及独有的文化魅力。同时，以专业的视角、通俗的语言，深入浅出地从城墙建设保护史、遗产监测、地质条件、文保工程技术、预防性保护等多维度、深层次、系统性地展开探讨研究，既有理论深度，又与遗产保护实际工作紧密联系，展现了当代西安城墙文化遗产保护传承工作的业绩和水平。

如今，文化遗产保护传承的国际关注度日益提升，已成为全人类共同关注的话题和刻不容缓的任务。出版《西安城墙遗产保护与研究丛书》就是用行动落实好习近平总书记殷殷嘱托的重要举措，也是我国明清城墙联合申报世界文化遗产的题中之义，希望本套丛书也能为我国文化遗产的保护传承事业作出实质性的贡献。

安家瑶

2022 年 6 月

目录

第一章

概况

第一节　城墙病害类型与主要特征

一、病害概述

西安城墙是明洪武年间在唐皇城基础上扩建而成的，自建成起，600多年的岁月里，城墙屡经破坏然后修葺的轮回。其内部包含有从隋唐至明清，乃至民国到新中国各个时期所留下的痕迹，历史信息十分丰富，构成异常繁杂。再者，城墙是由砖、土、木等多种建筑材料共同构成的建筑物，组成结构十分特殊。如今，在周围环境变化以及人类活动的长期影响下，城墙面临着许许多多的问题。西安城墙墙体所包含的病害主要有：墙体地基不均匀沉降变形，内外两侧墙体存在大量的裂缝；顶部海墁存在大量裂缝，海墁沉降不均出现大量积水沉陷区；内外两侧墙体产生了侧向变形，即鼓胀变形；墙体内部有许多人工洞穴、空洞，并存在不密实、高含水率等缺陷；墙体内部夯土层与表砖层之间有很多处托空，墙体内部虫害，城砖表面风化，等等。

2005年12月30日，西安城墙景区管理委员会的工作人员发现：14号和16号马面区段的裂缝活动加剧，在两个月前刚刚用水泥抹缝的裂缝又重新裂开，宽度达到20mm（图1-1、图1-2），表明裂缝发展很快，对城墙安全的威胁与日俱增；而维修加固文昌门至南门段内城墙墙体时，拆除外包砖砌体后，芯墙土体中显露出大量的上下贯通式裂缝和洞穴，芯墙夯筑土的含水量很大，在失去外包砖砌体支挡作用后，局部土体发生突发性垮塌（图1-3）。可以想象，如果没有进行加固维修，而是任由裂缝继续扩大，当墙体突然垮塌时有可能造成更大的危险，甚至危及顺城巷行人。当时该事件引起了全国范围内相关领域保护人员的高度重视，也让我们认识到提前预知掌握病害发展规律，把隐患消除在可控范围，对文物进行预保护的重要性。

图 1-1　14 号马面区段海墁裂缝（镜头向西）

图 1-2　16 号马面区段海墁裂缝（镜头向西）

图 1-3 20 号马面区段内城墙呈多条裂缝且正要垮塌（镜头向南）

二、古建筑及墙体不均匀沉降变形

不均匀沉降变形，即城墙在不均匀沉降作用下，局部区域发生变形的病害。这些病害在不同位置分别表现为墙体基础下沉、海墁沉陷等。

墙体基础明显下沉的情形较多见，而且下沉区域往往伴生有典型的八字形沉降裂缝（图1-4）。

海墁地面沉陷是不均匀沉降变形最为普遍的形式（图1-5、图1-6）。通过调查，我们发现在长13.74km的海墁一周，地面沉陷随处可见，主要集中于南城墙与西城墙的海墁上。海墁沉陷破坏了城墙原有的排水体系，并在沉陷区域边缘发育成裂缝，导致雨水积聚并沿顶部裂缝下渗。

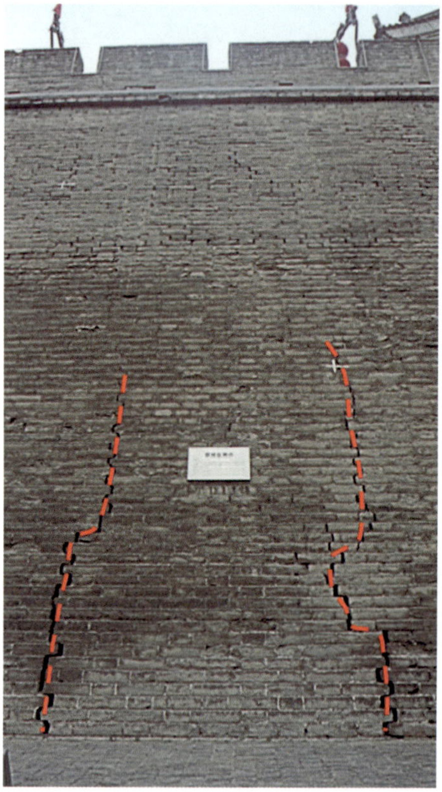

图 1-4　17 号马面区段地基下沉及裂缝（镜头向北）

图 1-5　17 号马面区段海墁下沉及裂缝（镜头向西）

图 1-6　29 号马面区段海墁下沉及裂缝（镜头向东）

三、墙体鼓胀

鼓胀多发生于外墙及瓮城内墙，表现为局部墙面显著向外突出，发育严重者，部分城砖已经顶出墙体，形成裂缝。鼓胀从海墁高度向下至墙脚的墙面均有发生。根据现场调查发现，墙面鼓胀主要发生于北门（安远门）瓮城内西墙、北墙（图1-7），南门（永宁门）瓮城内北墙，西门（安定门）城楼下外侧南墙，14号马面，46号马面等部位。

鼓胀的出现主要是因为城墙内部夯土成分的复杂性。不同成分的夯土性能存在差异，当温度、含水率等条件发生改变时，会产生不同的胀缩变形，长此以往，夯土间黏结力降低，加之城墙上游人、车辆等的长期荷载作用，许多墙体开始出现鼓胀变形破坏。

图 1-7 北门瓮城内墙鼓胀（镜头向东）

四、墙体裂缝

裂缝是城墙最常见的一种病害，根据发育位置分为墙体裂缝和海墁裂缝。城墙墙体上长度不同、宽度不一的大小裂缝不计其数。从裂缝形态来看，墙体裂缝大致可以分为两种情况：一种为自上而下发生、发展，呈上宽下窄型或中间宽两头窄型；另一种为自下而上发生、发展，呈下宽上窄型。

就目前调查情况来看，发育在外墙上较宽的裂缝有100余条，发育在海墁上较长、较宽的裂缝有近百条，内墙裂缝较少。具体来看，仅西门瓮城就有裂缝多达76处（图1-8），其中最宽的裂缝宽度超过10cm；南门以东第二个马面、城墙东北角、小南门到西南城角（图1-9）等裂缝发育也较为严重，最宽的裂缝达30cm。从裂缝分布位置来看，在墙体转角、突出或有地裂缝经过的地带，裂缝发育最为严重。

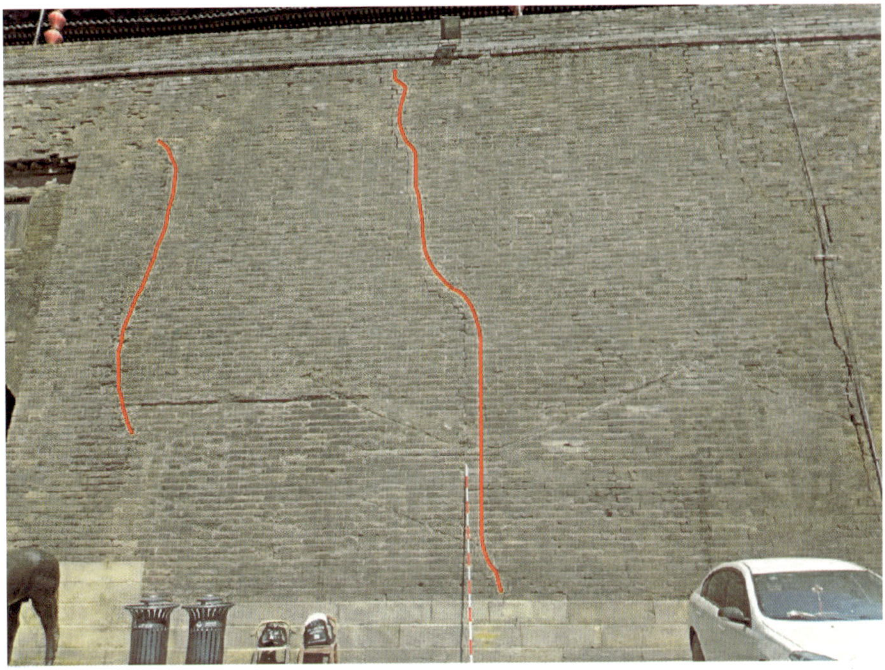

图 1-8　西门瓮城墙体裂缝（镜头向东）

图 1-9 西南城角墙体裂缝（镜头向东）

裂缝的存在对城墙的安全有很大的危害，具体表现为：破坏了城墙的整体性，导致其各方面力学性能降低；雨水顺着裂缝渗入墙体内部，致使内部土体软化，强度降低，诱发墙体沉降，发生塌陷；裂缝进一步发育，最终会导致滑坡、边缘墙体坍塌等事件发生。

产生裂缝的原因有很多，主要内因之一是夯土密实度不均。密实度不均主要历史原因是西安城墙内部夯土主体为明代所建，但在历次维修后，许多地方往往包含两个甚至更多时代的夯土层。这些不同时代的夯土层成分不同，化学组成不一，力学常数、黏结度、膨胀系数等各方面物理、力学性质存在差异，当外界环境发生变化时，不同土体间不能协同变化，长年累月，便会在内外两侧墙体上出现上宽下窄或中间宽两头窄的裂缝，在海墁沉陷区边沿出现裂缝。主要内因之二是地基不均。西安城墙周长13.74km，地基基础均匀性差，城墙墙体与马面墙体、瓮城墙体、角台墙体的阴角或变截面处等应力集中点变形差异大，在其墙体上多形成下宽上窄的裂缝。

主要外因有两类：一是因降雨等自然因素造成的。海墁不均匀沉降导致海墁局部积水并出现沉陷区，雨水进入夯土层中，局部夯土不密实的区域沉降，致使夯土层与表层海墁砖层之间脱空，脱空到一定程度，砖层超出承受极限出现突然断裂，在海墁形成裂缝，裂缝出现后又为雨水渗入夯土层形成了便利通道，进一步加剧海墁裂缝的发育，恶性循环甚至会引起墙体大面积垮塌甚至侧向坍塌。二是人类活动对墙体影响造成的。历史上人们在城墙内部开挖了近2000个大大小小的孔洞，这些孔洞的存在破坏了城墙的受力结构，应力重分布导致新的卸荷裂缝的出现；城墙一直是热门旅游景点，人流量大，电瓶车、自行车多，导致墙体荷载过大，出现许多裂缝；周边交通和活动振动影响大，城门以及城墙内外两侧紧邻公路，车流量大，同时城墙上经常举行大型活动，这些振动是加速城墙裂缝发育不可忽视的因素；城墙周边工程建设影响大，从20世纪至今，城墙内外建设不断，施工过程中降水和建成后荷载加大，都会使相邻城墙段发生较大沉降。

第二节　监测预警的重要性和必要性

一、变形监测概述

西安城墙建筑宏伟，功能设计周密，矩形城池，墙体全长13.74km，南、北垣稍短于东、西垣。每隔120m左右有1个约12m×20m的突出部，称“敌台”。城墙共有98座敌台，每座敌台上建有屯兵敌楼1座。城四隅各建角楼1座。东、西、南、北垣各建有城门1座，各门外均建有护门瓮城，瓮城上建有城楼、箭楼各1座。瓮城外临内侧护城河岸，建有控制“吊桥”的闸楼（亦称“谯楼”）1座。孔庙旁城顶建有魁星楼1座。城墙顶面以三层大砖墁砌，称“海墁”。海墁外沿建垛墙，城墙共有垛口5984个，内沿建“女儿墙”。城垣内侧建有登城马道和供排水用的“溜水槽”等。

1961年，西安城墙被列为国家重点文物保护单位。1983年，西安市政府结合市政建设整体规划，投资营建环城公园，继而将黑河水经曲江池和兴庆湖引入护城河，似一条银链围绕着城墙。西安火车站南面昔日被断开的墙体于2005年得以连接。这座距今600多年的古建筑如今已焕发出新的生机，成为古城西安一大旅游景观。

然而，西安古城墙毕竟已经经历了600多年的风霜，今天虽有幸保存下来，却已是“病害”缠身。整个城墙随处都能见到墙体裂缝、墙体基础沉降和海墁沉降、墙面鼓胀和城砖的风化剥落等，严重危及古城墙的安全，其中，“裂缝”“沉降”和“鼓胀”是目前西安古城墙安全的最大威胁。因此，对西安城墙重要“病害”部位进行变形测量，根据变形测量成果了解其变化情况，对保护西安城墙具有非常重要的作用。

二、沉降监测

根据行业标准《建筑变形测量规范》（JGJ 8-2016）观测精度要求，结合西安城墙管理委员会的观测目的，采用的沉降监测仪器及设备见表1-1，变形测量的级别、精度指标符合表1-2。现场观测照片见图1-10和图1-11。

表 1-1　沉降监测仪器设备一览表

类 别	仪器、设备名称	型 号	精 度 /（mm/km）	等 级
沉降观测	天宝数字水准仪	DiNi03	±0.3	DS05 级
	铟钢条码水准尺	配套		

表 1-2　沉降监测测量级别、精度要求一览表

项 目	测量等级	观测点测站高差中误差 /mm	观测点高程中误差 /mm
沉降观测	二等	±0.5	±1

图 1-10　沉降观测

图 1-11　沉降观测

海墁沉降观测基准点设置在距观测部位30～50m以外稳定区域的建筑物、外墙垛或女儿墙上，每个观测部位附近设置3个点。

墙体沉降观测基准点设置在观测部位附近且稳定的建筑物上，并将标志嵌入墙体内，或利用稳定构筑物上的固定标志，每个观测部位附近设置3个点。

设点时均使用电钻成孔。不同的是海墁沉降观测点竖直嵌入在海墁面砖上，顶部高出砖面约5mm；墙体沉降观测点水平嵌入在墙体下部，外露约20mm。

在海墁上设点时，视海墁沉降区域的大小，以断面形式设点。每个区域不少于3个断面，每个断面一般不少于3个点。在墙体上设点时，选择适当的高度以便立尺。

沉降观测采用DS05级精密水准仪以几何水准方法进行，每次观测都对相邻基准点的高差进行复测检查。沉降观测点的观测采用附合或闭合水准路线，观测时每次设站观测的中视点均不超过2个，且后视视距和中视视距相差不大，沉降观测每次尽可能采用相同路线，仪器位置保持不变。野外观测结束后将观测数据传输至计算机，进行水准网严密平差计算，打印观测记录、平差计算结果，编制沉降观测成果表。

水准观测的限差符合表1-3的规定。

表 1-3　水准观测限差规定一览表

视线长度 /m	前后视距 /m	前后视距累积差 /m	视线高度 /m	往返较差及附合或环线闭合差限差 /mm	检测已测测段高差之差限差 /mm
≥ 3 且≤ 50	≤ 1.5	≤ 5	≥ 0.55	$\sqrt{n}$	$1.5\sqrt{n}$

注：n为测站数。

三、墙体水平位移监测

根据行业标准《建筑变形测量规范》（JGJ 8-2016）观测精度要求，结合西安城墙管理委员会的观测目的，采用的水平位移监测仪器及设备见表1-4，变形测量的级别、精度指标符合表1-5。现场观测照片见图1-12。

表 1-4　水平位移监测仪器设备一览表

类 别	仪器、设备名称	型 号	精 度
位移观测	拓普康全站仪	MS1AX	测角 1″ 测距（1.0+2ppm×D）mm

表 1-5 水平位移测量精度要求一览表

项 目	测量等级	观测点偏差值中误差 /mm	距离中误差 /mm	观测点坐标中误差 /mm
位移观测	二等	±3	±3	±3

图 1-12 水平位移观测现场

水平位移监测主要采用测距法位移观测和坐标法位移观测。

1. 测距法位移观测

测距法应用于城墙内侧墙体水平位移观测和城墙顶部水平位移观测。分别在马面段海墁存在裂缝的区域所对应的城墙内侧区域，各设置2个位移观测基准点。城墙墙体位移观测点设置在断面线上，其标志采用固定不锈钢角铁设置在墙体上，粘贴专用测量反射片。城墙墙体水平位移观测时将全站仪设置于基准点上，实测基准点至观测点的距离，距离模式为平距（每次观测前，测定温度、气压等气象数据以进行距离改正），采用平距观测结果计算城墙内侧墙体位移变化量。

2. 坐标法位移观测

坐标法应用于墙体水平位移观测。分别在马面段海墁墙体两侧适当位置各布设一个位移观测基准点和一个后视方向点组成一条基准线。将全站仪设置于基准点上，设定假设坐标、假设方位和假设高程，用全站仪测量观测点的三维坐标（取两测回平均值），三维坐标的变化，即墙体位移的变化。

四、墙体裂缝监测

根据行业标准《建筑变形测量规范》（JGJ 8-2016）观测精度要求，结合西安城墙管理委员会的观测目的，采用的裂缝监测仪器见表1-6。变形测量的精度指标符合表1-7的规定。

表 1-6　裂缝监测仪器一览表

类 别	仪器名称
裂缝观测	拓普康全站仪

表 1-7　裂缝监测测量精度要求一览表

项 目	裂缝宽度测量中误差/mm
裂缝观测	±1

裂缝观测点分外墙体裂缝观测点和海墁裂缝观测点，海墁裂缝观测点分组设置在主裂缝两侧，点中心刻以十字标志，以两点十字交叉位置作为测量位置；外墙体裂缝观测所设置的标有刻度的一对钢板尺，以相互垂直的方式分别固定在裂缝两侧。对于较长裂缝处设置的观测标志不少于三组，在裂缝走向和宽度变化处适当增加观测标志。位于海墁上的裂缝观测点使用小钢尺

或游标卡尺量取裂缝两侧标志间的距离；位于墙体上的裂缝观测时使用仪器在垂直于尺面的固定位置进行读数。量距和尺读数均取至0.1mm，两次测量距离或读数的较差即裂缝宽度的变化量。

第三节　国内外研究现状

基于保护和管理的需求，国外的遗产地开展了一系列的监测工作，许多遗产地已建立了较为完善的保护体系，如建立了相应的保护机构，也颁布了相应的保护法规。在监测工作方面，应用空间技术、信息化手段对遗产地进行监测，并利用监测数据和信息进行分析和评估。早在20世纪70年代，意大利就设想建立用于遗产保护的文化遗产风险评估体系，到90年代，该体系发展成一个科学化、规范化的体系。该体系主要通过相关的监测技术和信息手段，识别和量化遗产所面临的风险，并确定其优先级，从而记录影响遗产的风险因素的相关数据，为遗产的保护提供科学的决策依据。加拿大遗产管理者也已经对本国的建筑遗产建立了监测体系，并通过日常的记录留档，分析遗产病害原因，以便掌握了解遗产的变化情况。英国对本国的遗产也开展了日常监测工作，并对伦敦西部的建筑遗产，构建了保护区变化监测体系。

在监测技术方面，Hernandez就遥感体系和地理信息体系等监测技术在历史文化遗产监测中的应用进行了研究和谈论（2004）。Hadjimitsis在塞浦路斯遗址动态监测中，采用多时相中高分辨率遥感影像进行非监督及分类及归一化植被指数变化信息提取，对遗产地周边地区土地利用采取了动态研究分析，并提出进一步利用GIS技术进行旅游监测（2004）[①]。Stine Barlindhaug将多时相遥感数据与考古数据集成，应用于挪威北部海岸线一带遗址的动态监测中，采用基于NDVI的变化信息提取办法，并使用“预警模型”分析了植被再生过程对遗产地的威胁（2007）。

在2015年中国石质文物保护国际学术研讨会上，意大利Heleni Porfyriou以“世界遗产地和历史中心的监测——意大利的贡献”为题介绍了欧洲最初从有形的角度保护历史遗址到后来的监测保护措施和政策，并基于意大利在遗产城市进行的监测实践和经历，介绍了世界遗产地的监控情况和世界遗产的现状。日本Tanimoto Chikaosa的《石质文物保护中电阻率和无限传感器网络的应用》报告中介绍了电阻率和无线传感器网络的特点及其在石质文物保护中应用的必要性，与传统的文物保护体系相比，该体系具有易于扩充、测量准确等特点。[②]

在我国，文化遗产的监测预警工作同样受到高度关注。在20世纪70年代末，针对苏州云岩寺塔，已经逐步建立起比较科学的监测体系，对塔身的沉降、位移、裂缝变化进行跟踪监测，采用的仪器有DS1精密水准仪、T3经纬仪、手持式应变仪和千分表等，布置沉降观测点53个、位移观测点15个、裂缝观测点22个，监测结果直接形成了80年代的保险加固工程；工程结束后又以每年2～3次的频率对该塔进行跟踪观测，遇特殊天气酌情增加监测次数，以便在出现威胁塔体安全的变形时，及时发现并做出应对。宁波保国寺大殿监测，是我国对历史建筑进行全面科技监测的第一个实践案例。它的科技监

① Hadjimitsis D G, Retalis A, Clayton C R. Satellite remote sensing and GIS for sustainable development in Skiathos Island, Greece[J]. Proceedings of SPIE - The International Society for Optical Engineering, 2004, 5239(63):63-71.

② 詹长法. 石质文物保护最新研究成果的探讨交流2015中国石质文物保护国际学术研讨会述评[J]. 中国文化遗产，2015，(04)：46-49.

测任务主要分为三大部分：环境监测、材质检测和结构监测。

在全国其他城墙病害监测方面，多是利用已有监测技术对病害进行监测，或是研究监测技术的适用条件，并无涉及病害监测预警体系的研究工作。

从目前国内外研究现状来看，文物的监测预警体系建立的重要性已经成为学界的共识，针对预警体系、预警平台的尝试性研究工作已经开展颇多，取得的成果也较为丰富。目前国内外许多地方均已建立了监测预警平台，但是具体到文物病害监测的分级预警研究，特别是与西安城墙结构相类似文物建筑的研究工作则开展较少，因此，该项研究前景和推广应用前景十分广阔。

从1996年开始至今，机械工业勘察设计研究院有限公司持续对西安城墙进行测量、监测、勘察、测试、保护工作，积累了丰富的工程经验，取得了许多成果，如《西安古城墙环境振动测试与分析》《西安城墙地铁二号线穿越区段现状勘察简介》①《西安城墙北段某海墁病害勘察研究》②《西安城墙北门区段交通振动影响测试分析》③《地铁施工与运营振动对文物建筑影响研究》④。

长期监测积累了丰富的监测数据资料，这些数据资料是该研究的重要基础，对四色预警体系研究的顺利进行起到了良好的保障作用。

---

① 李俊连，郑建国，李忠明，高术孝，张炜，樊大可，叶梅.西安城墙地铁二号线穿越区段现状勘察简介[J]. 工程勘察，2008，(S1)：114-119.

② 刘艺，黄跃廷，郝丽霞.西安城墙北段某海墁病害勘察研究[J]. 工程勘察，2014，42(11)：83-87，93.

③ 张凯，董霄，邓国华，李欢，王伟，钱春宇.西安城墙北门区段交通振动影响测试分析[J]. 建筑结构，2015，45(19)：58-61.

④ 钱春宇，李俊连，张炜，郑建国，康佐，高术孝.地铁施工与运营振动对文物建筑影响研究[J]. 建筑结构，2015，45(19)：87-91.

第二章

历史监测数据汇总分析

根据资料初步分析，当马面累计沉降量小于5mm时，沉降速率极小，裂缝未发生变化。故在分析历史监测数据时选取沉降量超过5mm的马面进行进一步深入分析，选取8号、9-10号、16号、19号、21号、29-30号、32号、41号、43号、44号、45号共计9个马面，2个马面区间，以及东北城角、西北城角两个城角进行数据分析。

在分析沉降时，“+”代表隆起（上升），“-”代表沉降；分析裂缝时，“+”代表裂缝宽度变窄，“-”代表裂缝宽度加宽。

第一节　城墙8号马面分析

一、城墙8号马面测点布置

8号马面位置如图2-1所示。

8号马面共设置了10个沉降观测点，3个裂缝观测点，其中沉降观测点设在侧墙基础上，裂缝横尺设在马面的南侧。

基础沉降观测点为8-S1～8-S10，观测时间2007年10月—2016年12月。

裂缝观测点为8-F1～8-F3，观测时间2007年10月—2016年12月。

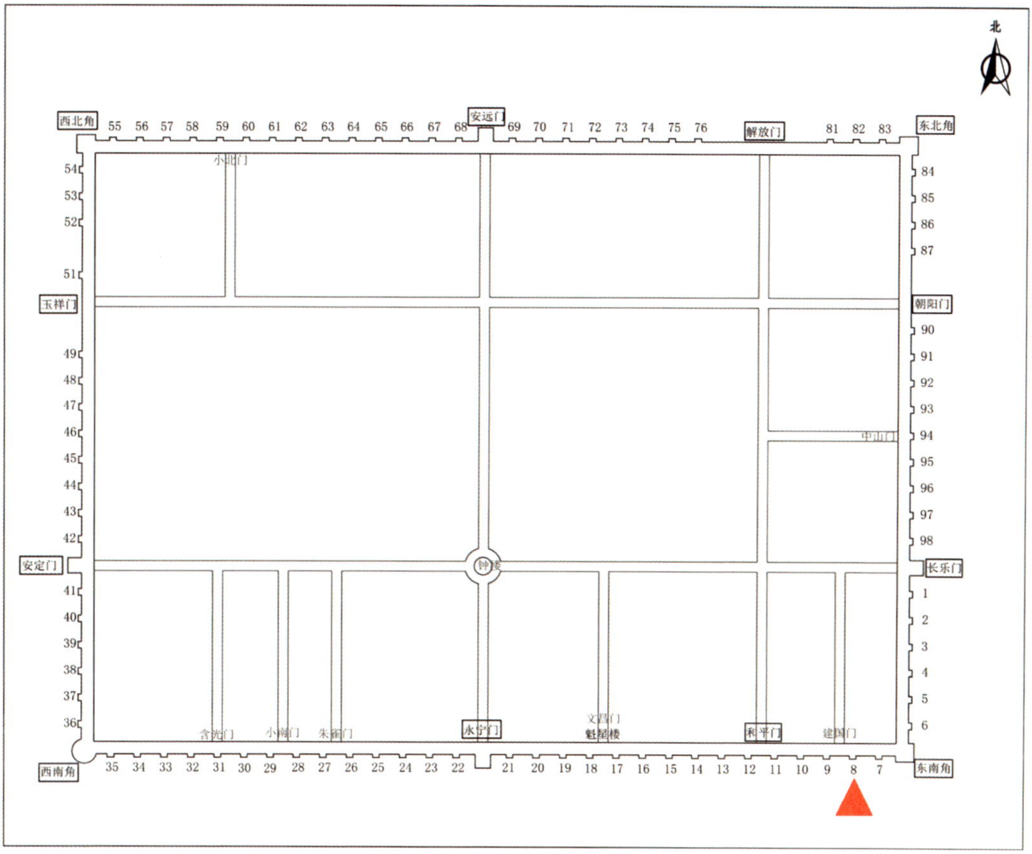

图 2-1　8 号马面位置示意图

二、城墙8号马面沉降分析

1. 沉降曲线随时间变化规律

选取基础沉降典型观测点8-S1、8-S2、8-S7、8-S10，绘制沉降曲线如图2-2所示。根据沉降变化规律，将时间分为第一阶段2007年10月—2010年5月，第二阶段2010年5月—2014年12月，第三阶段2014年12月—2016年12月。绘制累积到2014年12月、2016年10月两个时间的外墙基础等沉降曲线，分别如图2-3和图2-4所示。

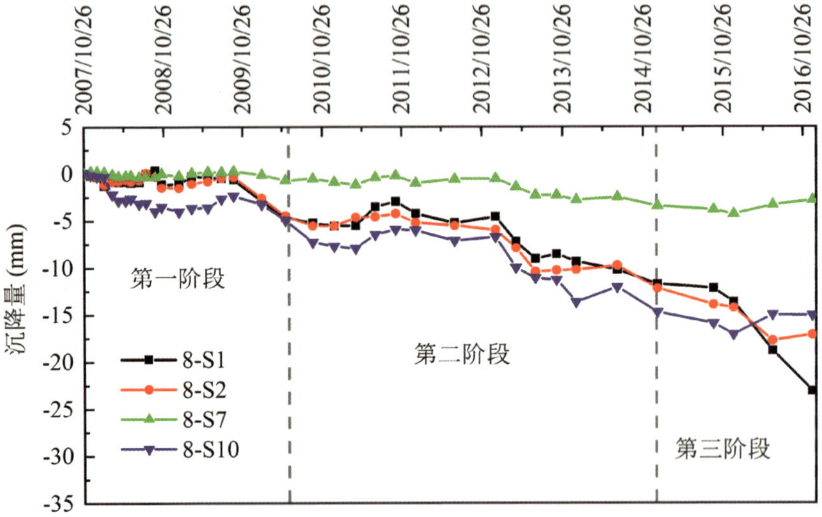

图 2-2　8 号马面沉降曲线

（1）从图2-2和表2-1可知，累计沉降量最大点为8-S1，值为23.09mm；累计沉降量最小点为8-S7，值为4.32mm，外侧墙基础差异沉降量大，东侧基础沉降大于西侧基础沉降。

（2）从图2-2可知，2007年10月—2010年5月，各观测点沉降量较小，所有观测点累计沉降量皆小于5mm。2010年5月开始，各观测点沉降量都增加明显。

2. 沉降速率分析

分别计算上述三个阶段的沉降速率，沉降速率统计见表2-1。

从表2-1可知，第二阶段8-S10沉降量最大，累计沉降量14.75mm，沉降速率0.0058mm/d。第三阶段8-S1沉降量最大，累计沉降量23.09mm，该点沉降速率0.016mm/d。可以看出沉降速率最大值发生在第三阶段。可以判断出8号马面第一阶段沉降速率较稳定，第二段沉降速率增大，第三阶段沉降速率持续增长。

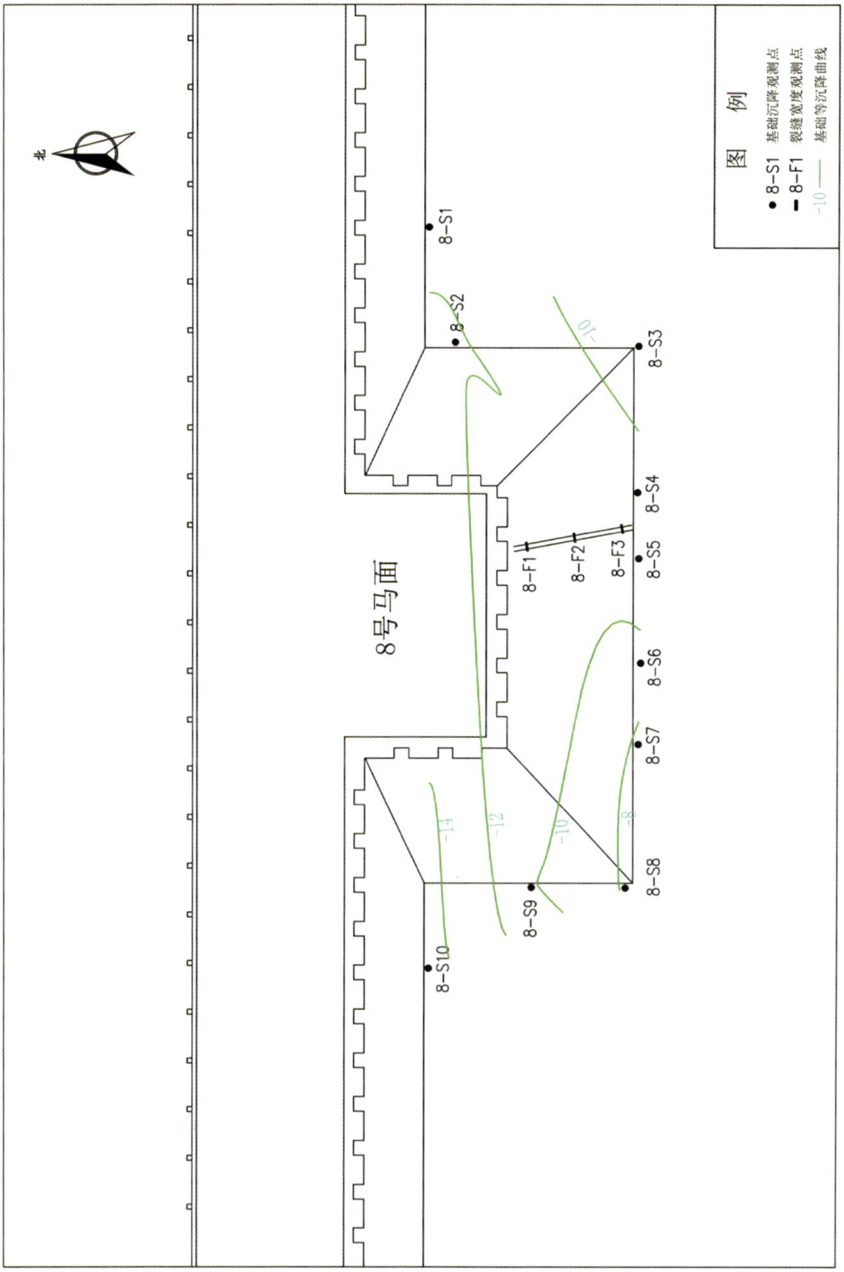

图 2-3　8 号马面基础等沉降曲线（2014 年 12 月）

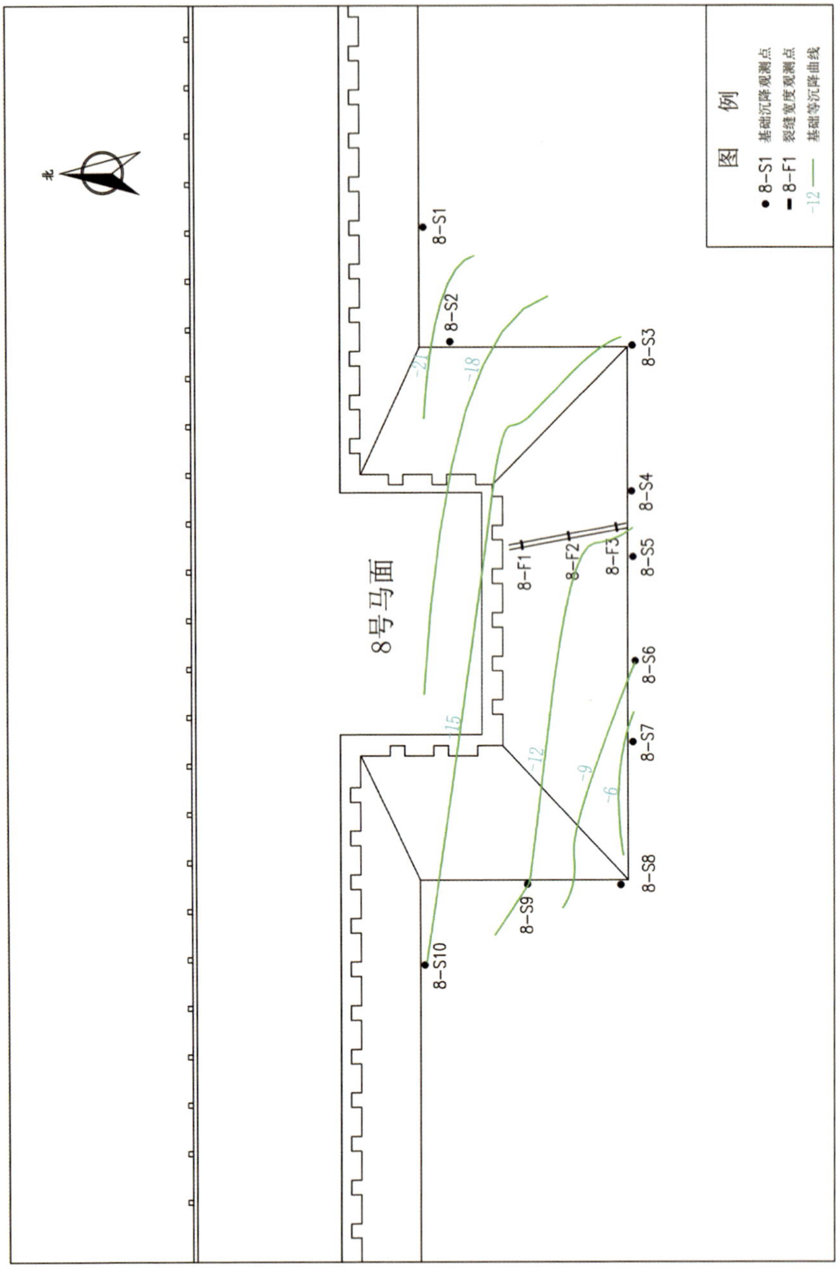

图 2-4　8 号马面基础等沉降曲线（2016 年 10 月）

表 2-1　8 号马面基础沉降量与沉降速率统计表

测点	2007.10 沉降量 /mm	2010.5 沉降量 /mm	2014.12 沉降量 /mm	2016.12 沉降量 /mm	2007.10—2010.5 沉降速率 /（mm/d）	2010.5—2014.12 沉降速率 /（mm/d）	2014.12—2016.12 沉降速率 /（mm/d）
8-S1	0	−4.64	−11.73	−23.09	−0.0050	−0.0042	−0.0160
8-S2	0	−4.53	−12.22	−17.15	−0.0049	−0.0045	−0.0070
8-S3	0	−1.74	−8.81	−14.54	−0.0019	−0.0042	−0.0081
8-S4	0	−2.62	−10.81	−12.55	−0.0028	−0.0048	−0.0025
8-S5	0	−2.33	−11.46	−11.57	−0.0025	−0.0054	−0.0002
8-S6	0	−2.26	−9.37	−9.18	−0.0024	−0.0042	−0.0003
8-S7	0	−2.07	−7.52	−4.32	−0.0022	−0.0032	−0.0045
8-S8	0	−1.70	−7.81	−6.42	−0.0018	−0.0036	−0.0020
8-S9	0	−3.73	−10.14	−12.09	−0.0040	−0.0038	−0.0028
8-S10	0	−4.96	−14.75	−15.08	−0.0053	−0.0058	−0.0005

3. 局部倾斜统计

2014年12月和2016年12月，8号马面8-S5到8-S8的局部倾斜见表2-2所示。

表 2-2 8 号马面局部倾斜统计表

时间	8-S5 到 8-S8 的局部倾斜 /rad
2014.12	0.00018
2016.12	0.00026

三、城墙8号马面裂缝变化

马面南立面侧墙裂缝上、中、下设置有3处裂缝宽度监测点，绘制裂缝宽度变化如图2-5所示。

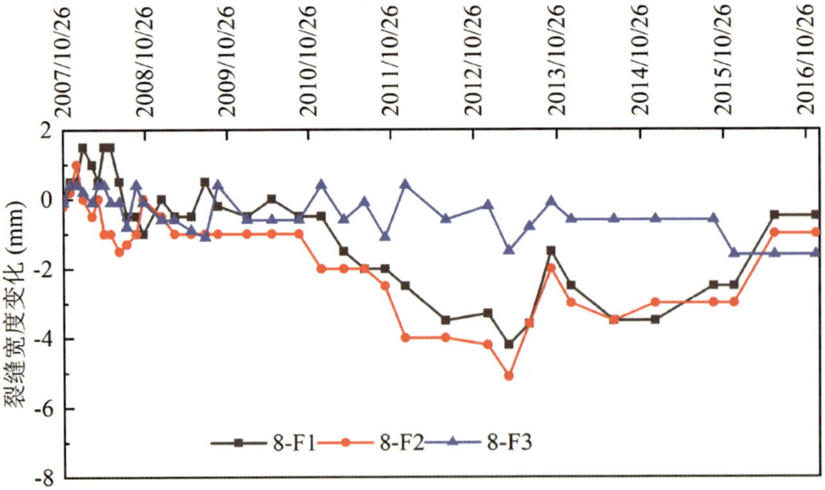

图 2-5 8 号马面外墙裂缝宽度变化曲线

裂缝8-F1宽度加宽最大值为4.2mm，8-F2为5.1mm，8-F3变化不大。2016年6月—2016年12月，8-F1、8-F3宽度变化缩小至1.0mm内。

上部8-F1和中部8-F2裂缝观测点宽度增加量大，下部8-F3宽度基本不变，其主要是由马面东西部沉降差异造成的。

四、观测结果小结

（1）2007年10月—2010年5月，各沉降点累计沉降量小于5mm，墙体裂缝宽度变化微小。

（2）2010年5月—2014年12月，累计最大沉降量接近15mm，最大沉降速率0.0058mm/d，马面西北角8-S10沉降量最大，西南角沉降量最小，裂缝两侧最大倾斜0.00018rad，墙体裂缝宽度增大，累计增加宽度接近或达到5mm。

（3）2014年12月—2016年12月，沉降速率增大，最大沉降速率为0.016mm/d，东北角8-S1累计沉降量为23.09mm。总体而言，8号马面南侧、东侧沉降量较大。

8号马面基础沉降变化和裂缝宽度变化统计见表2-3。

表2-3　8号马面基础沉降变化和裂缝宽度变化统计表

序号	时间段	累计沉降量 s/mm	最大沉降速率 v/（mm/d）	累计裂缝宽度变化量 d/mm
1	2007.10—2010.5	$s \leqslant 5$	−0.0053	$d \leqslant 2$
2	2010.5—2014.12	$5 < s \leqslant 15$	−0.0058	$d \leqslant 5.1$
3	2014.12—2016.12	$15 < s \leqslant 30$	−0.016	$d \leqslant 4$

第二节　城墙9-10号马面区间分析

一、城墙9-10号马面区间测点布置

9-10号马面区间位置如图2-6所示。

9-10号马面区间共设置了24个沉降观测点，5个裂缝观测点。其中沉降观测点和裂缝横尺均设在海墁上。

海墁沉降观测点为9-S1～9-S24，观测时间2015年12月—2016年12月。

裂缝观测点为9-F1～9-F5，观测时间2016年2月—2016年12月。

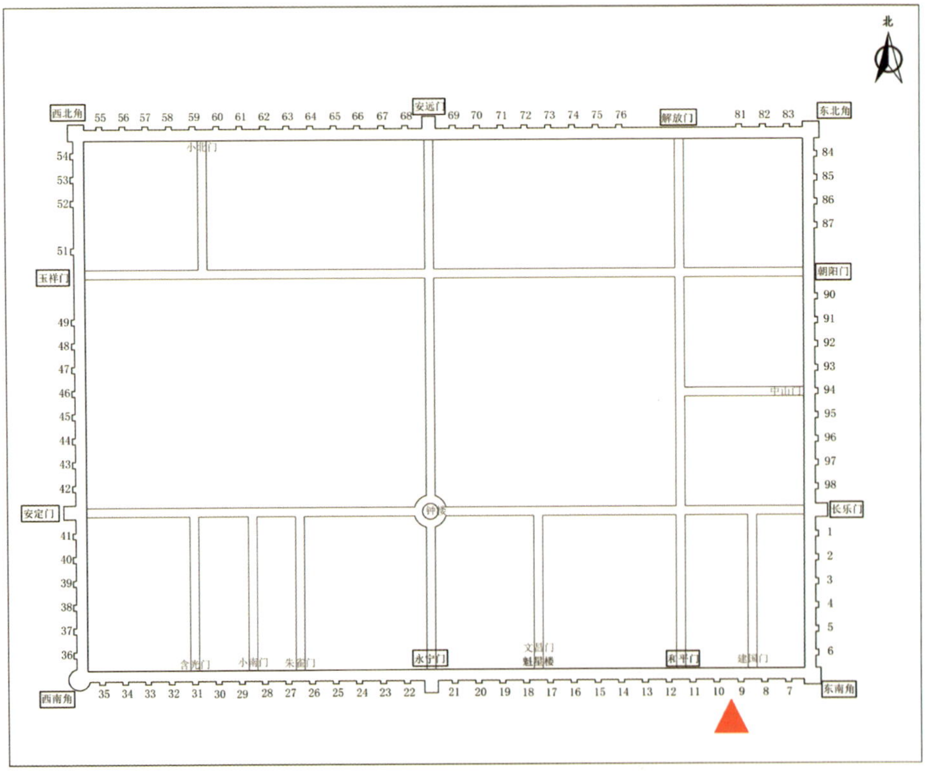

图2-6　9-10号马面区间位置示意图

二、城墙9-10号马面区间沉降分析

1. 沉降量分析

选取海墁上沉降量较大的观测点9-S3、9-S4、9-S5、9-S9，绘制沉降曲线如图2-7所示，绘制海墁等沉降曲线如图2-8所示。

（1）从图2-7可以看出，2016年6月之前沉降量很小，2016年6月之后沉降量显著增加。

（2）从图2-8和表2-4可以看出，9-10号马面区间沉降分布不规律，但总体呈西侧沉降大于东侧沉降的规律。最大沉降点位9-S4达到17.81mm。

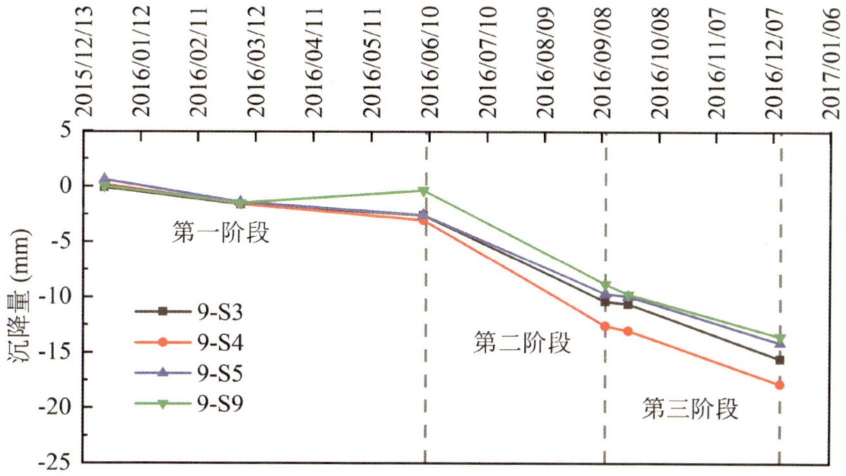

图 2-7　9-10 号马面区间沉降曲线

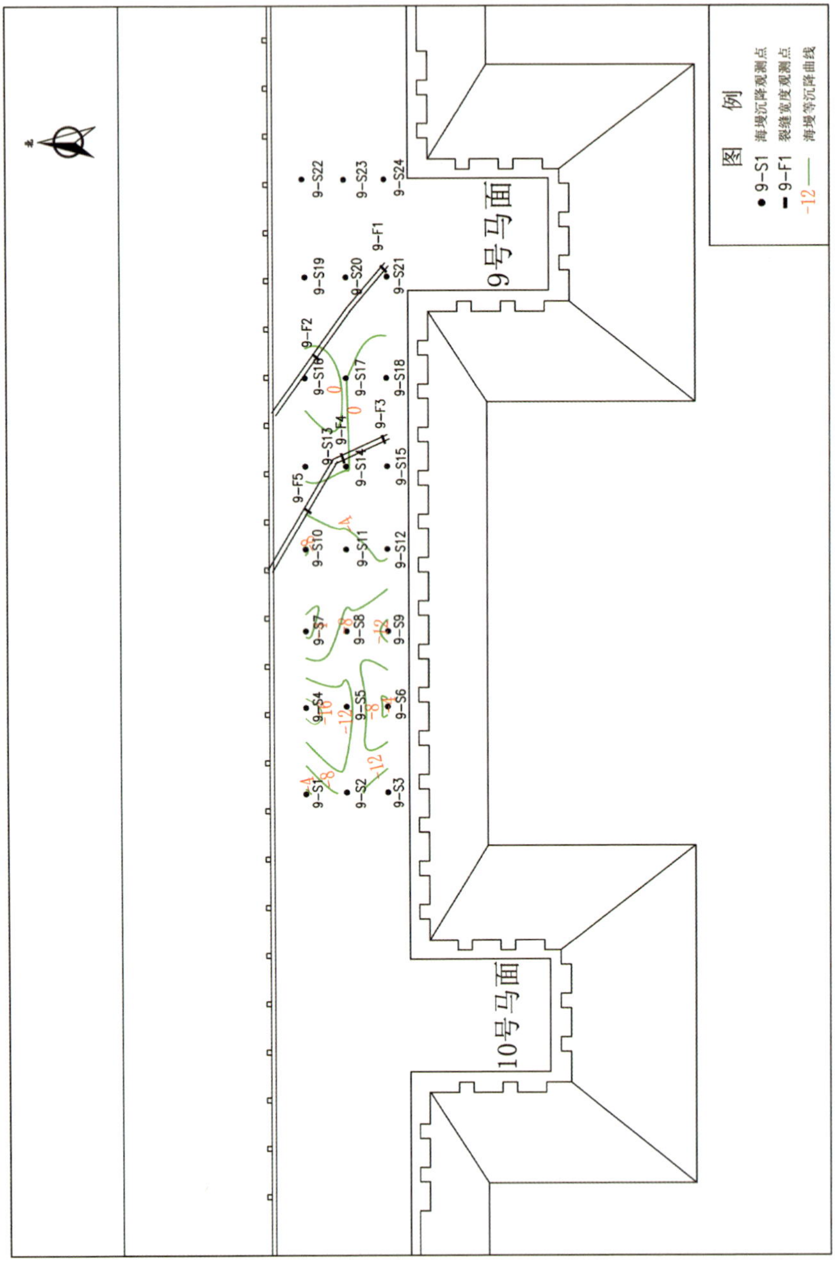

图 2-8 9-10 号马面区间海堤等沉降曲线（2016 年 12 月）

表 2-4　9-10 号马面区间海墁沉降量与沉降速率统计表

测点	2015.12 沉降量 /mm	2016.6 沉降量 /mm	2016.9 沉降量 /mm	2016.12 沉降量 /mm	2015.12—2016.6 沉降速率 /（mm/d）	2016.6—2016.9 沉降速率 /（mm/d）	2016.9—2016.12 沉降速率 /（mm/d）
9-S2	0	−1.15	−6.67	−10.84	−0.007	−0.058	−0.045
9-S3	0	−2.63	−10.38	−15.56	−0.015	−0.082	−0.056
9-S4	0	−3.06	−12.58	−17.81	−0.017	−0.100	−0.057
9-S5	0	−2.59	−9.69	−14.11	−0.015	−0.075	−0.048
9-S8	0	−1.63	−6.35	−9.27	−0.009	−0.050	−0.032
9-S9	0	−0.39	−8.83	−13.54	−0.002	−0.089	−0.051
9-S10	0	−2.02	−4.79	−8.39	−0.011	−0.029	−0.039

2. 沉降速率分析

根据图2-7沉降变化规律将时间分为三个阶段：第一阶段2015年12月—2016年6月，第二阶段2016年6月—2016年9月，第三阶段2016年9月—2016年12月。计算上述三阶段的海墁沉降速率，沉降速率和统计分析见表2-4。

从表2-4可知，第一阶段海墁最大沉降速率0.017mm/d；第二阶段海墁最大沉降速率0.1mm/d；第三阶段海墁最大沉降速率0.057mm/d。

可以看出沉降速率最大值发生在第二阶段，第二阶段的沉降速率远大于第一阶段，略大于第三阶段。可以判断出9-10号马面区间第一阶段沉降速率相对较小，第二段沉降速率明显增大，第三阶段沉降速率降低。

三、城墙9-10号马面区间裂缝变化

裂缝横尺变化曲线如图2-9，变化量为负，表示裂缝宽度增大。

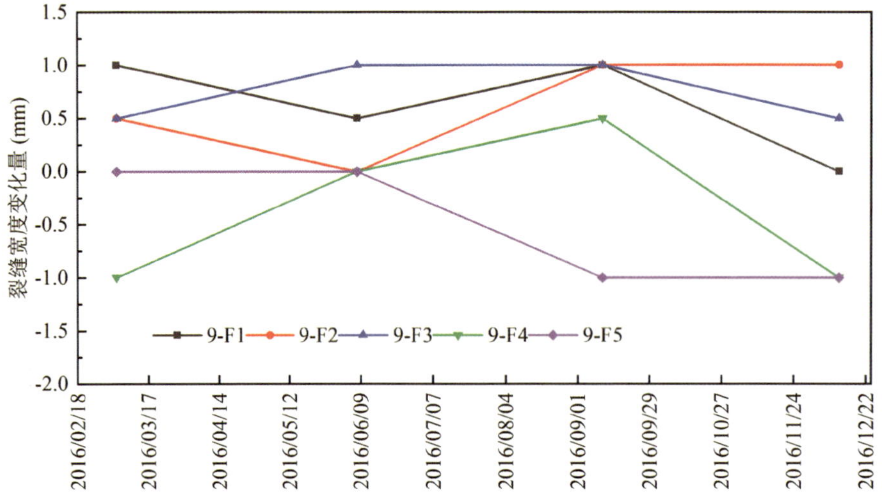

图 2-9　9-10 号马面外墙裂缝变化曲线

从图2-9可以看出，裂缝变化范围为-1mm～1mm，由于裂缝宽度变化较小，可以认为该监测时间段内9-10号马面区间裂缝基本稳定。

四、观测结果小结

（1）在第一阶段内，各沉降点累计沉降量小于5mm，最大沉降速率为0.017mm/d。

（2）在第二阶段内，沉降速率明显增加，累计最大沉降量小于

15mm，最大沉降速率0.1mm/d。

（3）第三阶段内，沉降速率相比第二阶段有所放缓，最大沉降量为17.81mm，最大沉降速率为0.057mm/d。

总体来看，与海堤沉降量相对应的裂缝宽度变化较小，裂缝宽度总体变化小于1mm，9-10号马面区间海堤沉降变化和裂缝宽度变化统计见表2-5。

表 2-5　9-10 号马面区间海堤沉降变化和裂缝宽度变化统计表

序号	时间段	累计沉降量 s /mm	最大沉降速率 v /（mm/d）	累计裂缝宽度变化量 d /mm
1	2015.12—2016.6	$s \leqslant 5$	−0.017	$d \leqslant 1$
2	2016.6—2016.9	$5 < s \leqslant 15$	−0.100	$d \leqslant 1$
3	2016.9—2016.12	$15 < s \leqslant 30$	−0.057	$d \leqslant 1$

第三节　城墙16号马面分析

一、城墙16号马面测点布置

16号马面位置如图2-10所示。

16号马面共设置了20个沉降观测点，均设在海堤上。

海堤沉降观测点为1～12和1-1、1-2、2-1、2-2、3-1、3-2、4-1、4-2，观测时间2008年12月—2013年4月。

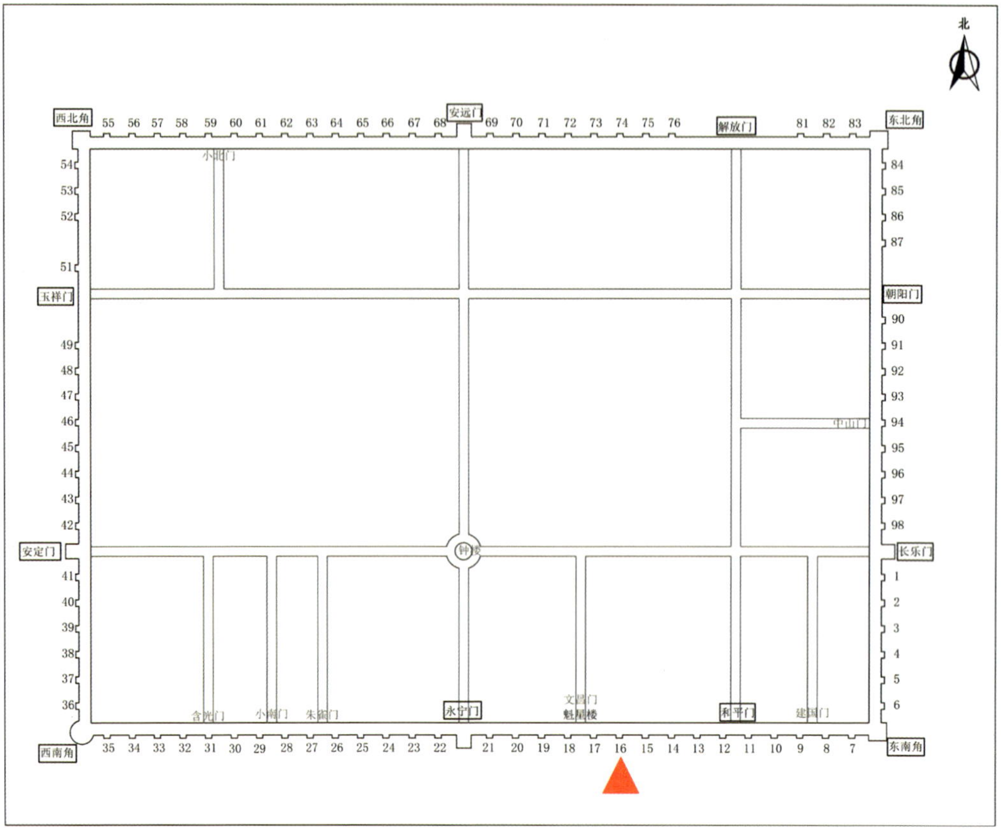

图 2-10　16 号马面位置示意图

二、城墙16号马面沉降分析

1. 沉降量分析

选取海墁上沉降量较大的观测点4、5、6、7、9、10，绘制沉降曲线如图2-11所示。根据图2-11沉降变化规律将时间分为四个阶段：第一阶段2008年12月—2009年5月；第二阶段2009年5月—2010年10月；第三阶段2010年10月—2011年12月；第四阶段2011年12月—2013年4月。绘制2010年10月、2013年4月两个时间段的海墁等沉降曲线如图2-12、2-13所示。

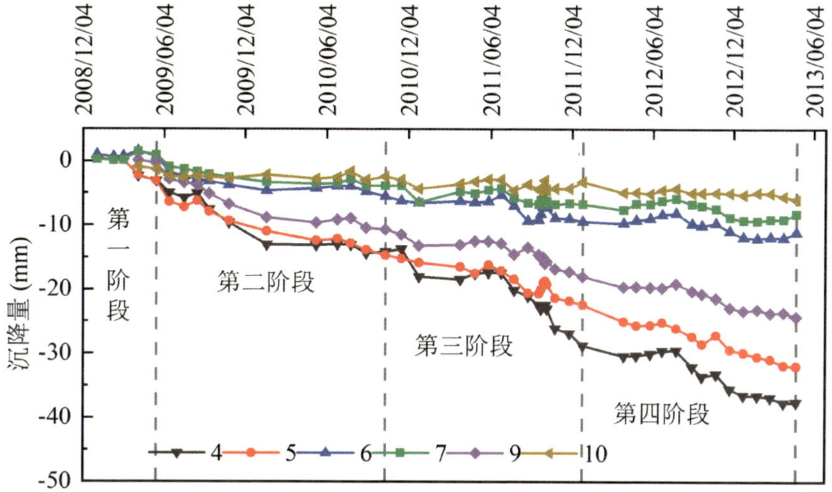

图 2-11　16号马面沉降曲线

（1）结合图2-11、2-13和表2-6可以看出，沉降量最大点4的沉降量为37.57mm，沉降量最小点3的沉降量为7.23mm。海墁局部沉降差异较大，北侧4点区域沉降量最大，4点两侧沉降量依次降低，海墁形成以4点为沉降中心的海墁沉降区。

（2）从图2-11可知，观测时间内海墁沉降量持续增大。

2. 沉降速率分析

计算上述阶段海墁沉降速率，沉降速率和统计分析见表2-6。

从表2-6可知，第一阶段海墁最大沉降速率0.021mm/d；第二阶段海墁最大沉降速率0.023mm/d；第三阶段海墁最大沉降速率0.033mm/d；第四阶段海墁最大沉降速率0.02mm/d。

可以看出16号马面海墁四个阶段的最大沉降速率相近，说明16号马面海墁沉降一直持续发展。

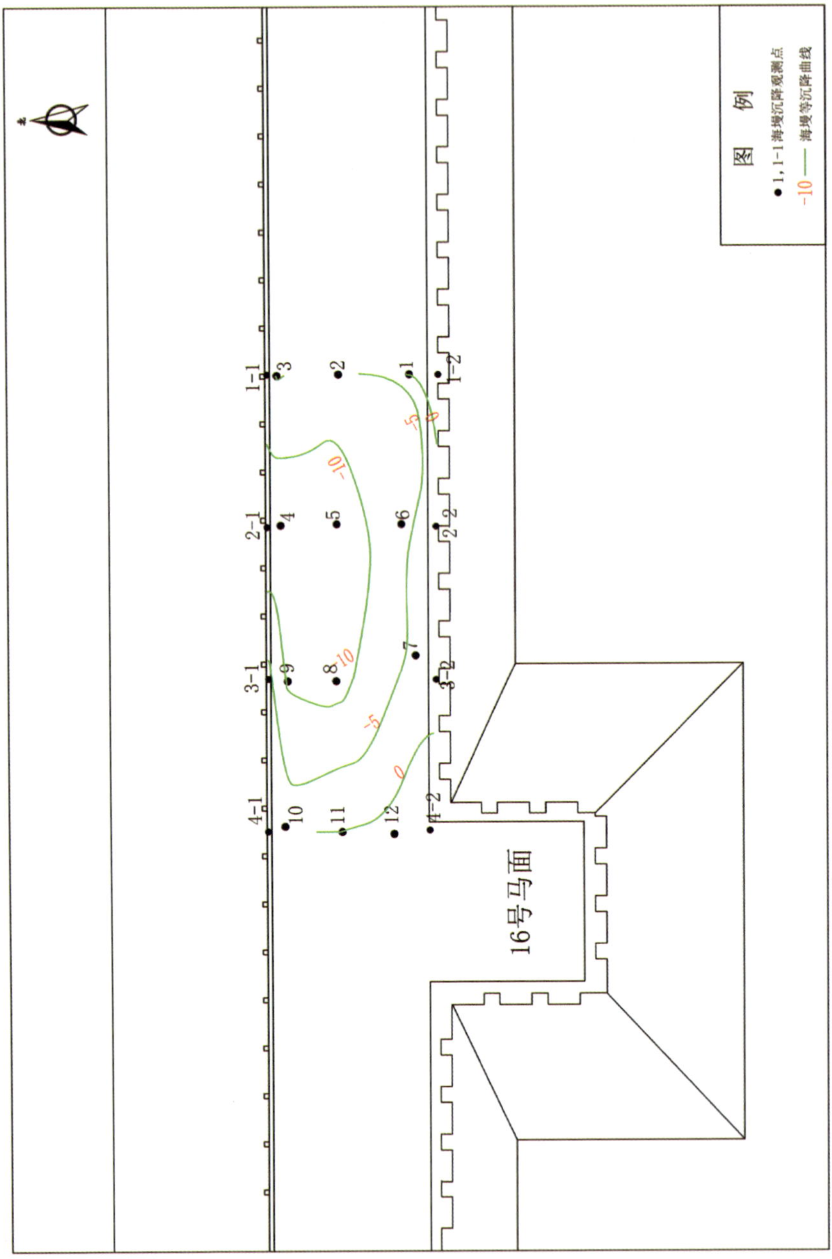

图 2-12　16 号马面海堤等沉降曲线（2010 年 10 月）

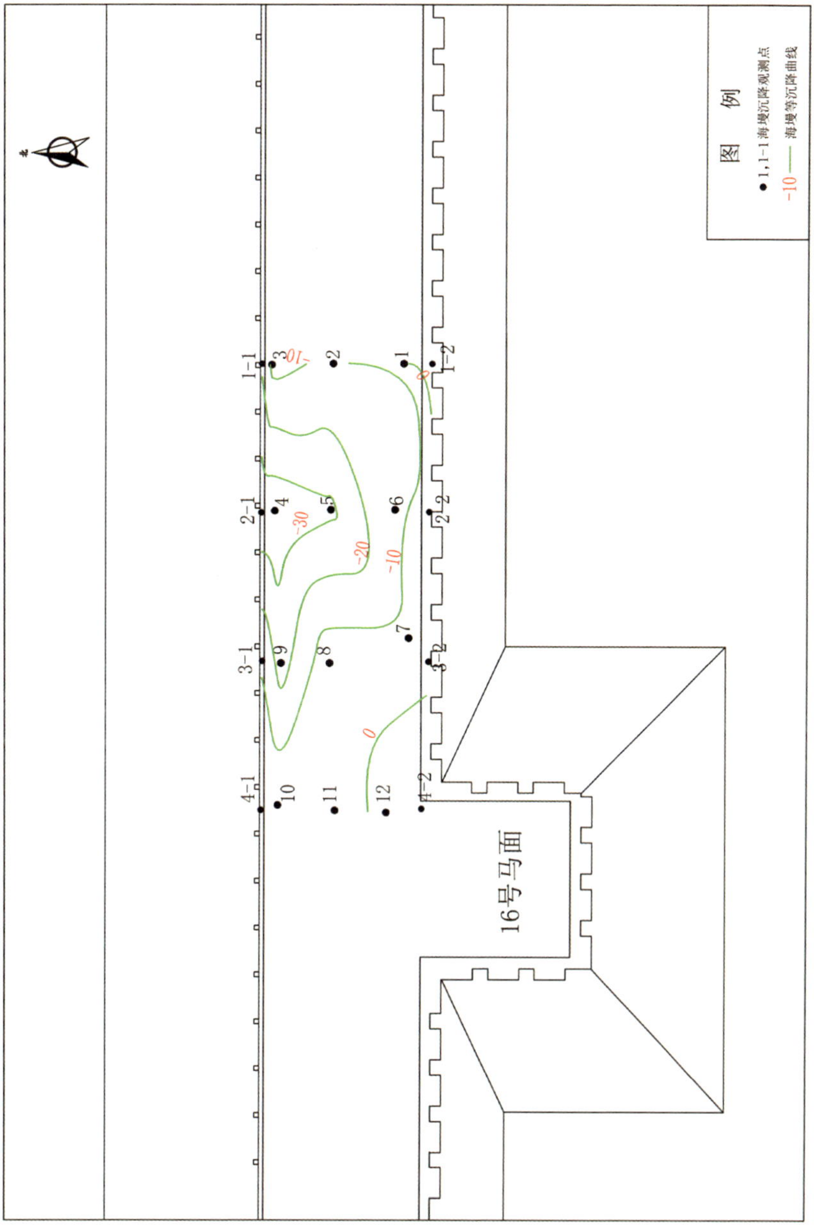

图 2-13　16号马面海堤等沉降曲线（2013年4月）

表 2-6 16 号马面海墁沉降量与沉降速率统计表

测点	2008.12沉降量/mm	2009.5沉降量/mm	2010.10沉降量/mm	2011.12沉降量/mm	2013.4沉降量/mm	2008.12—2009.5沉降速率/（mm/d）	2009.5—2010.10沉降速率/（mm/d）	2010.10—2011.12沉降速率/（mm/d）	2011.12—2013.4沉降速率/（mm/d）
1	0	0.56	−6.71	−14.02	−17.33	0.003	−0.014	−0.017	−0.007
2	0	−0.34	−7.07	−8.70	−12.28	−0.002	−0.013	−0.004	−0.007
3	0	0.58	−4.74	−5.39	−7.23	0.004	−0.010	−0.001	−0.004
4	0	−3.08	−14.16	−28.78	−37.57	−0.019	−0.022	−0.033	−0.018
5	0	−3.11	−14.68	−22.38	−31.98	−0.019	−0.023	−0.017	−0.020
6	0	0.68	−5.55	−9.42	−11.16	0.004	−0.012	−0.009	−0.004
7	0	0.91	−3.85	−6.74	−8.29	0.006	−0.009	−0.007	−0.003
8	0	−1.43	−11.82	−17.80	/	−0.009	−0.020	−0.014	/
9	0	−0.35	−10.69	−17.97	−24.26	−0.002	−0.020	−0.016	−0.013
1-1	0	1.06	−6.00	−15.89	−18.33	0.007	−0.014	−0.022	−0.005
2-1	0	−3.39	−14.72	−28.37	−36.95	−0.021	−0.022	−0.031	−0.018

注：“/”表示未测这组数据。

三、观测结果小结

（1）在第一阶段内累计沉降量小于5mm，最大沉降速率为0.021mm/d。

（2）在第二阶段内累计最大沉降量接近15mm，最大沉降速率为0.023mm/d。

（3）在第三阶段内累计最大沉降量接近30mm，最大沉降速率为0.033mm/d。

（4）在第四阶段内累计最大沉降量为37.57mm，最大沉降速率为0.02mm/d。

16号马面海墁沉降变化统计见表2-7。

表 2-7　16 号马面海墁沉降变化统计表

序号	时间段	累计沉降量s /mm	最大沉降速率v /（mm/d）
1	2008.12—2009.5	$s \leqslant 5$	−0.021
2	2009.5—2010.10	$5 < s \leqslant 15$	−0.023
3	2010.10—2011.12	$15 < s \leqslant 30$	−0.033
4	2011.12—2013.4	$s > 30$	−0.020

第四节　城墙19号马面分析

一、城墙19号马面测点布置

19号马面位置如图2-14所示。

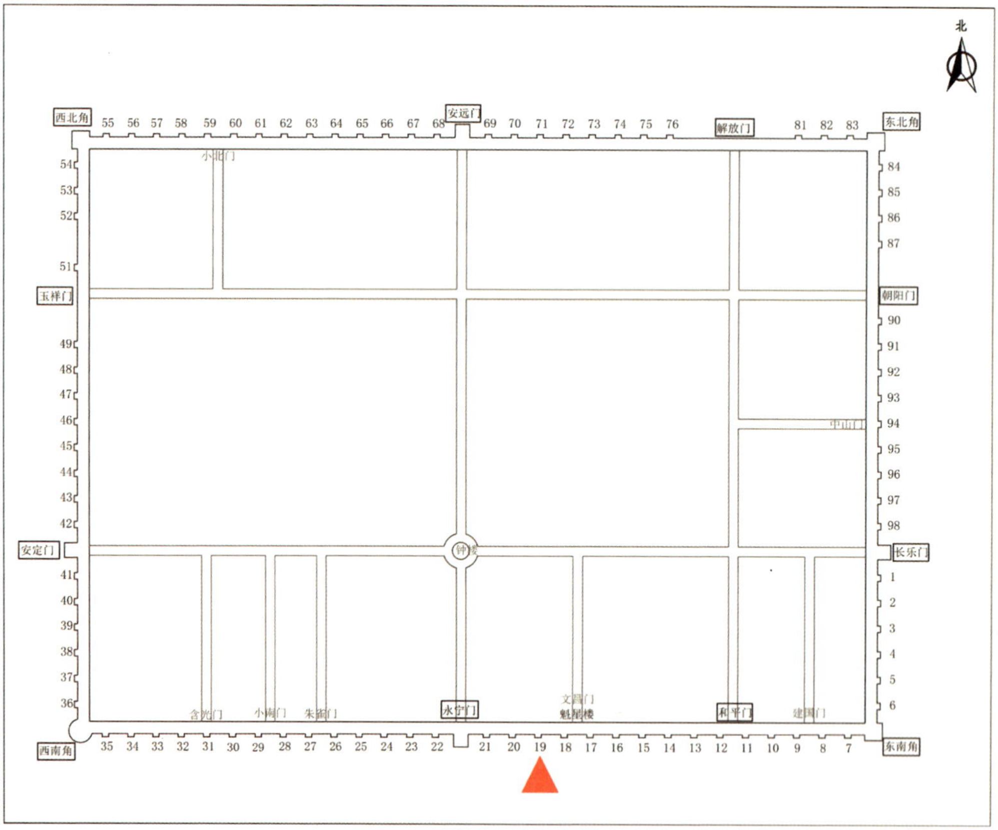

图 2-14　19 号马面位置示意图

19号马面共设置了50个沉降观测点，6个裂缝宽度观测点，其中沉降观测点设在海墁和基础上，裂缝横尺分别设在马面的东、西两侧墙体。

选取沉降变化明显的海墁沉降观测点为19-S21～19-S33，观测时间为2007年10月—2016年6月。2016年6月—2017年7月加密观测，新加观测点19-S34～19-S50。

选取沉降变化明显的基础沉降观测点为19-S1～19-S12，观测时间为2007年10月—2016年6月。2016年6月—2017年7月加密观测，新加密观测点19-S13～19-S14。

裂缝观测点为19-F1～19-F6，观测时间为2007年10月—2016年10月。

二、城墙19号马面沉降分析

1. 沉降量分析

选取海墁上沉降量较大的观测点19-S22、19-S23、19-S31；基础沉降较大的观测点19-S5、19-S6、19-S7，绘制沉降曲线如图2-15所示。根据沉降变化规律将时间分为三个阶段：第一阶段2007年10月—2014年12月；第二阶段2014年12月—2016年6月；第三阶段2016年6月—2016年10月。绘制2014年12月、2016年10月两个时间段的外墙基础和海墁等沉降曲线，分别为图2-16、2-17、2-18、2-19。

（1）结合图2-15、2-17和表2-8可以看出，外墙基础沉降量最大点19-S6为86.02mm，沉降量最小点19-S1为1.65mm，外侧墙基沉降量大，南侧基础沉降远大于北侧基础沉降。

（2）结合图2-15、2-19和表2-9可以看出，海墁沉降量最大点19-S23为81.04mm，沉降量最小点19-S27为20.41mm，海墁沉降差异量大，马面南侧海墁沉降远大于北侧海墁沉降。

（3）从图2-15可知，第一阶段各观测点沉降量较小，第二阶段沉降量明显增大，第三阶段沉降趋势放缓。

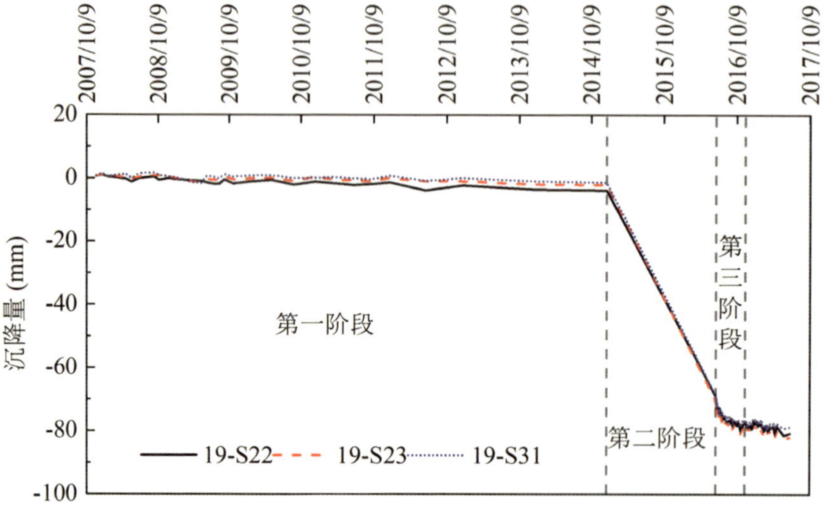

（a）

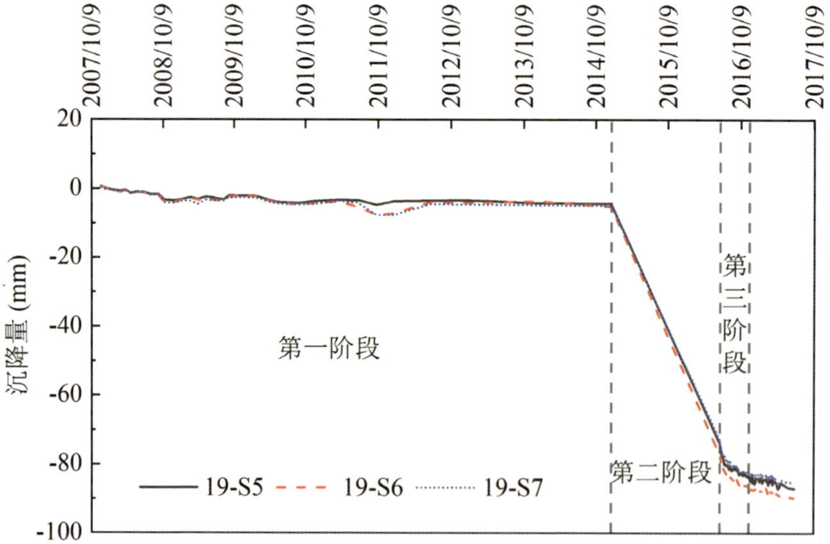

（b）

图 2-15　19 号马面沉降曲线

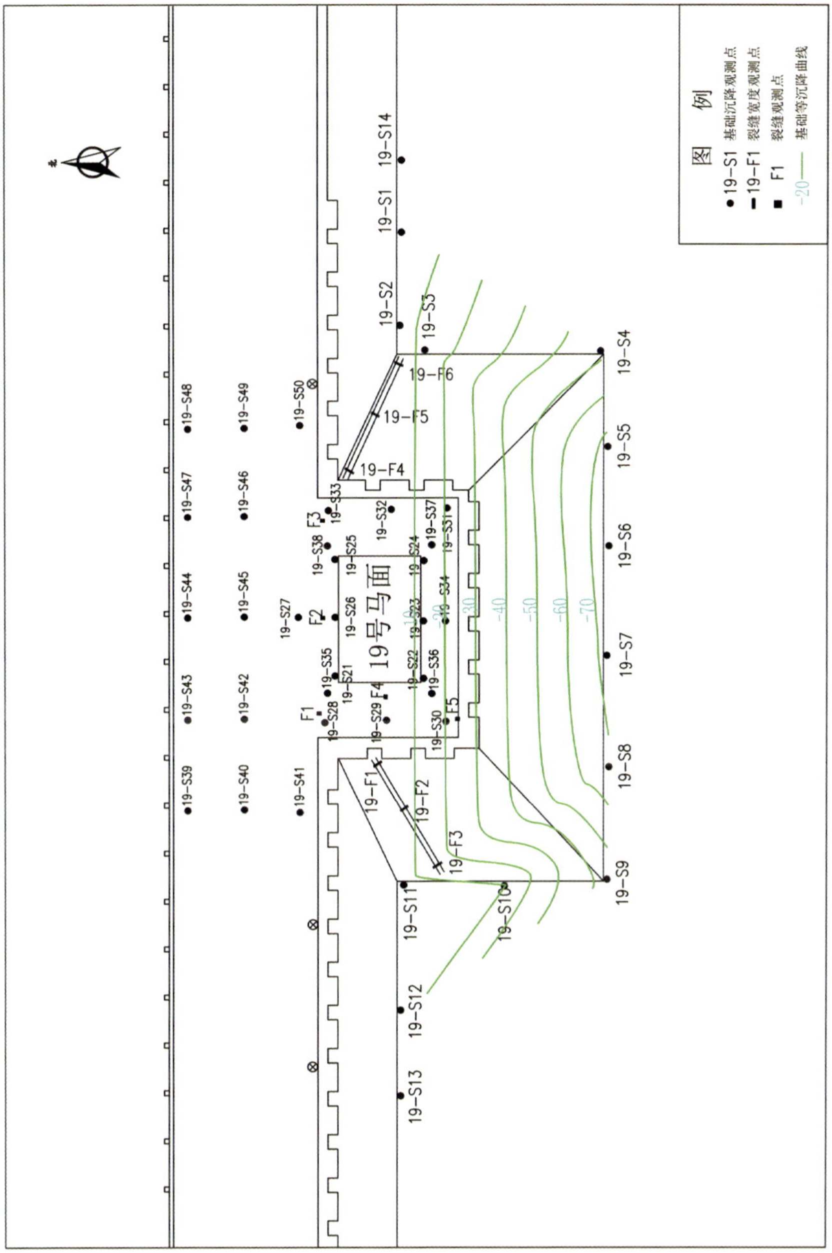

图 2-16　19 号马面基础等沉降曲线（2014 年 12 月）

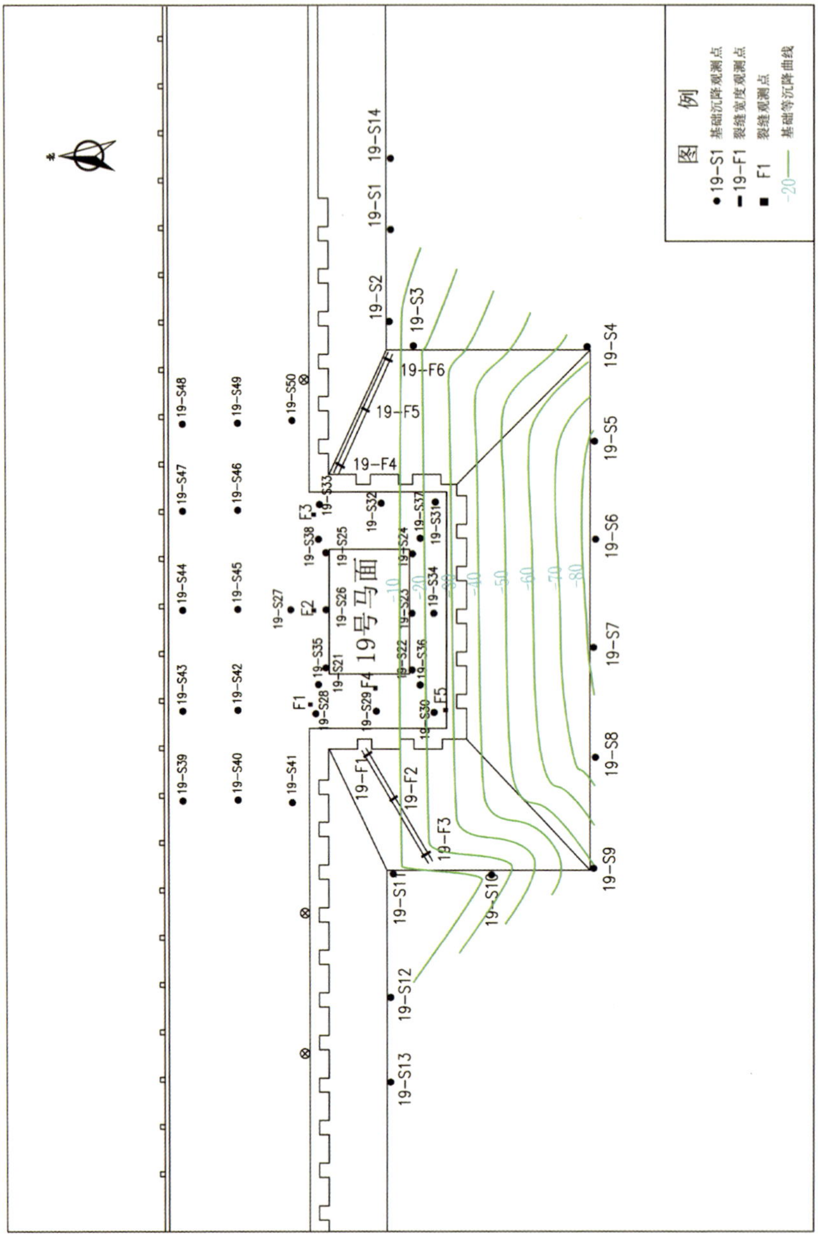

图 2-17　19 号马面基础等沉降曲线（2016 年 10 月）

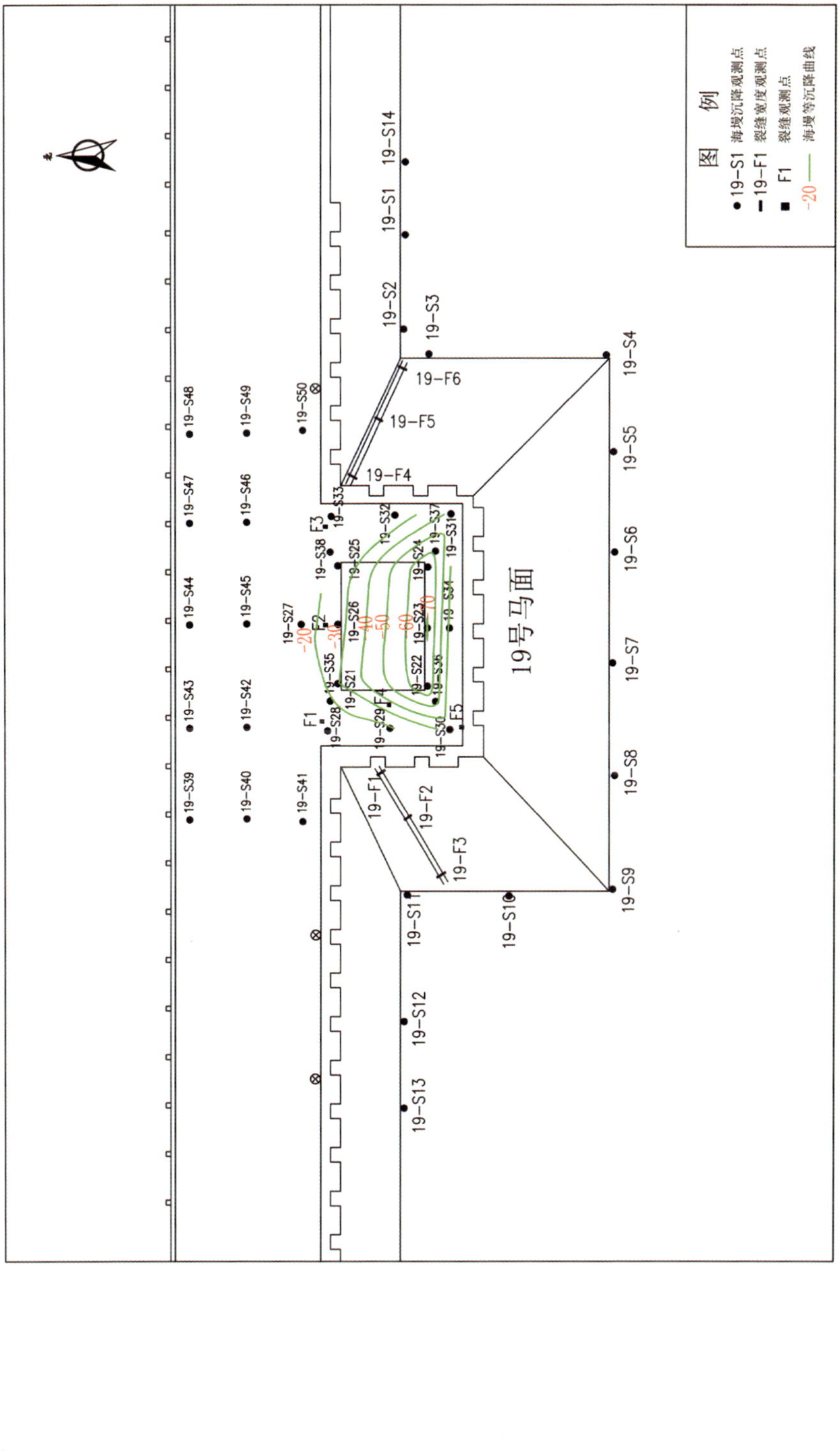

图 2-18　19 号马面海堤等沉降曲线（2014 年 12 月）

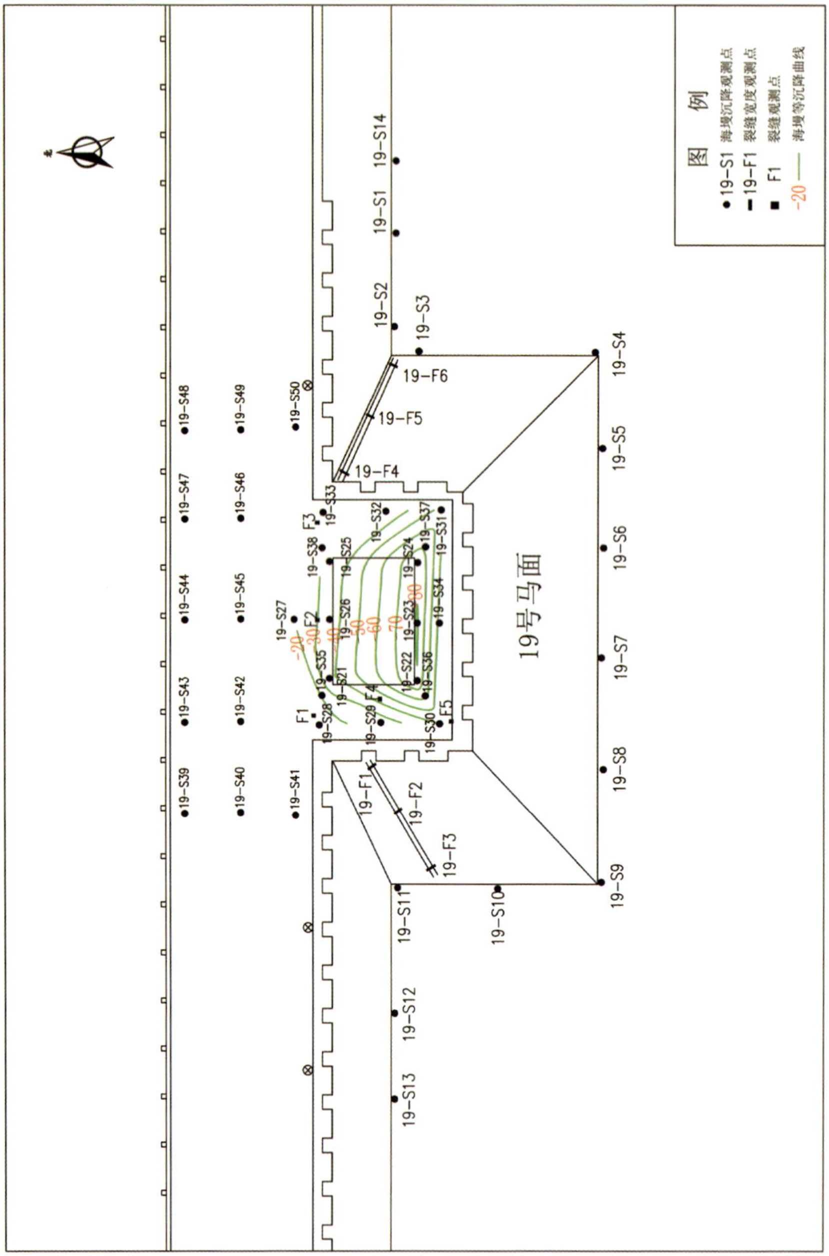

图 2-19 19 号马面海墁等沉降曲线（2016 年 10 月）

表 2-8　19 号马面基础沉降量与沉降速率统计表

测点	2007.10 沉降量 /mm	2014.12 沉降量 /mm	2016.6 沉降量 /mm	2016.10 沉降量 /mm	2007.10—2014.12 沉降速率 /（mm/d）	2014.12—2016.6 沉降速率 /（mm/d）	2016.6—2016.10 沉降速率 /（mm/d）
19-S2	0	−2.47	−4.01	−4.12	−0.0009	−0.0028	−0.001
19-S3	0	−3.80	−13.75	−16.78	−0.0015	−0.018	−0.024
19-S4	0	−3.03	−47.56	−55.58	−0.0012	−0.081	−0.065
19-S5	0	−4.26	−73.97	−83.14	−0.0016	−0.127	−0.074
19-S6	0	−5.12	−77.28	−86.02	−0.0020	−0.1312	−0.070
19-S7	0	−4.96	−72.93	−82.17	−0.0019	−0.124	−0.075
19-S8	0	−4.86	−68.85	−77.22	−0.0019	−0.116	−0.068
19-S9	0	−4.86	−42.70	−49.16	−0.0019	−0.069	−0.052
19-S10	0	−5.27	−9.46	−10.41	−0.0020	−0.0076	−0.008
19-S11	0	−4.73	−6.34	−6.81	−0.0018	−0.0029	−0.004
19-S12	0	−4.40	−5.28	−4.95	−0.0017	−0.0016	0.003

表 2-9 19 号马面海墁沉降量与沉降速率统计表

测点	2007.10 沉降量 /mm	2014.12 沉降量 /mm	2016.6 沉降量 /mm	2016.10 沉降量 /mm	2007.10 —2014.12 沉降速率 /（mm/d）	2014.12 —2016.6 沉降速率 /（mm/d）	2016.6 —2016.10 沉降速率 /（mm/d）
19-S21	0	−7.64	−29.38	−37.13	−0.0029	−0.0395	−0.063
19-S22	0	−3.79	−68.9	−79.97	−0.0014	−0.1184	−0.089
19-S23	0	−2.07	−70.36	−81.04	−0.0008	−0.1242	−0.086
19-S24	0	−1.27	−68.64	−78.4	−0.0005	−0.1225	−0.079
19-S25	0	−4.58	−23.97	−33.46	−0.0017	−0.0353	−0.077
19-S26	0	−7.02	−26.09	−34.56	−0.0027	−0.0347	−0.068
19-S27	0	−8.44	−15.41	−20.41	−0.0032	−0.0127	−0.0403
19-S30	0	−0.29	−32.72	−40.3	−0.0001	−0.0590	−0.061
19-S31	0	2.33	−42.32	−52.53	0.0009	−0.0812	−0.082
19-S32	0	−0.25	−22.4	−31.21	−0.0001	−0.0403	−0.071

2. 沉降速率分析

分别计算上述三个阶段的海墁和基础沉降速率，沉降速率和统计分析见表2-8、2-9。

从表可知，第一阶段基础最大沉降速率0.002mm/d，海墁最大沉降速率0.0032mm/d；第二阶段基础最大沉降速率0.1312mm/d，海墁最大沉降速率0.1242mm/d；第三阶段基础最大沉降速率0.075mm/d，海墁最大沉降速率0.089mm/d。

可以看出沉降速率最大值发生在第二阶段，第二阶段的沉降速率远大于第一阶段，略大于第三阶段。可以判断出19号马面第一阶段沉降速率较稳定，第二段沉降速率增大，第三阶段沉降放缓。

3. 局部倾斜统计

2014年12月、2016年6月和2016年10月，19号马面19-S4到19-S3和19-S4到19-S9两侧沉降局部倾斜见表2-10。

表2-10　19号马面局部倾斜统计表

	19-S4到19-S3的局部倾斜/rad	19-S4到19-S9的局部倾斜/rad
2014.12	0.0001	0.00006
2016.6	0.0042	0.00016
2016.10	0.0049	0.00021

三、城墙19号马面裂缝变化

裂缝横尺变化曲线见图2-20，变化量为负，表示裂缝宽度增大。

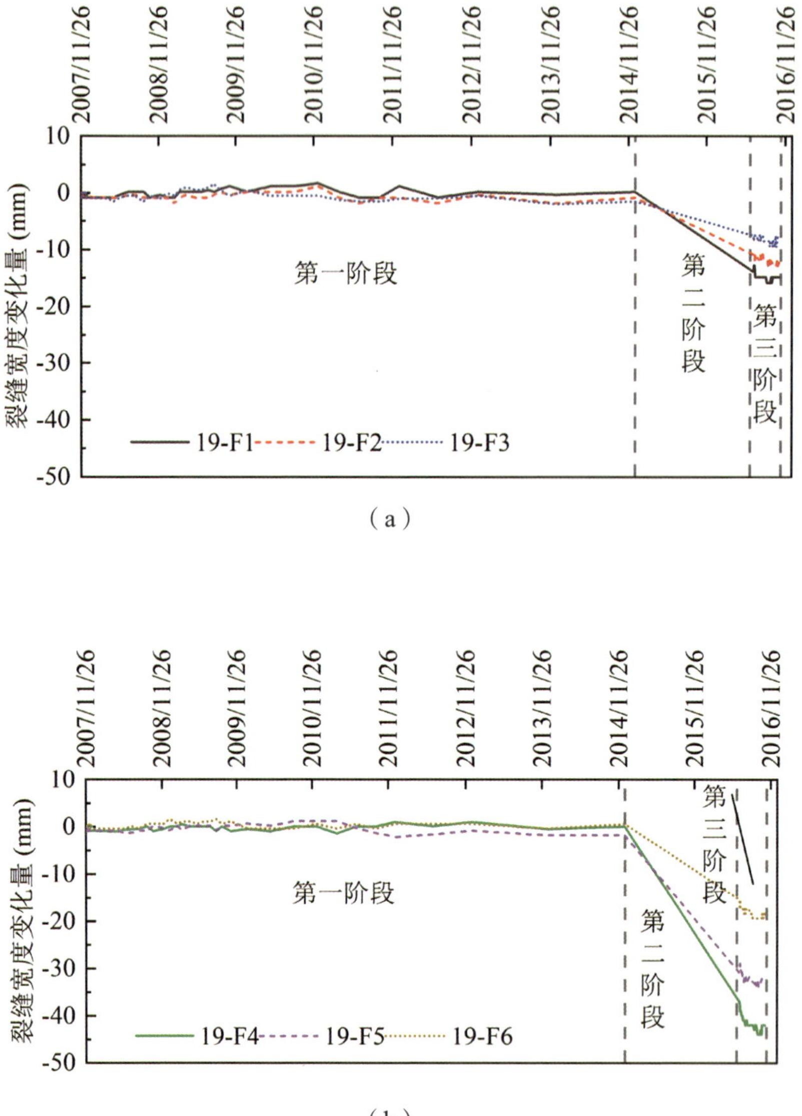

（a）

（b）

图 2-20 19 号马面外墙裂缝变化曲线

裂缝宽度变化最大点19-F4为-42mm，裂缝总体呈东侧裂缝宽度大于西侧裂缝宽度，这是由于东侧局部倾斜大于西侧局部倾斜。裂缝宽度变化呈上部裂缝宽度大于下部裂缝宽度。

四、观测结果小结

（1）在第一阶段内，各沉降点累计沉降量小于10mm，墙体裂缝宽度变化微小。

（2）在第二阶段内，沉降速率明显增加，累计最大基础沉降量达77.28mm，基础最大沉降速率0.1312mm/d。马面南侧沉降量最大，北侧沉降量最小，裂缝两侧最大倾斜0.0042rad，墙体裂缝宽度增大，累计增加宽度接近38mm。

（3）第三阶段内，沉降速率相比第二阶段有所放缓，基础最大沉降速率为0.075mm/d，裂缝最大倾斜0.0049rad。裂缝宽度变大，由38mm增加至42mm。

19号马面基础、海墁的沉降变化和裂缝宽度变化统计分别见表2-11、2-12。

表 2-11　19 号马面基础沉降变化和裂缝宽度变化统计表

序号	时间段	累计沉降量 s/mm	最大沉降速率 v/（mm/d）	累计裂缝宽度变化 d/mm
1	2007.10—2014.12	$s \leqslant 6$	-0.0020	$d \leqslant 3$
2	2014.12—2016.6	$6 < s \leqslant 75$	-0.13	$d \leqslant 38$
3	2016.6—2016.10	$75 < s \leqslant 87$	-0.075	$d \leqslant 42$

表 2-12 19 号马面海墁沉降变化统计表

序号	时间段	累计沉降量 s /mm	最大沉降速率 v /（mm/d）
1	2007.10—2014.12	$s \leqslant 10$	−0.0032
2	2014.12—2016.6	$10 < s \leqslant 71$	−0.1242
3	2016.6—2016.10	$71 < s \leqslant 82$	−0.089

第五节 城墙21号马面分析

一、城墙21号马面测点布置

21号马面位置如图2-21所示。

21号马面共设置了88个沉降观测点，14个裂缝观测点，其中沉降观测点设在海墁和基础上，裂缝横尺分别设在马面的南、西两侧墙体。

海墁沉降观测点为21-S21～21-S88，观测时间为2015年4月—2017年6月。

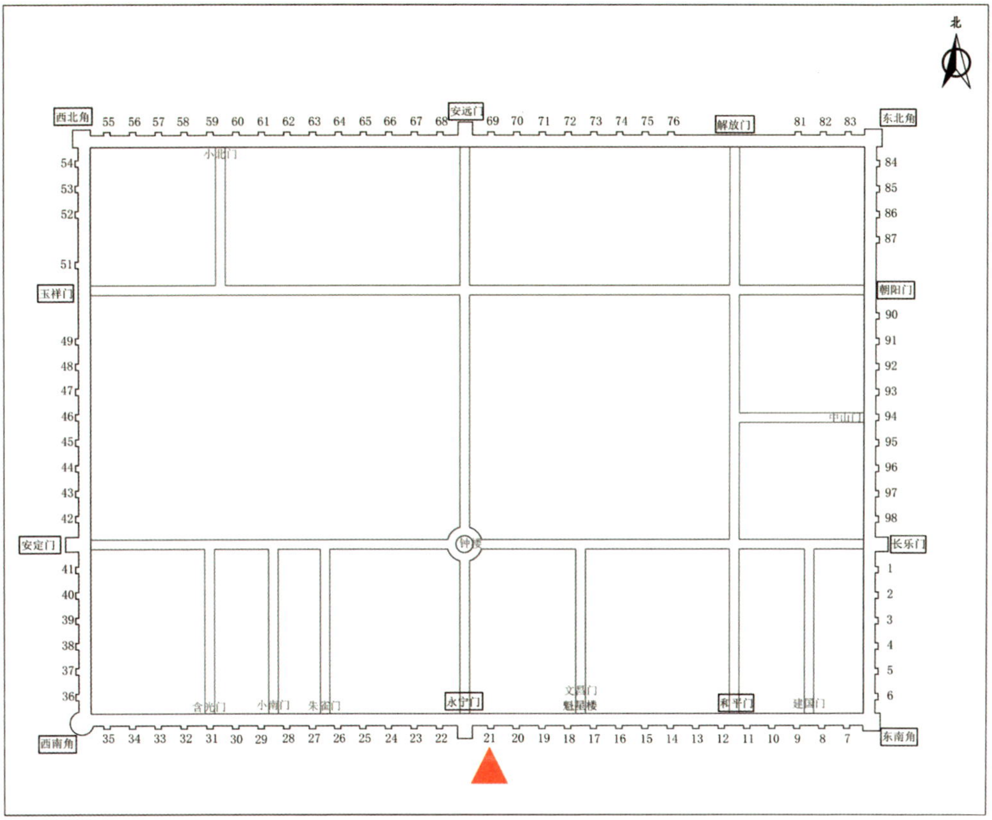

图 2-21　21 号马面位置示意图

基础沉降观测点为21-S1～21-S12，观测时间为2007年10月—2015年10月。2015年11月—2017年1月加密观测，新加密观测点21-S13～21-S20。

选取变化明显的裂缝观测点21-F4～21-F7，观测时间为2007年10月—2017年1月。2015年7月加密观测点21-F8～21-F14。

二、城墙21号马面沉降分析

1. 沉降量分析

选取基础上沉降量较大的观测点21-S4、21-S6、21-S7、21-S8、21-

S12，绘制沉降曲线如图2-22所示。根据沉降曲线将基础沉降时间分为三个阶段：第一阶段2007年10月—2014年9月；第二阶段2014年9月—2016年2月；第三阶段2016年2月—2016年11月。绘制2016年2月和2016年11月基础等沉降曲线如图2-23、2-24所示。将海墁沉降时间分为四个阶段：第一阶段2015年4月—2015年5月；第二阶段2015年5月—2015年6月；第三阶段2015年6月—2015年7月；第四阶段2015年7月—2016年11月。绘制2015年7月和2016年11月海墁等沉降曲线如图2-25、2-26所示。

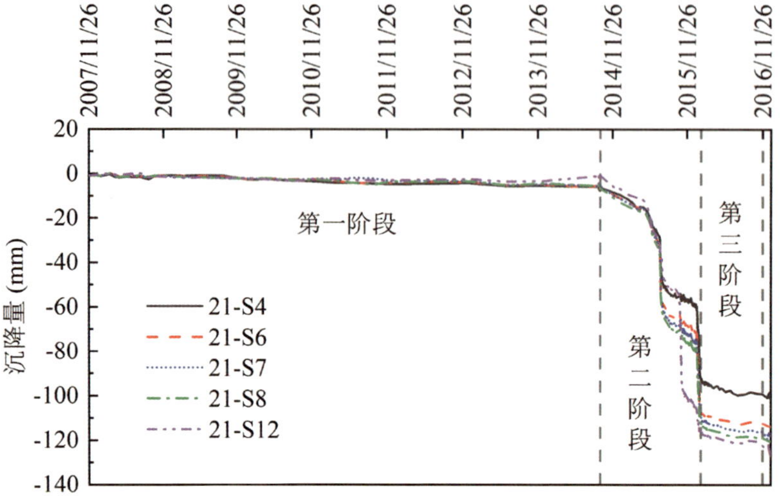

图 2-22　21 号马面基础沉降曲线

（1）结合图2-22、2-24和表2-13可以看出，第一阶段内，外墙基础沉降量很小，第二阶段沉降量陡增，第三阶段沉降速率放缓。基础最大沉降点21-S12总沉降量达到122.18mm。基础以马面正下方南侧基础沉降为主，东侧沉降大于西侧沉降。

（2）结合图2-25、2-26和表2-14可以看出，海墁沉降量较大，海墁最大沉降点21-S36总沉降量达到125.15mm。海墁沉降以敌楼为主，马面东侧沉降略微大于西侧沉降，南侧沉降大于北侧沉降，沉降规律与基础相同。

2. 沉降速率分析

沉降速率和统计分析分别见表2-13、2-14。

从表2-13中可以看出，基础沉降速率最大值发生在第二阶段，最大沉降速率为0.2305mm/d，发生在马面东侧点21-S12。通过沉降速率可以看出，21号马面的沉降以基础沉降为主。

从表2-14可以看出，海墁沉降速率始终较大，第一阶段最大沉降速率点21-S39为0.144mm/d；第二阶段最大沉降速率点21-S36为0.591mm/d；第三阶段最大沉降速率点21-S32为0.927mm/d；第四阶段最大沉降速率点21-S36为0.193mm/d。

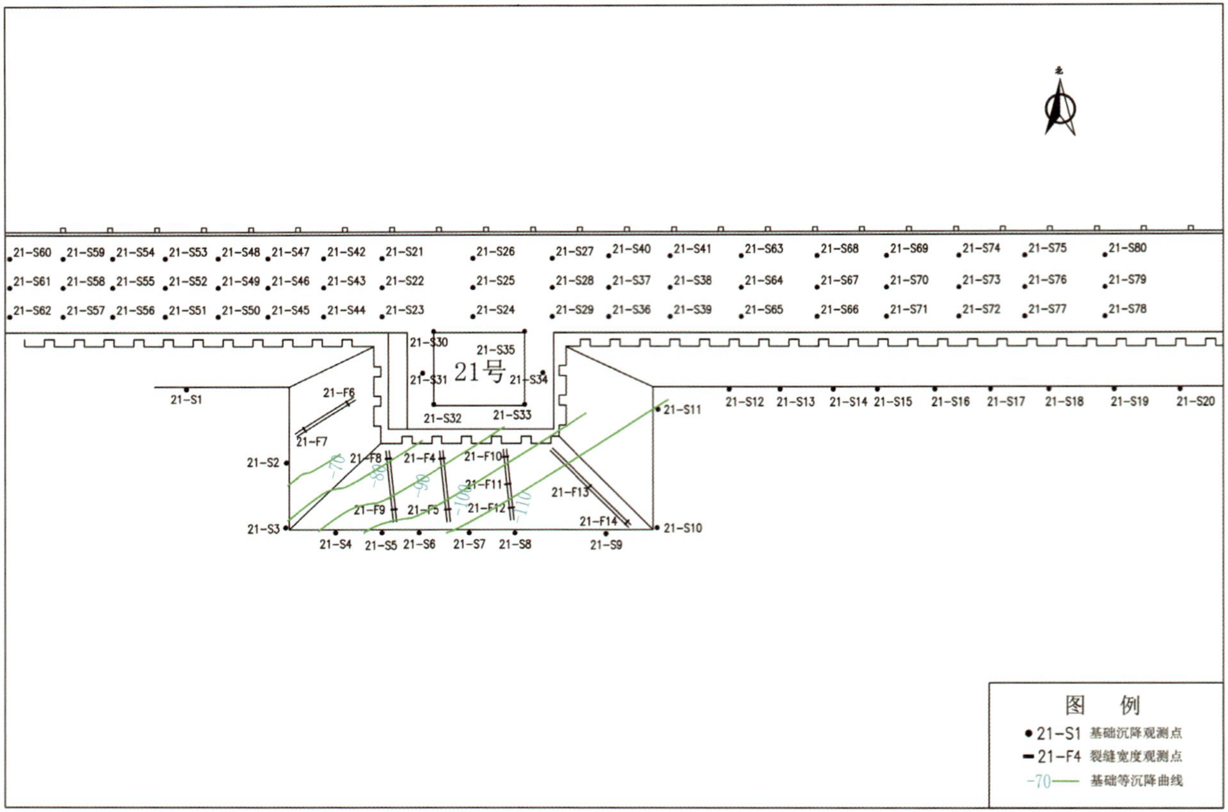

图 2-23　21 号马面基础等沉降曲线（2016 年 2 月）

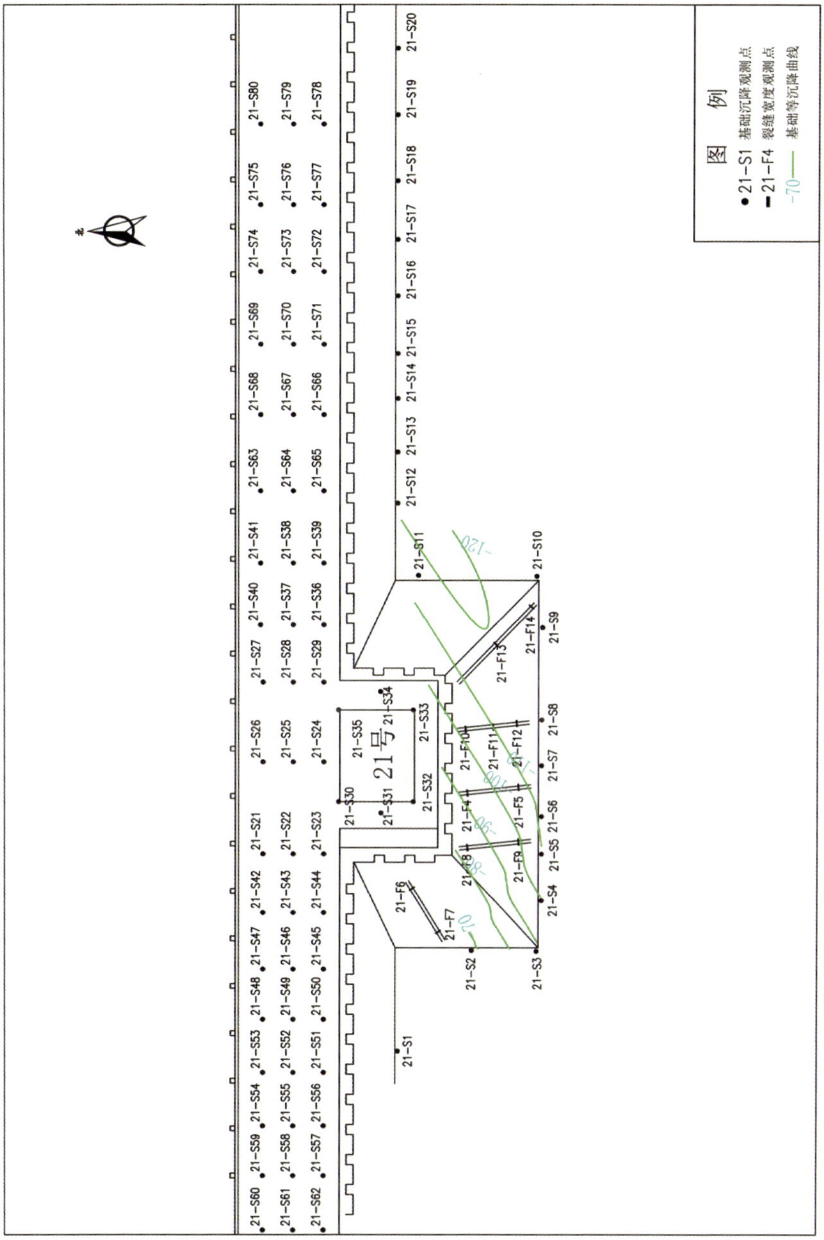

图 2-24　21 号马面基础等沉降曲线（2016 年 11 月）

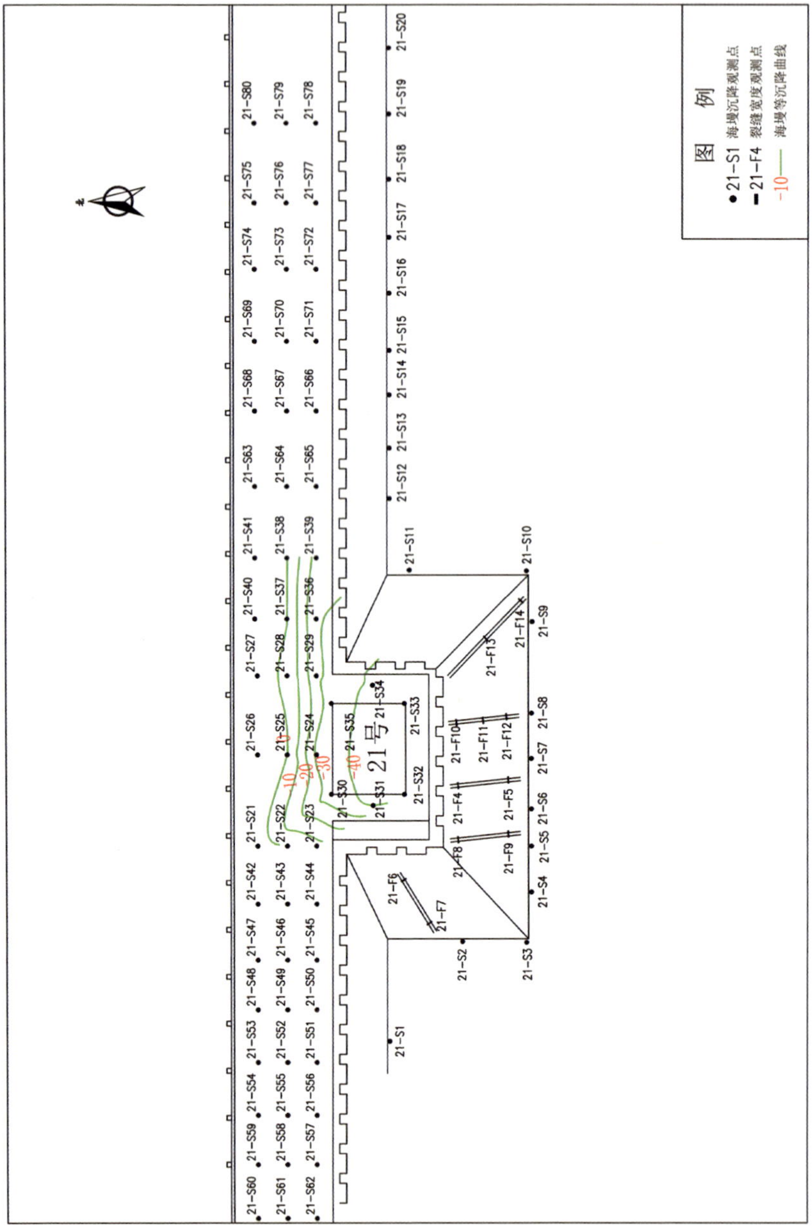

图 2-25 21 号马面海墁等沉降曲线（2015 年 7 月）

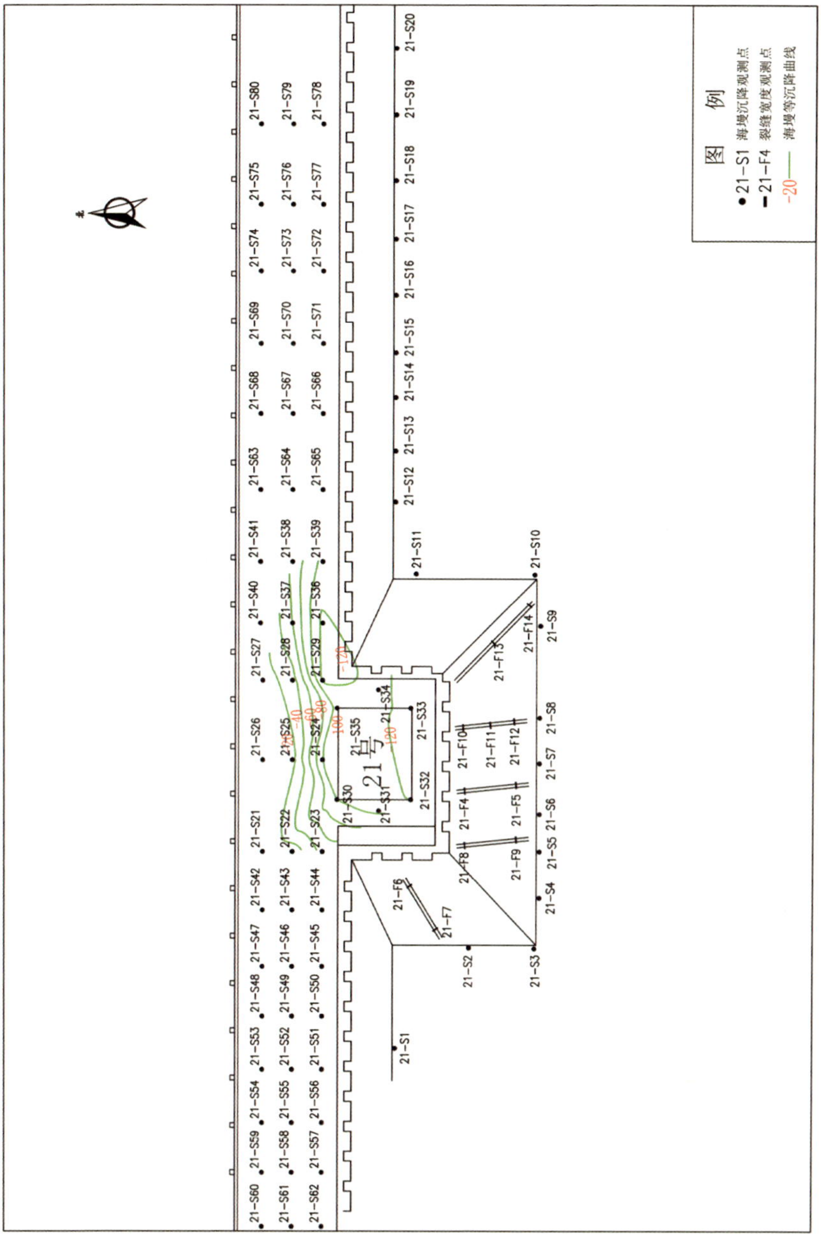

图 2-26　21 号马面海堤等沉降曲线（2016 年 11 月）

表 2-13　21 号马面基础沉降量与沉降速率统计表

测点	2007.10 沉降量 /mm	2014.9 沉降量 /mm	2016.2 沉降量 /mm	2016.11 沉降量 /mm	2007.10 —2014.9 沉降速率 /（mm/d）	2014.9 —2016.2 沉降速率 /（mm/d）	2016.2 —2016.11 沉降速率 /（mm/d）
21-S2	0	−3.29	−63.52	−67.93	−0.0013	−0.1190	−0.0154
21-S3	0	−4.83	−82.01	−88.49	−0.0019	−0.1525	−0.0227
21-S4	0	−5.48	−94.06	−99.22	−0.0022	−0.1751	−0.0180
21-S5	0	−5.31	−103.94	−109.54	−0.0021	−0.1949	−0.0196
21-S6	0	−5.06	−108.37	−112.31	−0.0020	−0.2042	−0.0138
21-S7	0	−4.83	−111.52	−115.86	−0.0019	−0.2108	−0.0152
21-S8	0	−5.52	−114.29	−118.84	−0.0022	−0.2150	−0.0159
21-S9	0	−6.55	−115	−118.46	−0.0026	−0.2143	−0.0121
21-S10	0	−8.42	−112.84	−116.6	−0.0033	−0.2064	−0.0131
21-S12	0	−0.95	−117.58	−122.18	−0.0004	−0.2305	−0.0161

表 2-14　21 号马面海墁沉降量与沉降速率统计表

测点	2015.4 沉降量 /mm	2015.5 沉降量 /mm	2015.6 沉降量 /mm	2015.7 沉降量 /mm	2016.11 沉降量 /mm	2015.4—2015.5 沉降速率 /（mm/d）	2015.5—2015.6 沉降速率 /（mm/d）	2015.6—2015.7 沉降速率 /（mm/d）	2015.7—2016.11 沉降速率（mm/d）
21-S24	0	-5.35	-13.23	-35.65	-109.44	-0.099	-0.415	-0.641	-0.148
21-S30	0	-4.11	-12.18	-36.19	-101.33	-0.076	-0.425	-0.686	-0.131
21-S31	0	-5.12	-13.83	-42.16	-108.21	-0.095	-0.458	-0.809	-0.133
21-S32	0	-5.54	-15.41	-47.86	-121.07	-0.103	-0.519	-0.927	-0.147
21-S33	0	-6.1	-16.78	-47.21	-124.2	-0.113	-0.562	-0.869	-0.155
21-S34	0	-5.74	-15.33	-41.8	-117.43	-0.106	-0.505	-0.756	-0.152
21-S35	0	-5.65	-14.37	-36.44	-107.42	-0.105	-0.459	-0.631	-0.143
21-S36	0	-6.74	-17.96	-29.32	-125.15	-0.125	-0.591	-0.325	-0.193
21-S37	0	0.04	0.43	0.13	-60.85	0.001	0.021	-0.009	-0.123
21-S38	0	2.03	0.31	0.47	-66.57	0.038	-0.091	0.005	-0.135
21-S39	0	-7.78	-17.62	-23.48	-105.62	-0.144	-0.518	-0.167	-0.165

3. 局部倾斜统计

2014年9月、2016年2月和2016年11月，21号马面21-S11到21-S10、21-S2到21-S3、21-S3到21-S10两侧沉降局部倾斜如表2-15所示。

表 2-15　21 号马面局部倾斜统计表

	21-S11 到 21-S10 的局部倾斜 /rad	21-S2 到 21-S3 的局部倾斜 /rad	21-S3 到 21-S10 的局部倾斜 /rad
2014.9	0.00085	0.00031	0.0001
2016.2	0.0002	0.0037	0.0010
2016.11	0.00014	0.0041	0.0009

三、城墙21号马面裂缝变化

裂缝横尺变化曲线见图2-27，变化量为负，表示裂缝宽度增大。

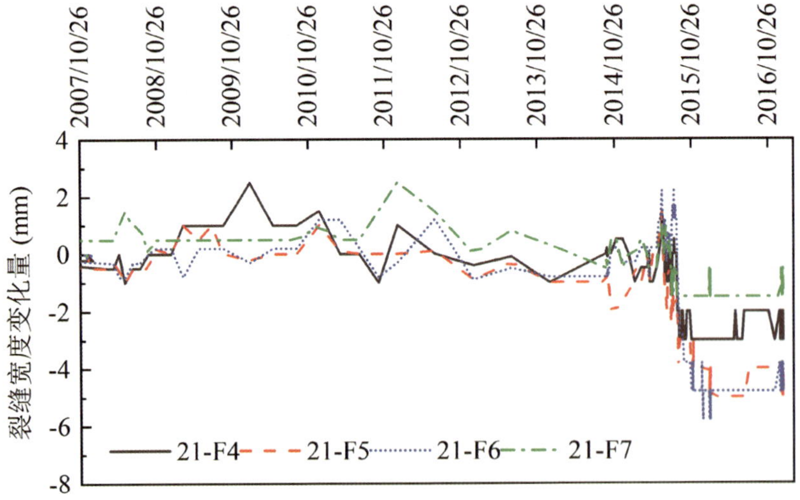

图 2-27　21 号马面外墙裂缝变化曲线

通过裂缝变化图2-27可以看出，从2007年10月—2015年1月，外墙裂缝宽度变化很小。2015年10月份后部分裂缝宽度变化加大，最大裂缝宽度增加约6mm。裂缝变化规律为东西两侧裂缝上部宽度变化大于下部，南侧裂缝下部宽度变化大于上部。

四、观测结果小结

（1）基础第一阶段最大沉降速率为0.0033mm/d，此时最大局部倾斜0.00085rad；第二阶段最大沉降速率为0.2305mm/d，此时最大局部倾斜0.0037rad；第三阶段最大沉降速率为0.0227mm/d，此时最大局部倾斜0.0041rad。

（2）海墁第一阶段最大沉降速率为0.144mm/d，第二阶段最大沉降速率为0.591mm/d，第三阶段最大沉降速率为0.927mm/d，第四阶段最大沉降速率为0.193mm/d。

21号马面基础、海墁沉降变化和裂缝宽度变化统计分别见表2-16和2-17。

表 2-16　21 号马面基础沉降变化和裂缝宽度变化统计表

序号	时间段	累计沉降量 s /mm	最大沉降速率 v /（mm/d）	累计裂缝宽度变化 d /mm
1	2007.10—2014.9	$s \leqslant 10$	−0.0033	$d \leqslant 3$
2	2014.9—2016.2	$10 < s \leqslant 120$	−0.2305	$d \leqslant 6$
3	2016.2—2016.11	$120 < s \leqslant 125$	−0.0227	$d \leqslant 5$

表 2-17　21 号马面海墁沉降变化统计表

序号	时间段	最大沉降量 s /mm	最大沉降速率 v /（mm/d）
1	2015.4—2015.5	$s \leqslant 10$	−0.144
2	2015.5—2015.6	$10 < s \leqslant 20$	−0.591
3	2015.6—2015.7	$20 < s \leqslant 50$	−0.927
4	2015.7—2016.11	$50 < s \leqslant 130$	−0.193

第六节　城墙29-30号马面区间分析

一、城墙29-30号马面区间测点布置

29-30号马面区间位置如图2-28所示。

29-30号马面区间共设置了21个沉降观测点，3个裂缝观测点，其中沉降观测点和裂缝横尺均设在海墁上。

海墁沉降观测点为30-S1～30-S21，观测时间2007年11月—2016年12月。

裂缝观测点为30-F1～30-F3，观测时间2007年10月—2016年12月。

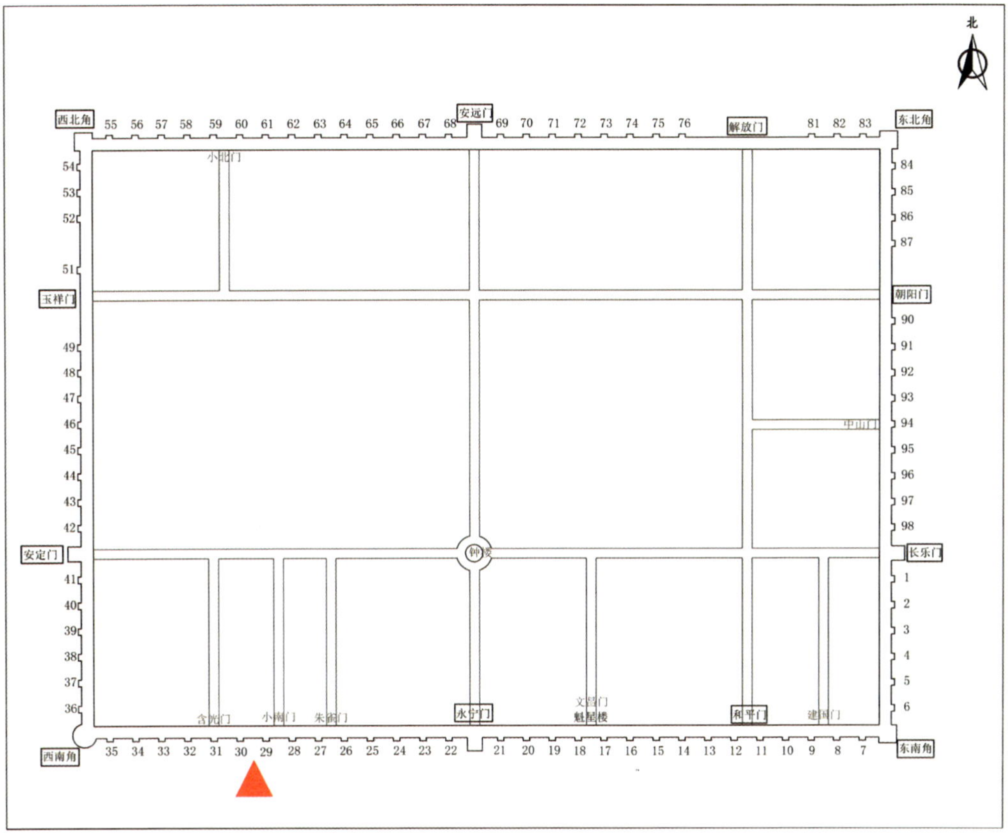

图 2-28　29-30 号马面区间位置示意图

二、城墙29-30号马面区间沉降分析

1. 沉降量分析

绘制29-30号马面区间全部测点沉降曲线如图2-29所示。绘制2016年12月海墁等沉降曲线如图2-30。

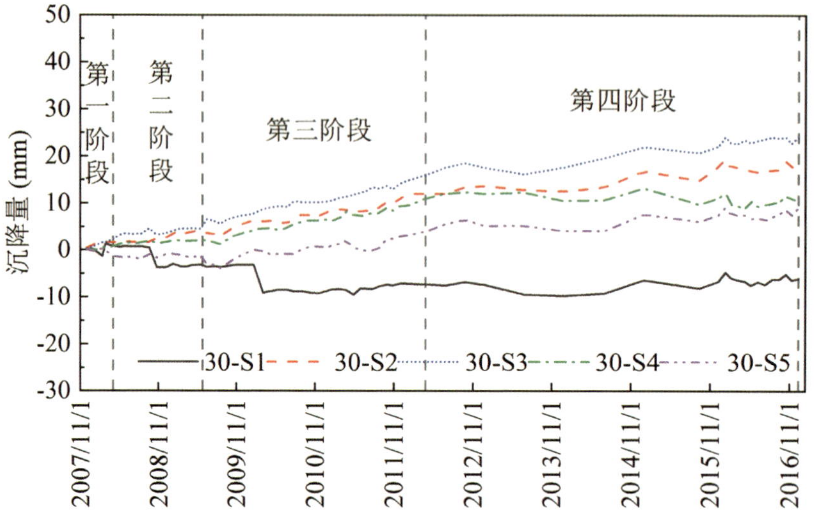

（a）

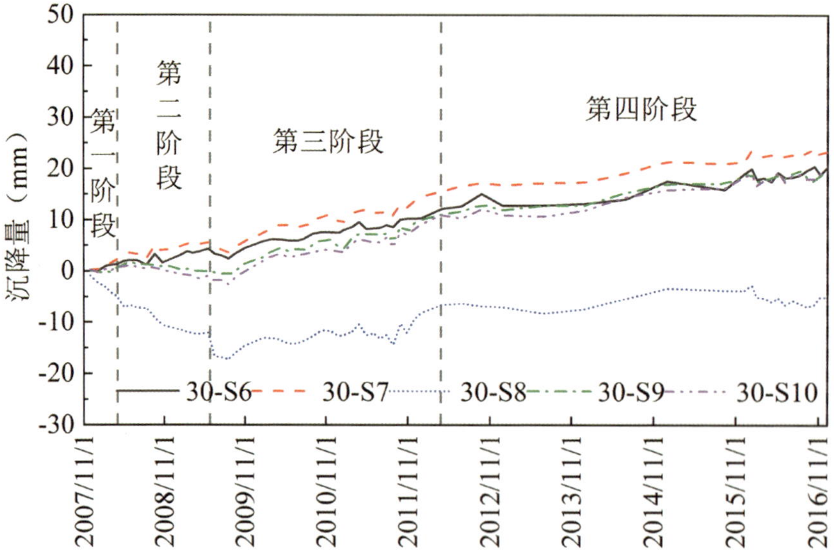

（b）

图 2-29　29-30 号马面区间沉降曲线

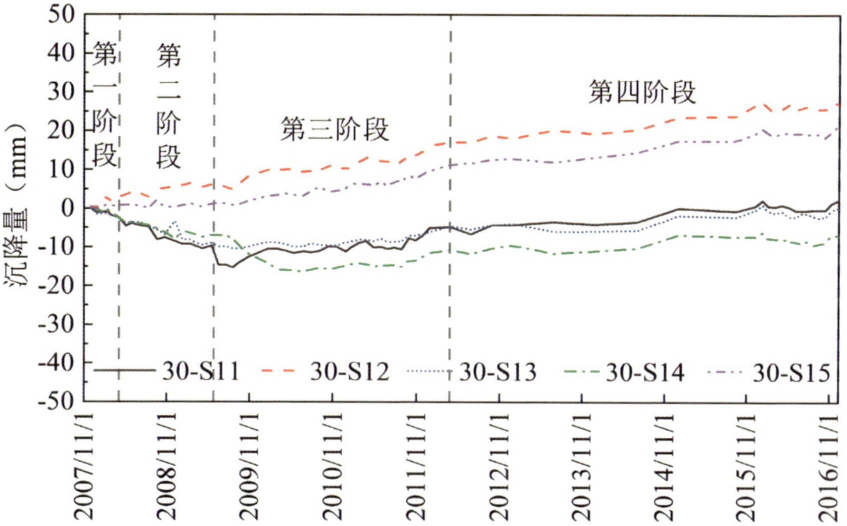

（c）

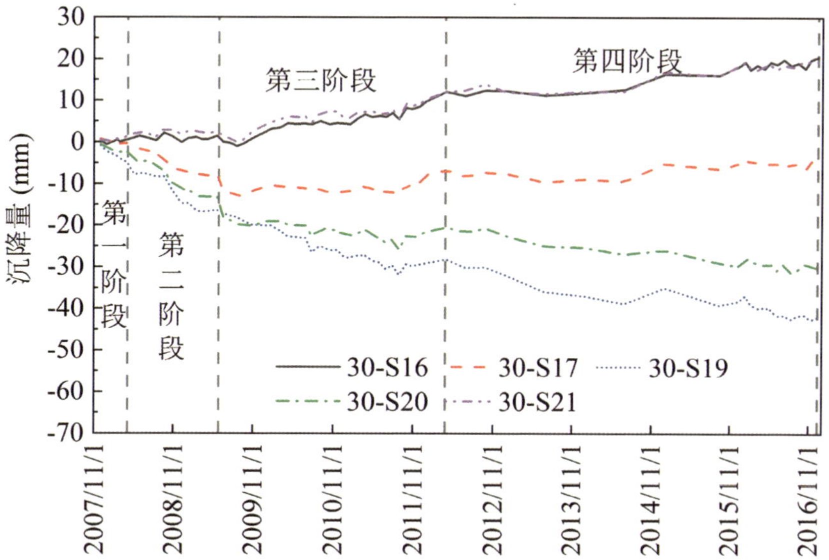

（d）

图 2-29　29-30 号马面区间沉降曲线

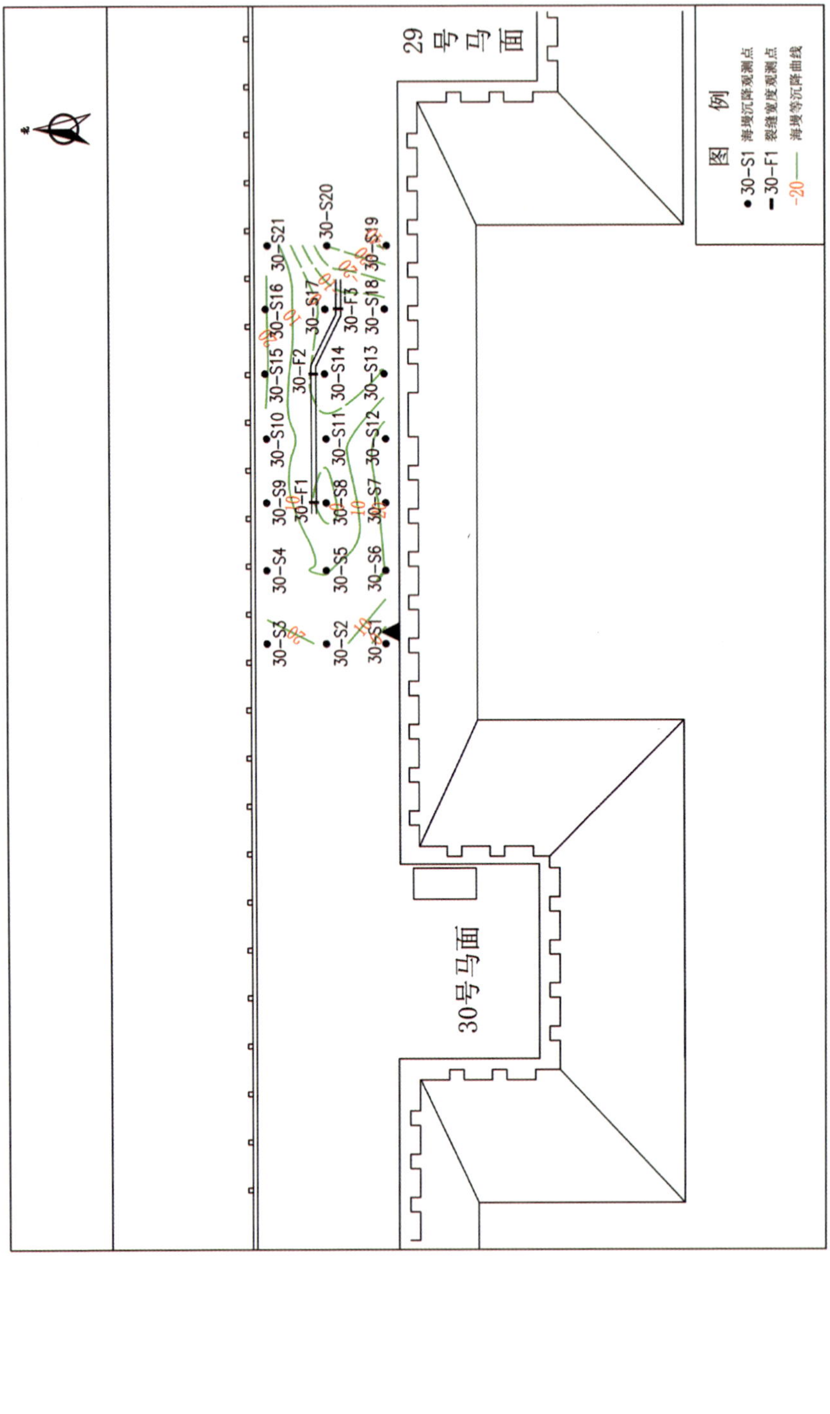

图 2-30 29-30 号马面区间海墁等沉降曲线（2016 年 12 月）

表 2-18　29-30 号马面区间海塅沉降量与沉降速率统计表

测点	2007.11 沉降量 /mm	2008.3 沉降量 /mm	2009.5 沉降量 /mm	2012.3 沉降量 /mm	2016.12 沉降量 /mm	2007.11—2008.3 沉降速率 /（mm/d）	2008.3—2009.5 沉降速率 /（mm/d）	2009.5—2012.3 沉降速率 /（mm/d）	2012.3—2016.12 沉降速率 /（mm/d）
30-S1	0	0.88	−3.13	−7.29	−6.03	0.006	−0.010	−0.004	0.001
30-S2	0	1.64	4.02	11.99	18.92	0.011	0.006	0.008	0.004
30-S3	0	2.22	4.49	15.99	24.13	0.015	0.005	0.011	0.005
30-S4	0	0.63	2.05	11.01	11.46	0.004	0.003	0.009	0.000
30-S5	0	−1.14	−1.30	3.96	9.17	−0.008	0.000	0.005	0.003
30-S6	0	1.34	4.35	12.10	20.28	0.009	0.007	0.007	0.005
30-S7	0	2.20	5.58	15.48	23.39	0.015	0.008	0.009	0.005
30-S8	0	−4.89	−12.08	−6.64	−5.13	−0.032	−0.017	0.005	0.001
30-S9	0	0.61	−0.05	11.05	19.40	0.004	−0.002	0.011	0.005
30-S10	0	0.84	−0.93	10.92	18.67	0.006	−0.004	0.011	0.005
30-S11	0	−2.30	−9.71	−4.82	2.21	−0.015	−0.018	0.005	0.004
30-S12	0	2.75	6.11	17.06	26.91	0.018	0.008	0.010	0.006
30-S13	0	−2.26	−8.97	−4.61	0.23	−0.015	−0.016	0.004	0.003

（续表）

测点	2007.11沉降量/mm	2008.3沉降量/mm	2009.5沉降量/mm	2012.3沉降量/mm	2016.12沉降量/mm	2007.11—2008.3沉降速率（mm/d）	2008.3—2009.5沉降速率/（mm/d）	2009.5—2012.3沉降速率/（mm/d）	2012.3—2016.12沉降速率/（mm/d）
30-S14	0	−2.11	−6.87	−10.73	−7.12	−0.014	−0.012	−0.004	0.002
30-S15	0	0.79	1.35	11.31	21.53	0.005	0.001	0.010	0.006
30-S16	0	0.52	1.47	12.07	20.58	0.003	0.002	0.010	0.005
30-S17	0	−0.32	−7.42	−6.64	−2.80	−0.002	−0.017	0.001	0.002
30-S18	0	3.16	4.50	6.37	−3.42	0.021	0.003	0.002	0.006
30-S19	0	−4.87	−16.35	−28.18	−41.89	−0.032	−0.028	−0.011	−0.008
30-S20	0	−2.42	−12.86	−20.55	−30.17	−0.016	−0.025	−0.007	−0.006
30-S21	0	1.35	2.35	12.04	19.46	0.009	0.002	0.009	0.004

（1）结合表2-18和图2-29、2-30可以看出，测点30-S19和30-S20沉降量最大，分别达到41.89mm和30.17mm。海墁南北两侧与外墙相接处大多翘起，其中点30-S12处沉降量最大，达到26.91mm。

（2）由图2-29可以看出，海墁有沉降较大点，也有翘起较大点，裂缝以南沉降较大，裂缝以北翘起较大。

2. 沉降速率分析

根据图2–29沉降变化规律将时间分为四个阶段：第一阶段2007年11月—2008年3月；第二阶段2008年3月—2009年5月；第三阶段2009年5月—2012年3月；第四阶段2012年3月—2016年12月。分别计算上述四阶段的沉降速率，沉降速率和统计分析见表2–18。

从表2–18可知，第一阶段海墁最大沉降速率0.032mm/d；第二阶段海墁最大沉降速率0.028mm/d；第三阶段海墁最大沉降速率0.011mm/d；第四阶段海墁最大沉降速率0.008mm/d。

可以看出沉降速率最大值发生在第一阶段，沉降速率随时间增长呈逐渐递减的趋势，在第四阶段已接近稳定。

三、城墙29–30号马面区间裂缝变化

裂缝横尺变化曲线见图2–31，变化量为负，表示裂缝宽度增大。

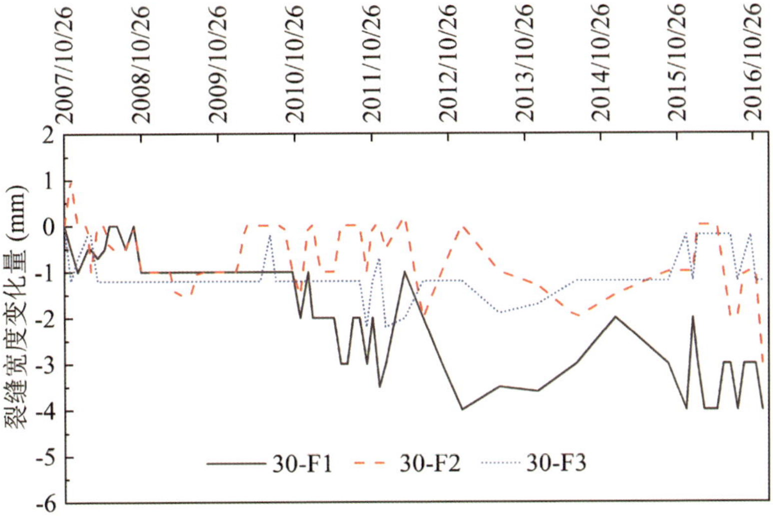

图 2–31　29–30 号马面区间外墙裂缝变化曲线

通过裂缝走向可以看出，裂缝发育带为沉降带。裂缝30-F1宽度变化最大，加宽4mm。

四、观测结果小结

（1）在第一阶段内，各沉降点累计沉降量小于5mm，最大沉降速率0.032mm/d，裂缝最大变化为1mm。

（2）在第二阶段内，最大沉降速率0.028mm/d，裂缝最大加宽1mm。

（3）第三阶段内，最大沉降速率0.011mm/d，裂缝最大加宽3.5mm。

（4）第四阶段内，最大沉降速率0.008mm/d，裂缝最大加宽4mm。

29-30号马面区间海墁沉降变化和裂缝宽度变化统计见表2-19。

表 2-19　29-30 号马面海墁沉降变化和裂缝宽度变化统计表

序号	时间段	累计沉降量 s /mm	最大沉降速率 v /（mm/d）	累计裂缝宽度变化量 d /mm
1	2007.11—2008.3	$s \leqslant 5$	−0.032	$d \leqslant 1$
2	2008.3—2009.5	$5 < s \leqslant 15$	−0.028	$d \leqslant 1$
3	2009.5—2012.3	$15 < s \leqslant 30$	−0.011	$d \leqslant 3.5$
4	2012.3—2016.12	$s > 30$	−0.008	$d \leqslant 4$

第七节　城墙32号马面分析

一、城墙32号马面测点布置

32号马面位置如图2-32所示。

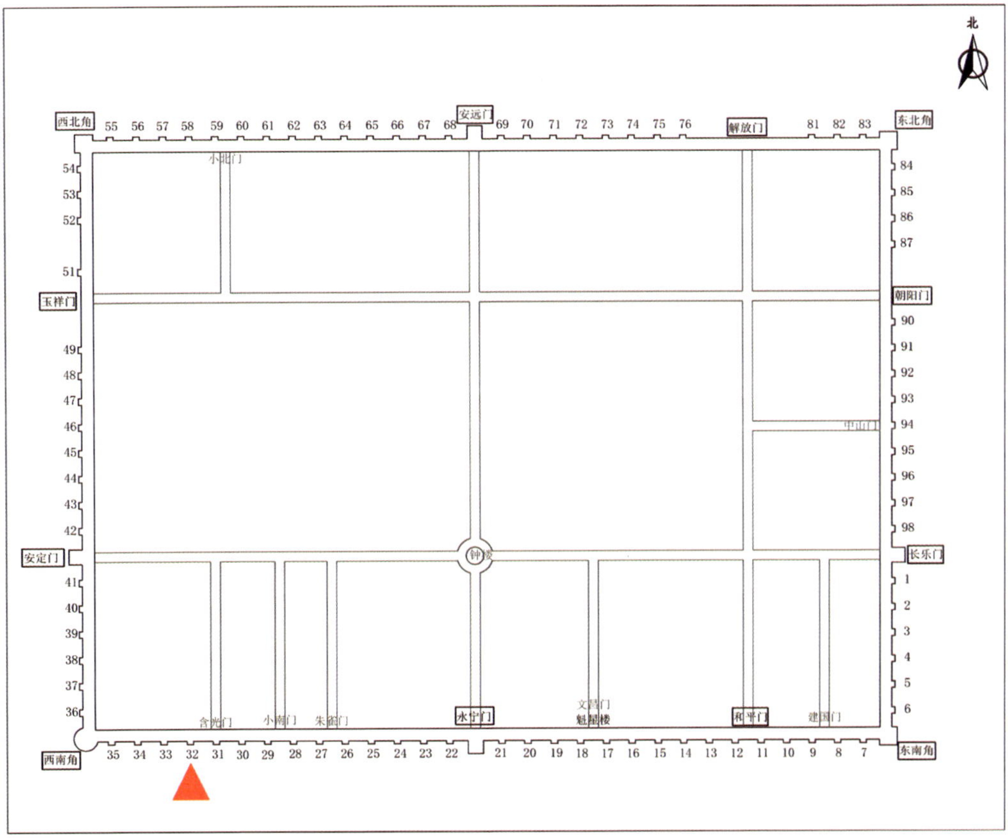

图 2-32　32 号马面位置示意图

32号马面共设置了71个沉降观测点，22个裂缝观测点，其中沉降观测点设在基础上，裂缝横尺分别设在马面的东、南两侧墙体。

选取沉降变化明显的基础沉降观测点32-S1～32-S11，观测时间2007年12月—2015年11月。2010年8月—2015年11月加密观测，新加密观测点32-S51、32-S61、32-S71。绘制2015年11月基础等沉降曲线如图2-34所示。

选取变化明显的裂缝观测点32-F1～32-F6和32-F35～32-F37，观测时间2009年4月—2012年2月；裂缝观测点32-F38～32-F45和32-F40-1、32-F43-1，观测时间2009年10月—2011年8月。

二、城墙32号马面沉降分析

1. 沉降量分析

选取基础沉降较大的观测点32-S6、32-S7、32-S8、32-S9，绘制沉降曲线如图2-33所示。根据沉降变化规律将时间分为三个阶段：第一阶段2007年12月—2008年2月；第二阶段2008年2月—2009年4月；第三阶段2009年4月—2015年11月。

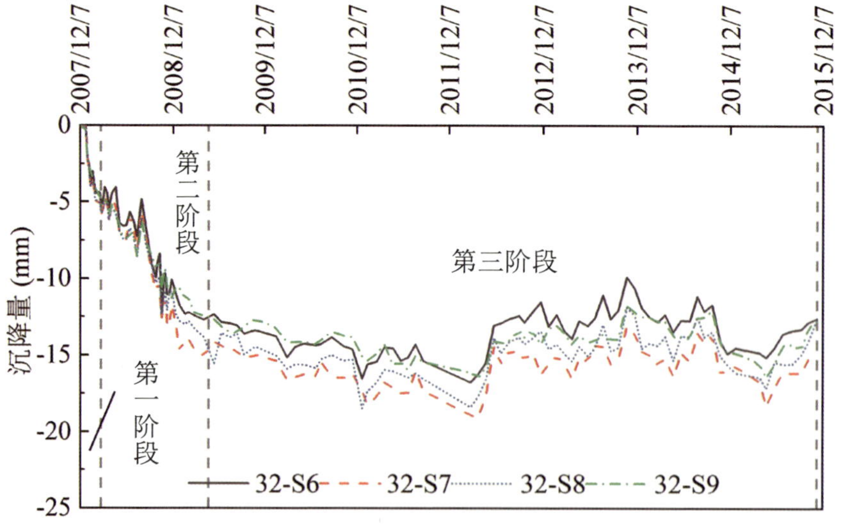

图 2-33 32 号马面沉降曲线

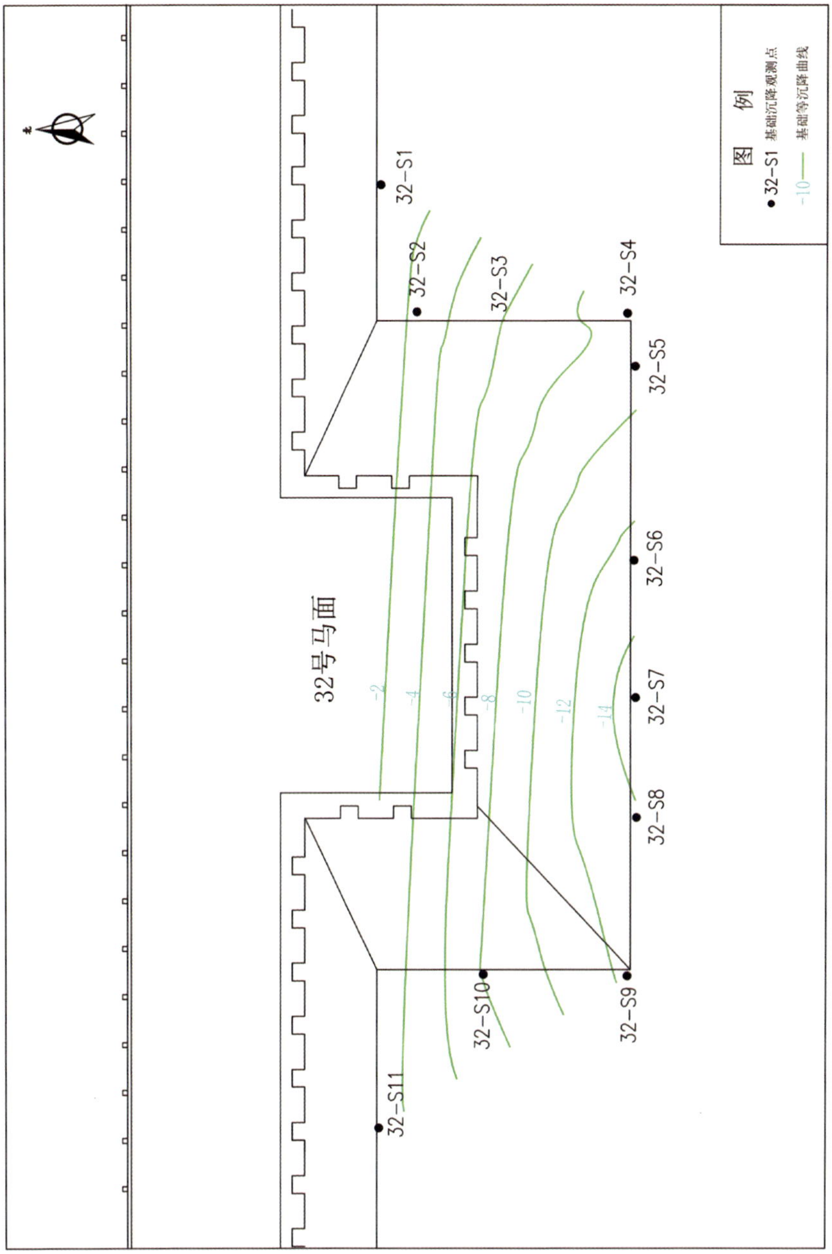

图 2-34　32 号马面基础等沉降曲线（2015 年 11 月）

表 2-20　32 号马面基础沉降量与沉降速率统计表

测点	2007.12沉降量/mm	2008.2沉降量/mm	2009.4沉降量/mm	2015.11沉降量/mm	2007.12—2008.2沉降速率/（mm/d）	2008.2—2009.4沉降速率/（mm/d）	2009.4—2015.11沉降速率/（mm/d）
32-S2	0	−0.35	−2.77	0.34	−0.0042	−0.0060	0.0013
32-S3	0	−2.24	−5.89	−3.48	−0.027	−0.0090	0.001
32-S4	0	−3.6	−9.71	−7.18	−0.043	−0.015	0.001049
32-S5	0	−4.07	−8.74	−6.33	−0.049	−0.012	0.001
32-S6	0	−5.23	−12.7	−12.6	−0.063	−0.019	0.000041
32-S7	0	−5.79	−15.07	−14.84	−0.07	−0.023	0.000095
32-S8	0	−5.76	−13.82	−12.63	−0.069	−0.020	0.00049
32-S9	0	−5.25	−12.39	−12.79	−0.063	−0.018	−0.00017
32-S10	0	−3.04	−8.16	−4.79	−0.037	−0.0137	0.0014
32-S11	0	−0.65	−3.03	−5.87	−0.0078	−0.0059	−0.0012

（1）结合图2–33、2–34和表2–20可知，沉降量最大点为32–S7，其累计最大沉降量为14.84mm；沉降量最小点为32–S2，累计沉降量为0.34mm，外侧墙基础沉降量差异大，南侧基础沉降大于北侧基础沉降。

（2）从图2–33可知，第一、二阶段各观测点沉降量较大，第三阶段沉降量较小，已基本稳定。

2. 沉降速率分析

计算32号马面基础沉降速率，沉降速率统计见表2–20。

从表2–20可知，第一阶段基础最大沉降速率0.07mm/d；第二阶段基础最大沉降速率0.023mm/d；第三阶段基础最大沉降速率0.0013mm/d。

可以看出，沉降速率最大值发生在第一阶段，第一阶段的沉降速率大于第二阶段，远大于第三阶段。可以判断出32号马面第一阶段沉降较快，第二段沉降速率降低，第三阶段已接近稳定。

3. 局部倾斜统计

2008年2月、2009年4月和2015年11月，32号马面32–S4到32–S9和32–S2到32–S4两侧沉降局部倾斜见表2–21所示。

表 2–21　32 号马面局部倾斜统计表

时间	32–S4到32–S9的局部倾斜 /rad	32–S2到32–S4的局部倾斜 /rad
2008.2	0.00006	0.00041
2009.4	0.00009	0.00087
2015.11	0.00019	0.00094

三、城墙32号马面裂缝变化

绘制裂缝变化曲线如图2-35和2-36所示，变化量为负，表示裂缝宽度增大。

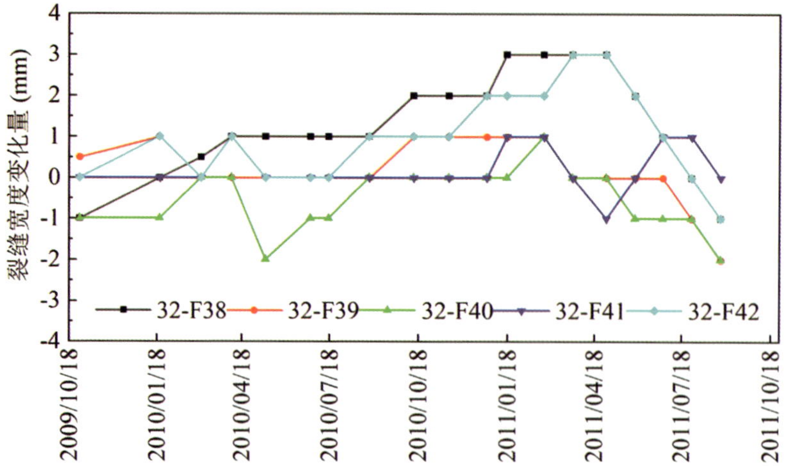

（a）

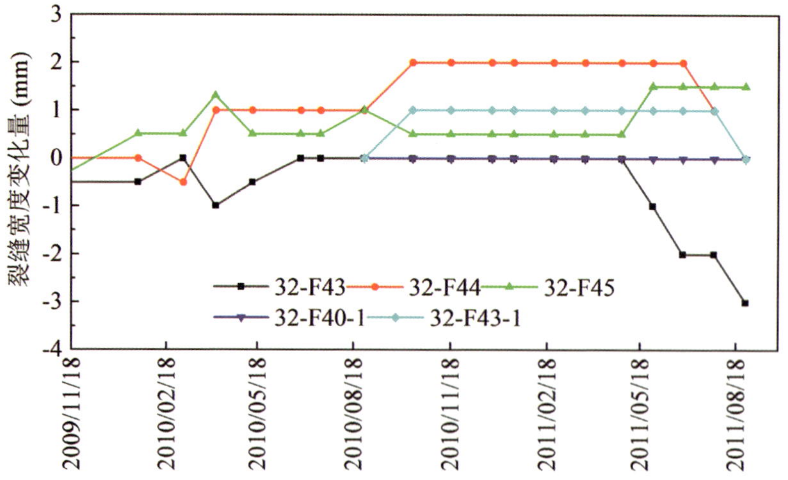

（b）

图 2-35　32 号马面外墙裂缝变化曲线

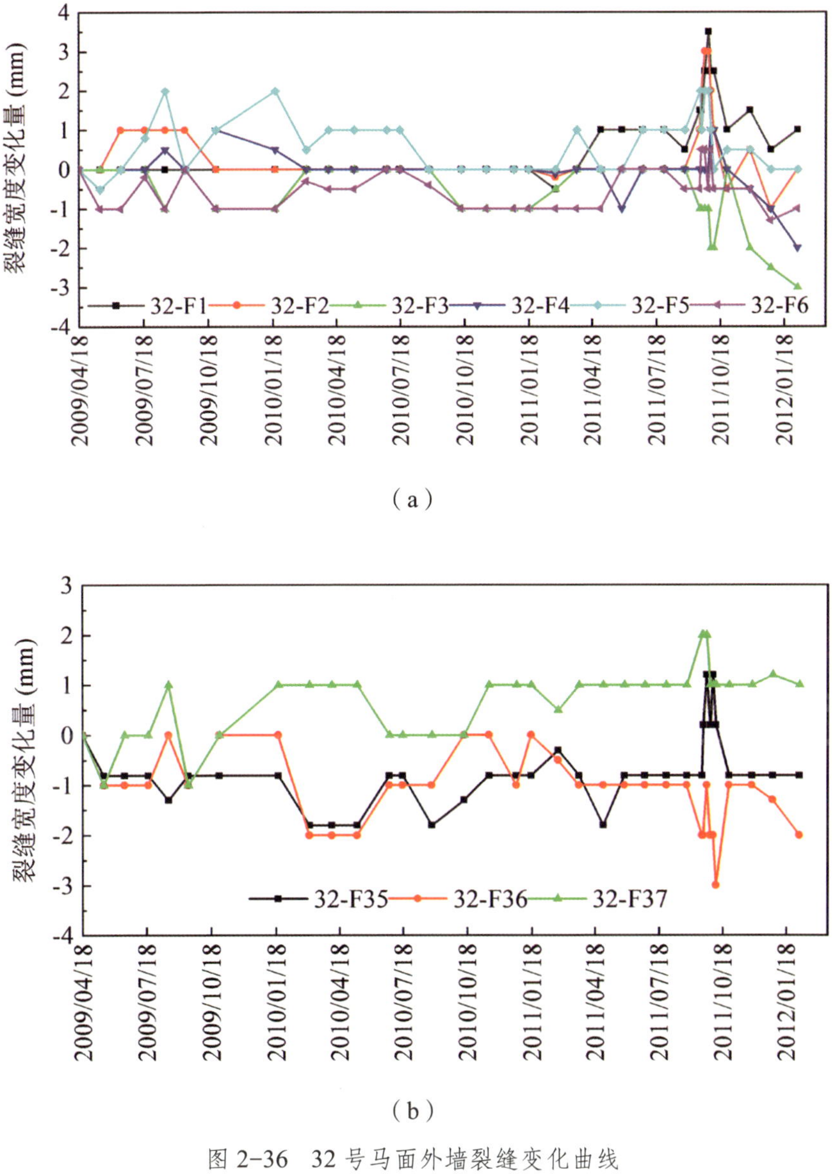

（a）

（b）

图 2-36　32 号马面外墙裂缝变化曲线

由图2-35和2-36可以看出，裂缝横尺变化量在-3～4mm之间，裂缝宽度变化较小。

四、观测结果小结

（1）2007年12月—2008年2月，各沉降点累计沉降量5mm左右，但此时沉降速率最大，最大值达到了0.07mm/d。

（2）2008年2月—2009年4月，累计最大沉降量约为15mm，最大沉降速率0.023mm/d，基础南侧32-S7沉降量最大，北侧32-S2沉降量最小。

（3）2009年4月—2015年11月，沉降速率很小，最大沉降速率为0.0013mm/d，此时已接近稳定。

32号马面基础沉降变化和裂缝宽度变化统计见表2-22。

表 2-22　32 号马面基础沉降变化和裂缝宽度变化统计表

序号	时间段	累计沉降量 s /mm	最大沉降速率 v /（mm/d）	累计裂缝宽度变化量 d /mm
1	2007.12—2008.2	$s \leqslant 6$	−0.070	$d \leqslant 1$
2	2008.2—2009.4	$5 < s \leqslant 16$	−0.023	$d \leqslant 1$
3	2009.4—2015.11	$5 < s \leqslant 15$	−0.0013	$d \leqslant 4$

第八节　城墙41号马面分析

一、城墙41号马面测点布置

41号马面位置如图2-37所示。

41号马面共设置了24个沉降观测点，3个裂缝观测点，其中沉降观测点设在海墁和外墙基础上，裂缝横尺设在马面的西侧墙体。

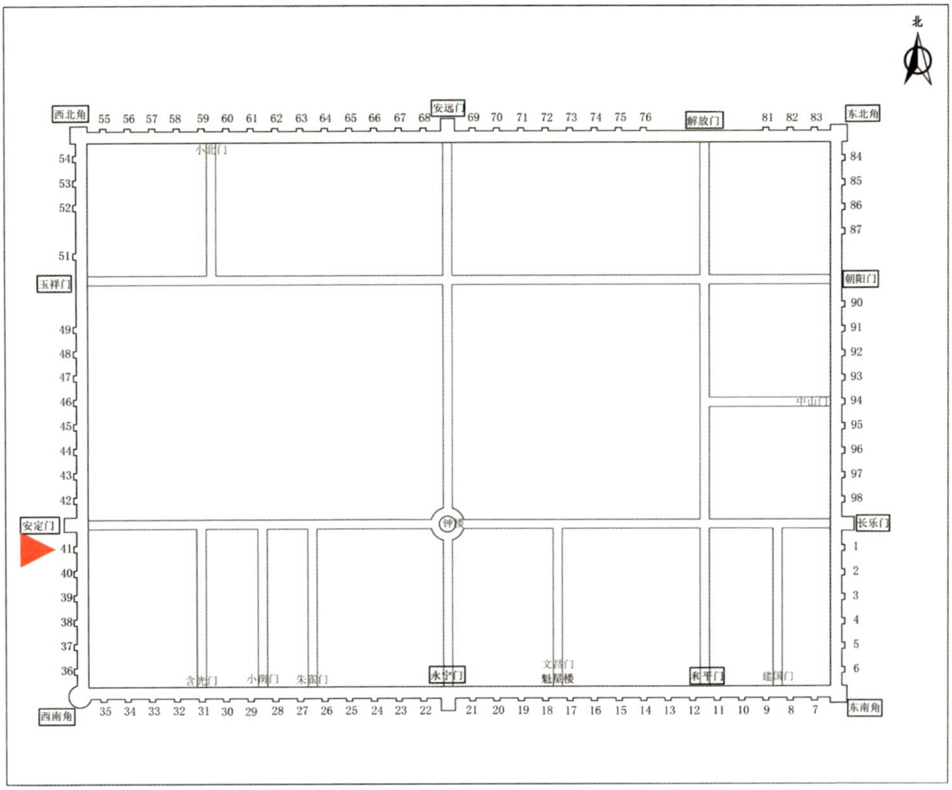

图 2-37　41 号马面位置示意图

海墁沉降观测点D1～D8和C1～C7，观测时间为2007年7月—2016年12月。

基础沉降观测点1～9，观测时间为2007年7月—2016年12月。

裂缝观测点41-F1～41-F3，观测时间为2007年10月—2016年12月。

二、城墙41号马面沉降分析

1. 沉降量分析

选取海墁上沉降量较大的观测点D1、D3、D8，基础沉降量较大的观测点4、7、8，绘制沉降曲线如图2-38所示。根据图2-38中的沉降变化规律将海墁沉降时间分为四个阶段：第一阶段2007年7月—2007年11月；第二阶段2007年11月—2008年8月；第三阶段2008年8月—2011年3月；第四阶段2011年3月—2016年12月。将基础沉降时间分为三个阶段：第一阶段2007年7月—2008年4月；第二阶段2008年4月—2011年7月；第三阶段2011年7月—2016年12月。绘制2008年4月、2016年12月基础等沉降曲线如图2-39、2-40；2008年8月、2016年12月海墁等沉降曲线如图2-41和2-42所示。

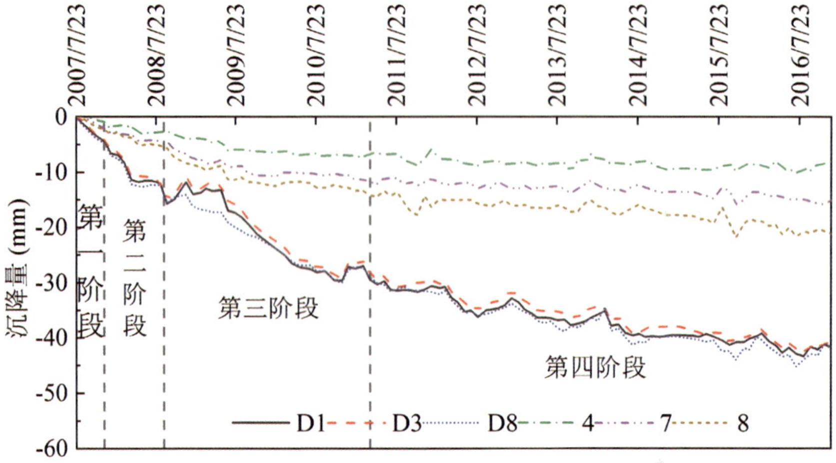

图 2-38 41 号马面沉降曲线

（1）结合图2-39、2-40和表2-24可以看出，外墙基础沉降量最大点为9点，沉降量为22.82mm。沉降量最小点为1点，沉降量0.42mm，外侧墙基础沉降量差异大，西南角沉降远大于东北角基础沉降。

（2）结合图2-38、2-41、2-42和表2-23可以看出，海墁沉降量最大点为D8，沉降量41.77mm，沉降量最小点为C1，沉降量8.9mm，海墁沉降量差异大，敌楼中心沉降量最大，距敌楼越远沉降量越小。

（3）结合绘图以及统计表可知：海墁沉降量远大于基础沉降量，海墁沉降以敌楼下方为主，基础沉降以西南角为主。均为初始沉降较快，后期沉降放缓。

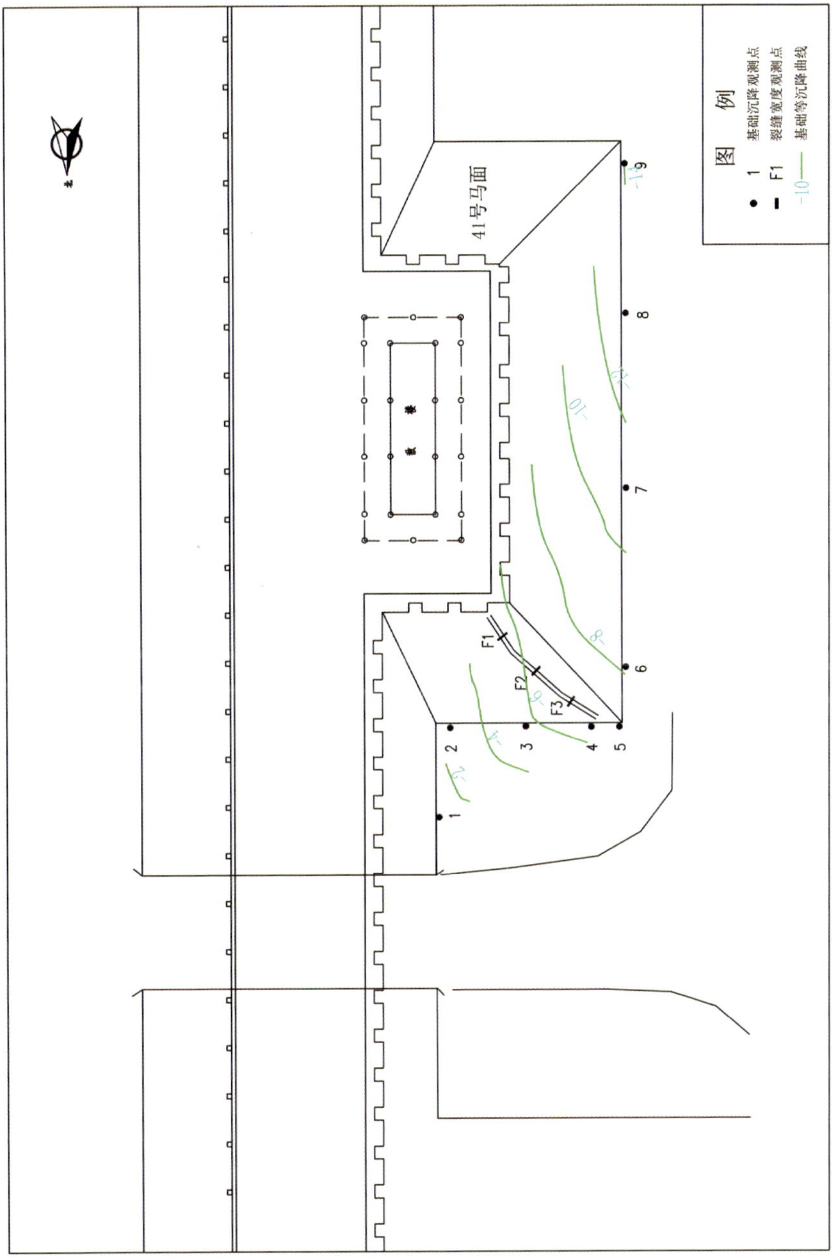

图2-39　41号马面基础等沉降曲线（2008年4月）

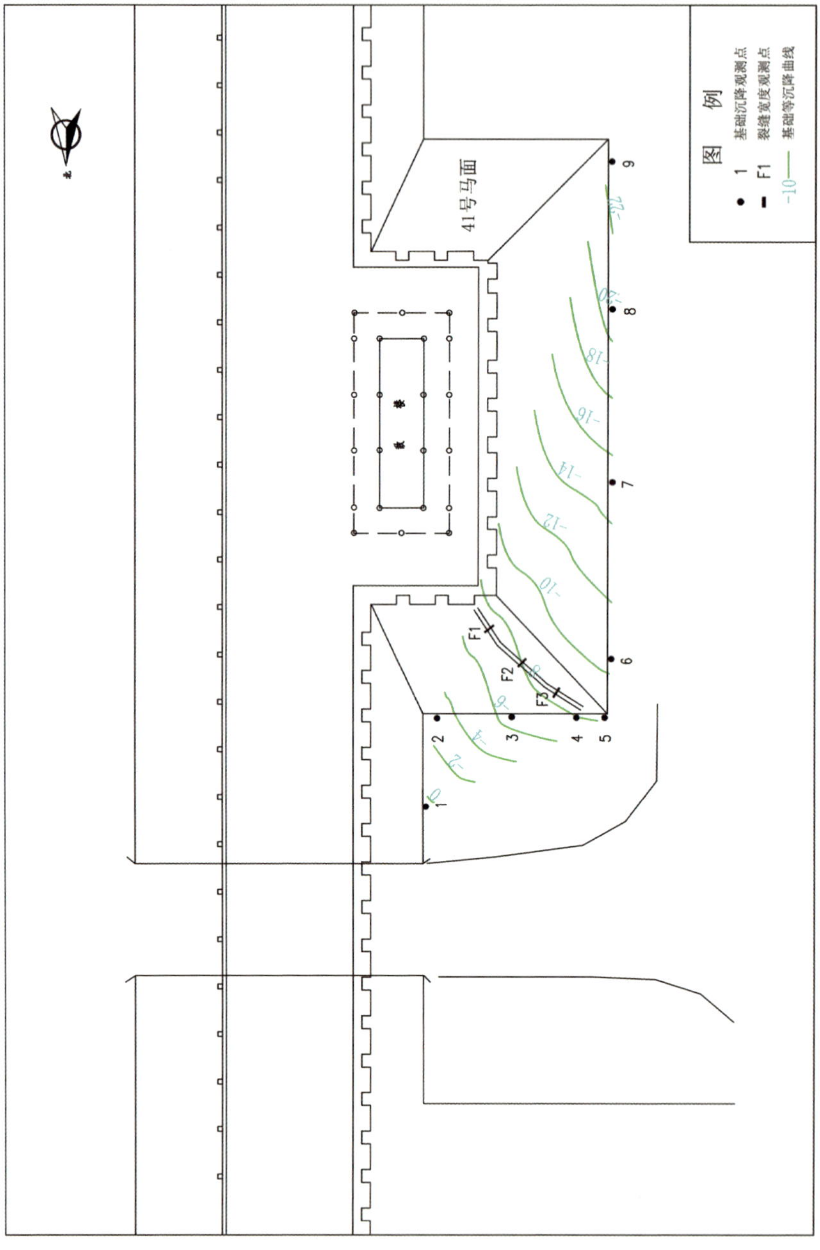

图 2-40 41 号马面基础等沉降曲线（2016 年 12 月）

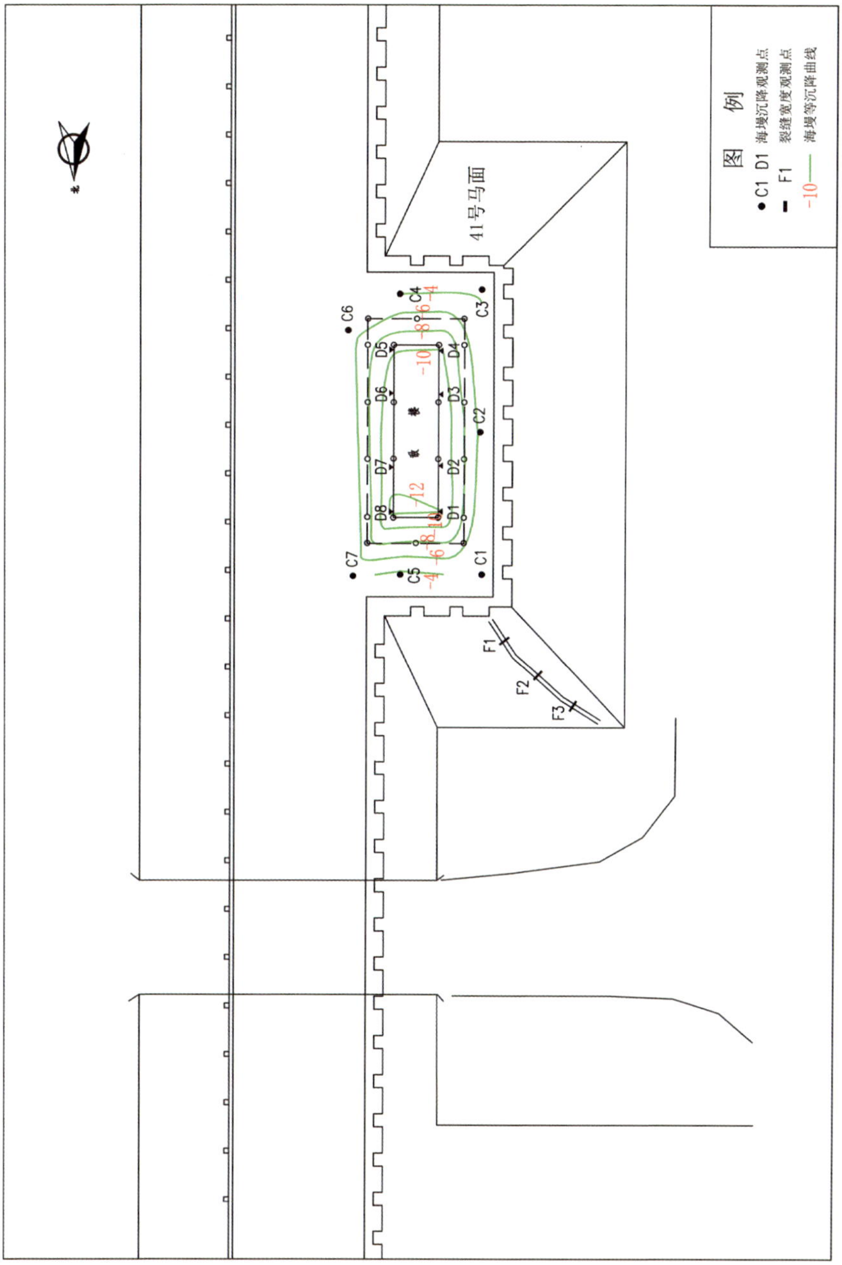

图 2-41　41 号马面海堤等沉降曲线（2008 年 8 月）

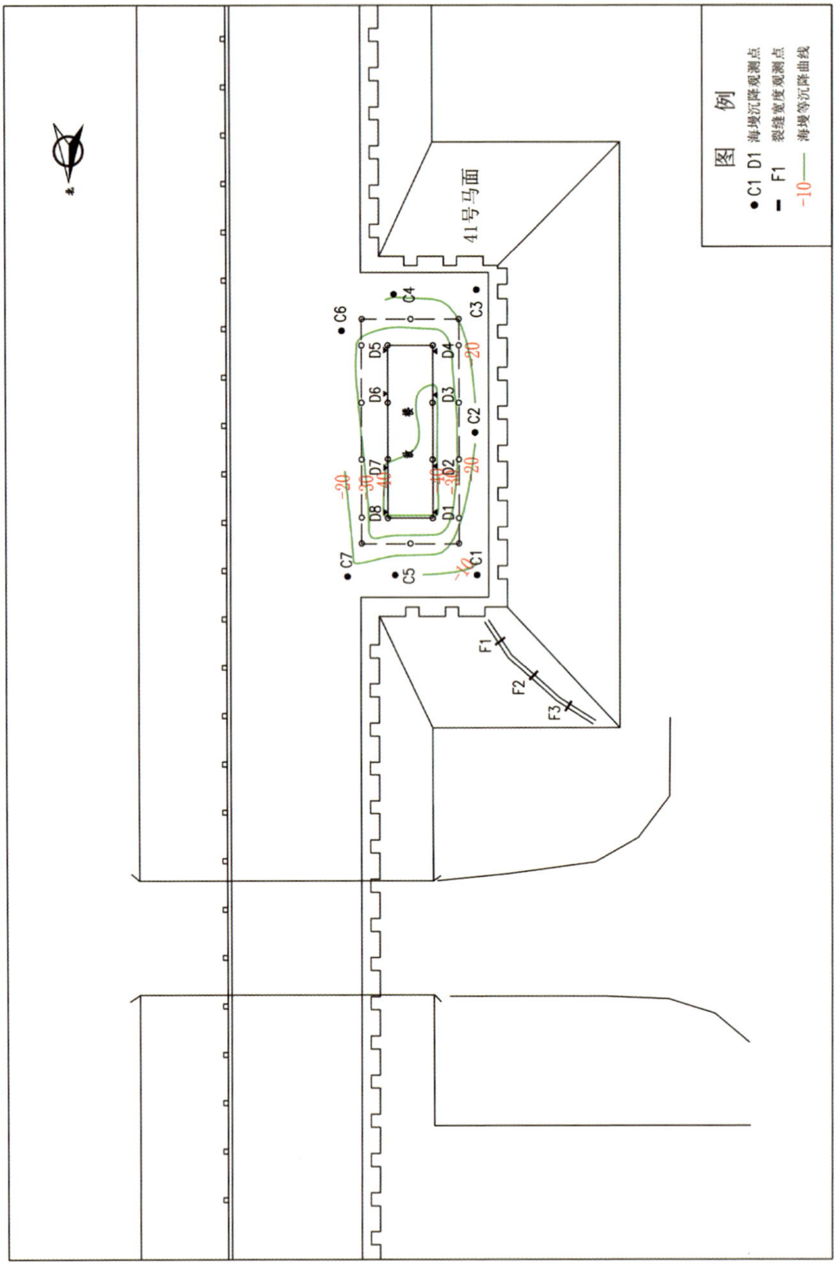

图 2-42 41号马面海墁等沉降曲线（2016年12月）

表 2-23　41 号马面海堤沉降量与沉降速率统计表

测点	2007.7 沉降量 /mm	2007.11 沉降量 /mm	2008.8 沉降量 /mm	2011.3 沉降量 /mm	2016.12 沉降量 /mm	2007.7—2007.11 沉降速率 /（mm/d）	2007.11—2008.8 沉降速率 /（mm/d）	2008.8—2011.3 沉降速率 /（mm/d）	2011.3—2016.12 沉降速率 /（mm/d）
D1	0	−4.44	−12.02	−29.40	−41.57	−0.034	−0.030	−0.018	−0.006
D2	0	−3.97	−11.37	−28.00	−40.39	−0.031	−0.029	−0.017	−0.006
D3	0	−4.11	−11.67	−28.19	−41.09	−0.032	−0.030	−0.017	−0.006
D4	0	−2.76	−10.23	−25.66	−37.72	−0.021	−0.029	−0.016	−0.006
D5	0	−3.05	−9.90	−24.95	−38.04	−0.023	−0.027	−0.016	−0.006
D6	0	−3.72	−10.97	−25.89	−38.74	−0.029	−0.028	−0.016	−0.006
D7	0	−4.25	−11.65	−27.19	−40.08	−0.033	−0.029	−0.016	−0.006
D8	0	−4.72	−12.36	−28.93	−41.77	−0.036	−0.030	−0.017	−0.006
C1	0	−0.83	−4.32	−7.71	−8.90	−0.007	−0.017	−0.008	−0.004
C2	0	−0.42	−5.64	−14.28	−20.96	−0.003	−0.020	−0.009	−0.003
C3	0	−0.01	−3.83	−9.14	−16.22	0.000	−0.015	−0.006	−0.003
C4	0	0.34	−3.98	−9.29	−18.95	0.003	−0.017	−0.006	−0.005
C6	0	−0.06	−4.75	−13.26	−25.49	0.000	−0.018	−0.009	−0.006
C7	0	0.23	−4.33	−9.93	−15.89	−0.002	−0.017	−0.010	−0.008

表 2-24　41 号马面基础沉降量与沉降速率统计表

测点	2007.7 沉降量 /mm	2008.4 沉降量 /mm	2011.7 沉降量 /mm	2016.12 沉降量 /mm	2007.7—2008.4 沉降速率 /（mm/d）	2008.4—2011.7 沉降速率 /（mm/d）	2011.7—2016.12 沉降速率 /（mm/d）
1	0	−0.65	−0.96	0.42	−0.002	−0.001	−0.000
2	0	0.05	−2.72	−3.09	0.000	−0.002	0.000
3	0	−1.69	−5.77	−6.76	−0.007	−0.003	−0.001
4	0	−1.70	−6.72	−7.96	−0.007	−0.004	−0.001
5	0	−1.49	−7.11	−8.32	−0.006	−0.005	−0.001
6	0	−2.48	−8.13	−10.56	−0.010	−0.005	−0.001
7	0	−3.08	−11.07	−15.07	−0.012	−0.007	−0.002
8	0	−3.72	−13.59	−21.15	−0.015	−0.008	−0.004
9	0	−3.07	−14.07	−22.82	−0.012	−0.009	−0.004

2. 沉降速率分析

分别计算上述两阶段的海墁沉降速率和基础沉降速率，沉降速率和统计分析分别见表2-23、2-24。

从表2-23可知：第一阶段海墁最大沉降速率0.036mm/d；第二阶段海墁最大沉降速率0.03mm/d；第三阶段海墁最大沉降速率0.018mm/d；第四阶段海墁最大沉降速率0.008mm/d。

从表2-24可知：第一阶段基础最大沉降速率0.015mm/d；第二阶段基础

最大沉降速率0.009mm/d；第三阶段基础最大沉降速率0.004mm/d。

可以看出基础和海墁均是前期沉降速率较大，后期沉降速率降低。

3. 局部倾斜统计

2008年4月、2011年7月、2016年12月，41号马面测点5到测点2和测点5到测点9两侧沉降局部倾斜见表2-25所示。

表 2-25　41 号马面局部倾斜统计表

时间	测点5到测点2的局部倾斜/rad	测点5到测点9的局部倾斜/rad
2008.4	0.00017	0.00006
2011.7	0.00049	0.00024
2016.12	0.00058	0.0005

三、城墙41号马面裂缝变化

裂缝横尺变化曲线见图2-43，变化量为负，表示裂缝宽度增大。

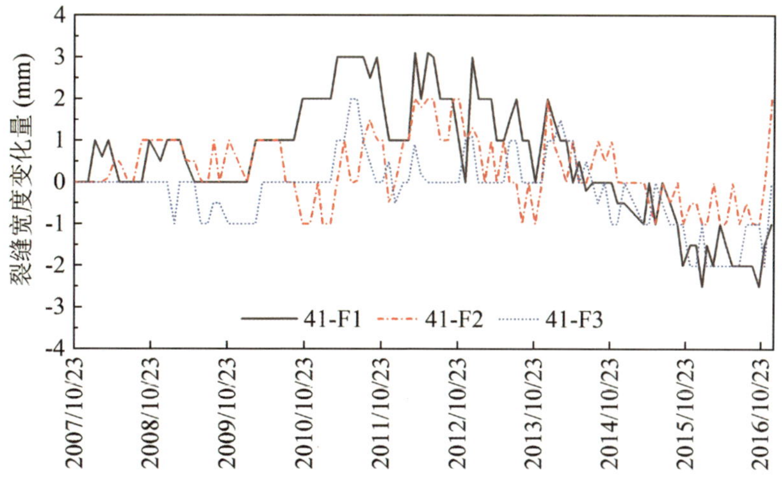

图 2-43　41 号马面外墙裂缝变化曲线

从图2-43可以看出，裂缝变化在-3～3mm之间，裂缝变化较小。

四、观测结果小结

（1）2007年7月—2008年8月，海墁和基础沉降速率较大，后期沉降速率降低。

（2）海墁以敌楼区域沉降为主，且西南角沉降明显大于西北角；基础沉降为南侧大于北侧，西侧大于东侧，即以西南角沉降为主。

（3）局部倾斜值较小，裂缝未发生明显变化。

41号马面海墁和基础沉降变化以及裂缝宽度变化统计分别见表2-26和2-27。

表 2-26　41 号马面海墁沉降变化统计表

序号	时间段	累计沉降量 s/mm	最大沉降速率 v/（mm/d）
1	2007.7—2007.11	$s \leqslant 5$	−0.036
2	2007.11—2008.8	$5 < s \leqslant 15$	−0.030
3	2008.8—2011.3	$15 < s \leqslant 30$	−0.018
4	2011.3—2016.12	$s > 30$	−0.008

表 2-27　41 号马面基础沉降变化和裂缝宽度变化统计表

序号	时间段	累计沉降量 s/mm	最大沉降速率 v/（mm/d）	累计裂缝宽度变化量 d/mm
1	2007.7—2008.4	$s \leqslant 5$	−0.015	$d \leqslant 1$
2	2008.4—2011.7	$5 < s \leqslant 15$	−0.009	$d \leqslant 3$
3	2011.7—2016.12	$15 < s \leqslant 30$	−0.004	$d \leqslant 2.5$

第九节　城墙43号马面分析

一、城墙43号马面测点布置

43号马面位置如图2-44所示。

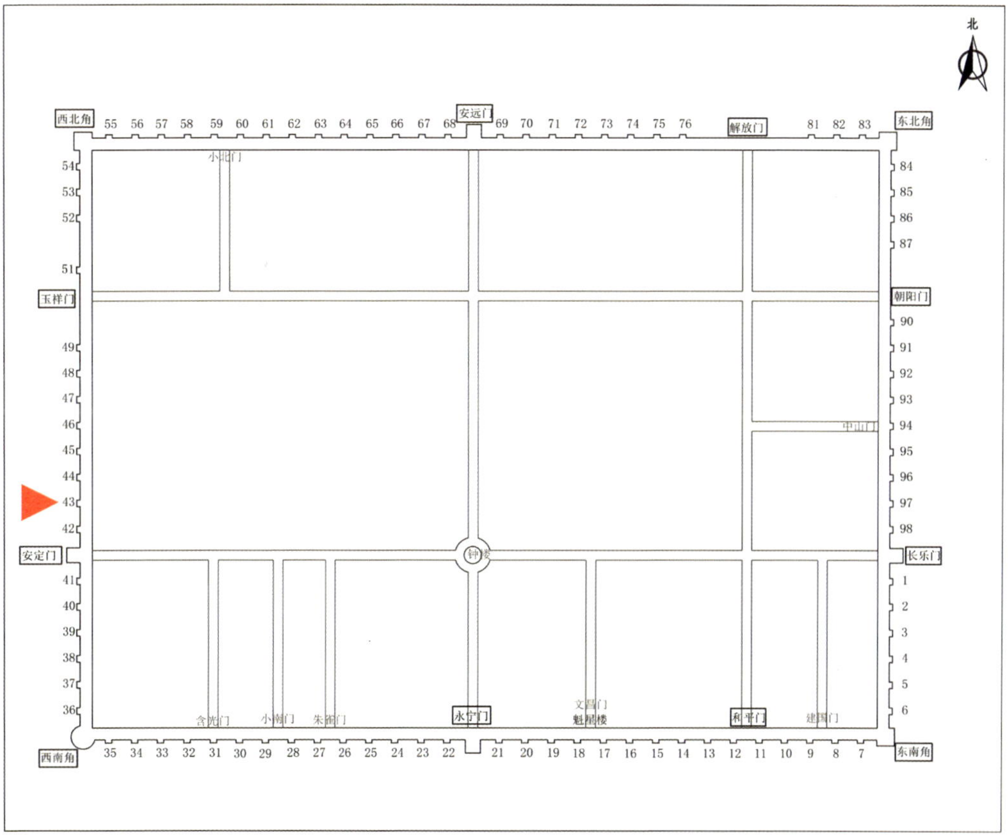

图 2-44　43 号马面位置示意图

43号马面共设置了18个沉降观测点，2个裂缝观测点，其中沉降观测点和裂缝横尺均设在海墁上。

海墁沉降观测点43-S1～43-S18，观测时间2007年10月—2016年6月。

裂缝观测点43-F1～43-F2，观测时间2007年10月—2016年10月。

二、城墙43号马面沉降分析

1.沉降量分析

选取海墁上沉降量较大的观测点43-S1、43-S4、43-S5、43-S7、43-S10，绘制沉降曲线如图2-45所示。根据沉降曲线将时间分为三个阶段：第一阶段2007年11月—2008年10月；第二阶段2008年10月—2013年9月；第三阶段2013年9月—2016年12月。绘制2016年12月海墁等沉降曲线如图2-46所示。

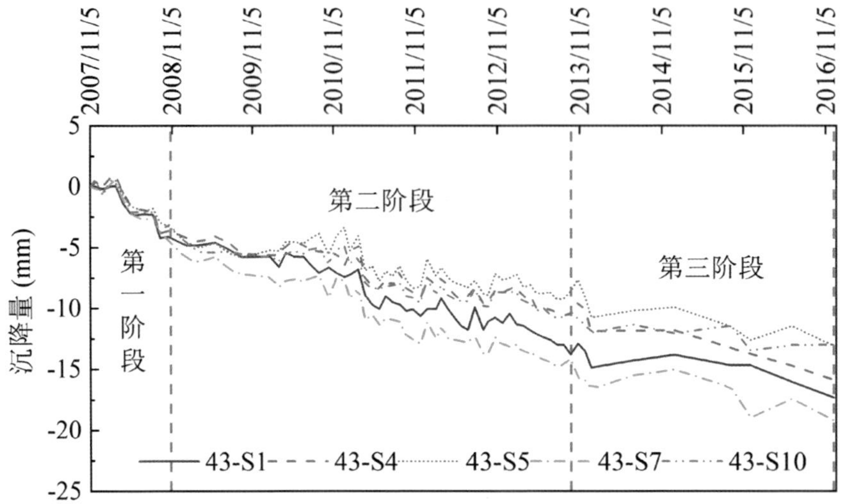

图 2-45　43 号马面沉降曲线

（1）结合图2-45、2-46和表2-28可知，沉降量最大点为43-S7，累计最大沉降量19.16mm，沉降量最小点为43-S3，沉降量5.03mm，海墁沉降形成以测点43-S7为中心的沉陷区。

（2）从图2-45可知，2007年11月—2008年10月，各观测点沉降量较小，所有观测点累计沉降量皆小于5mm。2008年10月开始，各观测点沉降量增加明显。

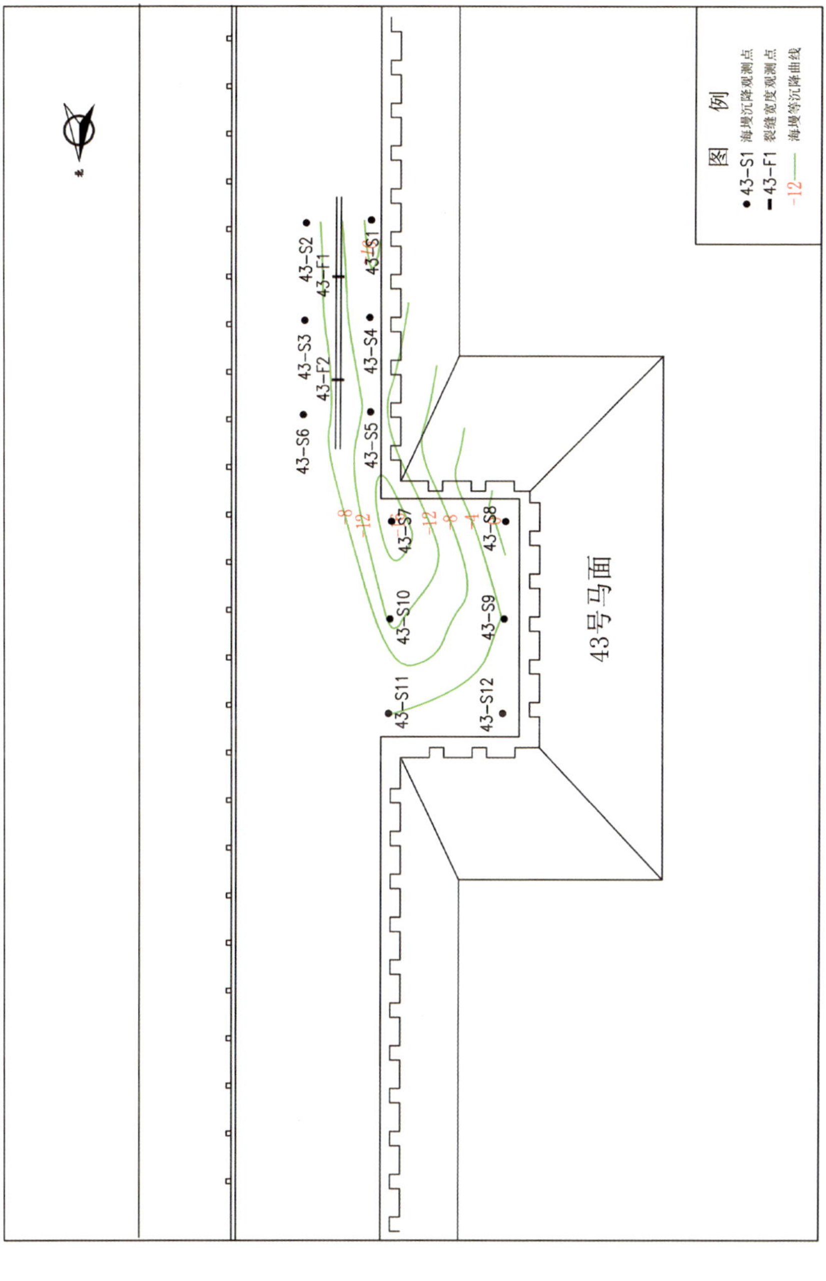

图 2-46　43 号马面海堤等沉降曲线（2016 年 12 月）

表 2-28　43 号马面海墁沉降量与沉降速率统计表

测点	2007.11 沉降量 /mm	2008.10 沉降量 /mm	2013.9 沉降量 /mm	2016.12 沉降量 /mm	2007.11—2008.10 沉降速率 /（mm/d）	2008.10—2013.9 沉降速率 /（mm/d）	2013.9—2016.12 沉降速率 /（mm/d）
43-S1	0	−4.10	−13.77	−17.29	−0.012	−0.005	−0.003
43-S2	0	−1.61	−4.17	−5.39	−0.005	−0.001	−0.001
43-S3	0	−1.91	−4.06	−5.03	−0.006	−0.001	−0.001
43-S4	0	−3.59	−10.58	−15.85	−0.010	−0.004	−0.004
43-S5	0	−3.22	−8.60	−13.08	−0.009	−0.003	−0.004
43-S7	0	−4.36	−14.10	−19.16	−0.013	−0.005	−0.004
43-S10	0	−3.00	−10.24	−12.98	−0.009	−0.004	−0.002

2. 沉降速率分析

计算上述三个阶段的海墁沉降速率，沉降速率统计见表2-28。

从表2-28可以看出：43号马面第一阶段43-S7沉降量最大，累计沉降量4.36mm，沉降速率0.013mm/d；第二阶段43-S7沉降量最大，累计沉降量14.1mm，沉降速率0.005mm/d；第三阶段43-S7沉降量最大，累计沉降量19.16mm，沉降速率0.004mm/d。

从表2-28中可以看出，沉降速率最大值发生在第一阶段，第二阶段到第三阶段沉降速率逐渐降低。

三、城墙43号马面裂缝变化

裂缝横尺变化曲线见图2-47，变化量为负，表示裂缝宽度增大。

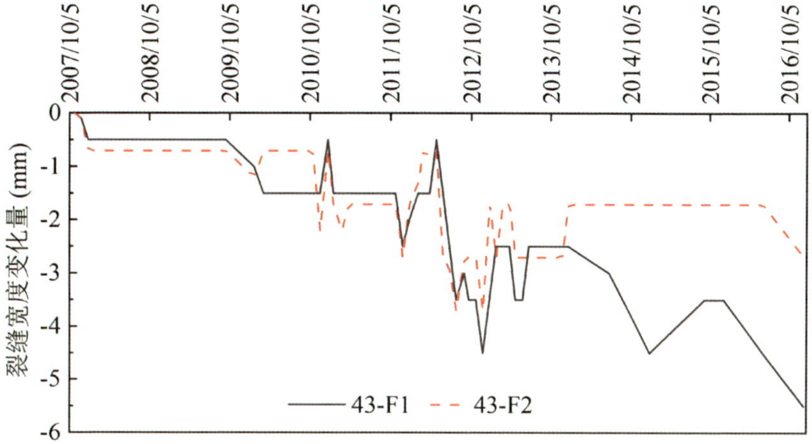

图 2-47　43 号马面外墙裂缝变化曲线

观测点43-F1裂缝加宽5.5mm，随时间增长，裂缝仍在逐渐加宽。

四、观测结果小结

（1）第一阶段最大沉降速率为0.013mm/d，裂缝未发生明显变化。

（2）第二阶段最大沉降速率为0.005mm/d，裂缝加宽4.5mm，裂缝变化明显。

（3）第三阶段最大沉降速率为0.004mm/d，裂缝最大加宽5.5mm。

43号马面海墁沉降变化和裂缝宽度变化统计见表2-29。

表 2-29　43 号马面海墁沉降变化和裂缝宽度变化统计表

序号	时间段	累计沉降量 s/mm	最大沉降速率 v /（mm/d）	累计裂缝宽度变化量 d /mm
1	2007.11—2008.10	$s \leqslant 5$	-0.013	$d \leqslant 1$
2	2008.10—2013.9	$5 < s \leqslant 15$	-0.005	$d \leqslant 5$
3	2013.9—2016.12	$15 < s \leqslant 30$	-0.004	$d \leqslant 6$

第十节　城墙44号马面分析

一、城墙44号马面测点布置

44号马面位置如图2-48所示。

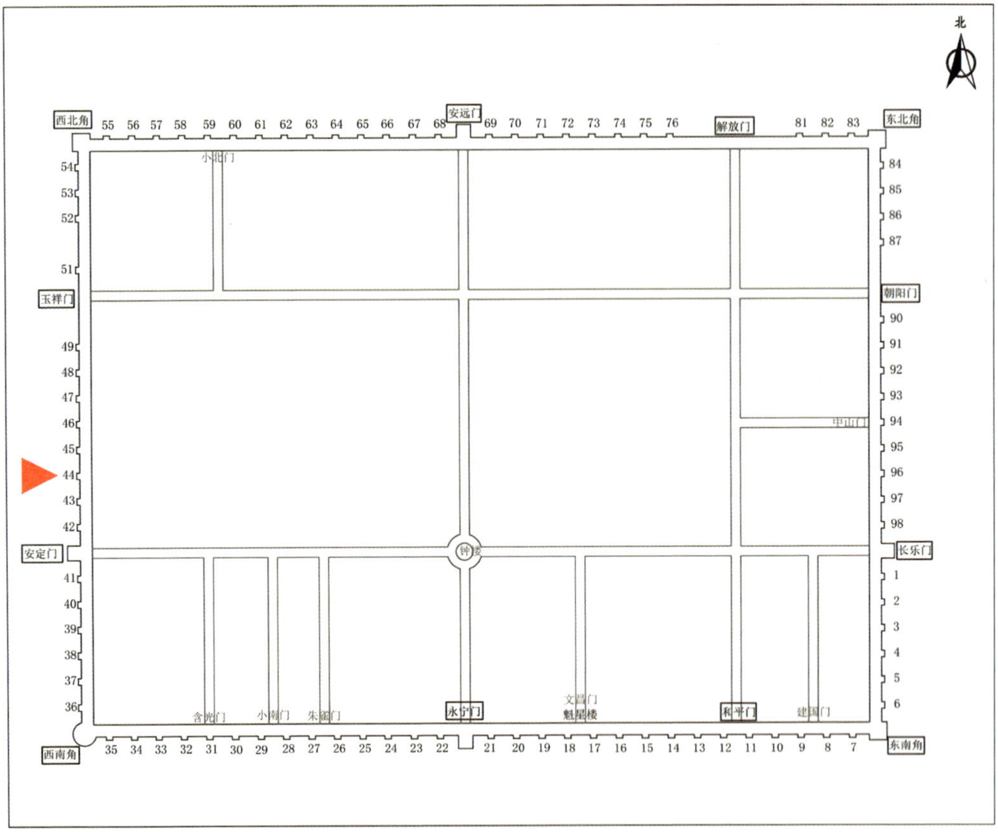

图 2-48　44 号马面位置示意图

44号马面共设置了18个沉降观测点，5个裂缝观测点，其中沉降观测点设在侧墙基础上，裂缝横尺分别设在马面的北侧和侧墙西侧。

基础沉降观测点44-S1～44-S18，观测时间为2007年11月—2015年9月。

裂缝观测点44-F1～44-F5，观测时间为2007年10月—2015年9月。

二、城墙44号马面沉降分析

1. 沉降量分析

选取基础沉降量较大观测点44-S9、44-S10、44-S11、44-12，绘制沉降曲线如图2-49所示。根据沉降曲线将时间分为两个阶段：第一阶段2007年11月—2010年7月；第二阶段2010年7月—2015年9月。绘制2015年9月马面基础等沉降曲线如图2-50所示。

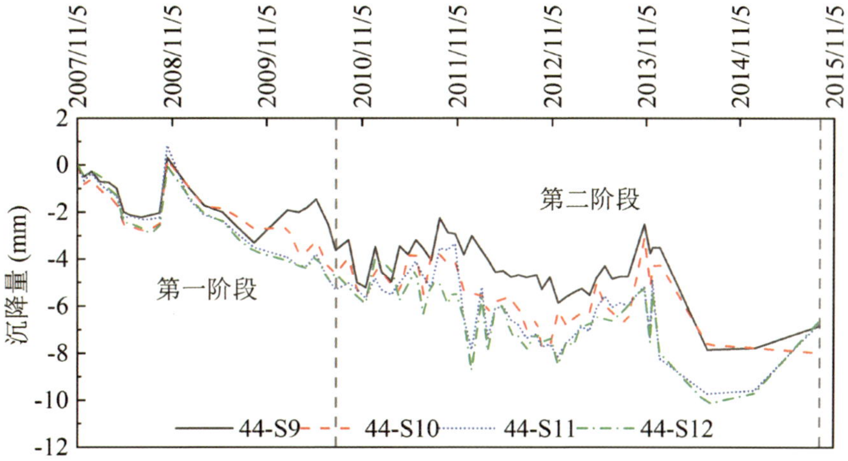

图 2-49　44 号马面沉降曲线

（1）从图2-49和表2-30可以看出44号马面总体沉降量较小，最大处为7.98mm。沉降以第一阶段为主，第二阶段已接近稳定。

（2）从图2-50可以看出，44号马面以西侧基础沉降为主，且表现出西北侧沉降大于南侧的趋势。

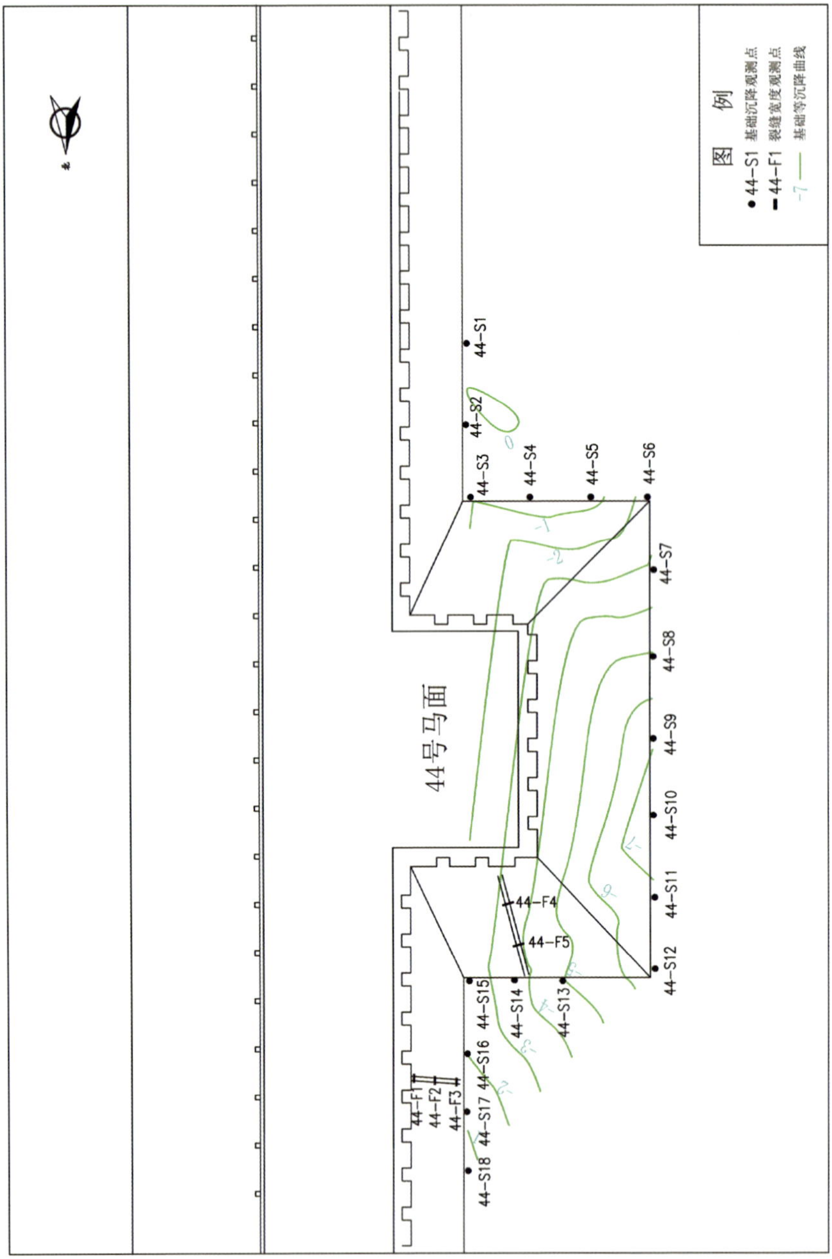

图 2-50 44 号马面基础等沉降曲线（2015 年 9 月）

表 2-30 44 号马面基础沉降量与沉降速率统计表

测点	2007.11 沉降量 /mm	2010.7 沉降量 /mm	2015.9 沉降量 /mm	2007.11—2010.7 沉降速率 /（mm/d）	2010.7—2015.9 沉降速率 /（mm/d）
44-S6	0.00	-2.31	-2.35	-0.0023	0.00002
44-S7	0.00	-1.97	-3.16	-0.002	-0.00064
44-S8	0.00	-3.67	-5.09	-0.0037	-0.00076
44-S9	0.00	-3.61	-6.84	-0.0036	-0.0017
44-S10	0.00	-4.61	-7.98	-0.0046	-0.0018
44-S11	0.00	-5.31	-6.74	-0.0053	-0.00076
44-S12	0.00	-4.61	-6.62	-0.0046	-0.0011
44-S13	0.00	-4.36	-4.98	-0.0044	-0.00033
44-S14	0.00	-3.16	-3.59	-0.0032	-0.00023
44-S15	0.00	-2.56	-2.45	-0.0026	0.00006

2. 沉降速率分析

分别计算上述两个阶段的基础沉降速率，沉降速率统计见表2-30。从表2-30可知，第一阶段基础最大沉降速率0.0053mm/d，第二阶段基础最大沉降速率0.0018mm/d。可以看出沉降速率最大值发生在第一阶段，第二阶段沉降速率很低，已经接近稳定。

3. 局部倾斜统计

2010年7月和2015年9月，44号马面两沉降观测点（44-S12、44-S15）间的局部倾斜见表2-31。

表 2-31　44 号马面局部倾斜统计表

时间	局部倾斜/rad
2010.7	0.00021
2015.9	0.00042

三、城墙44号马面裂缝变化

裂缝横尺变化曲线见图2-51，变化量为负，表示裂缝宽度增大。

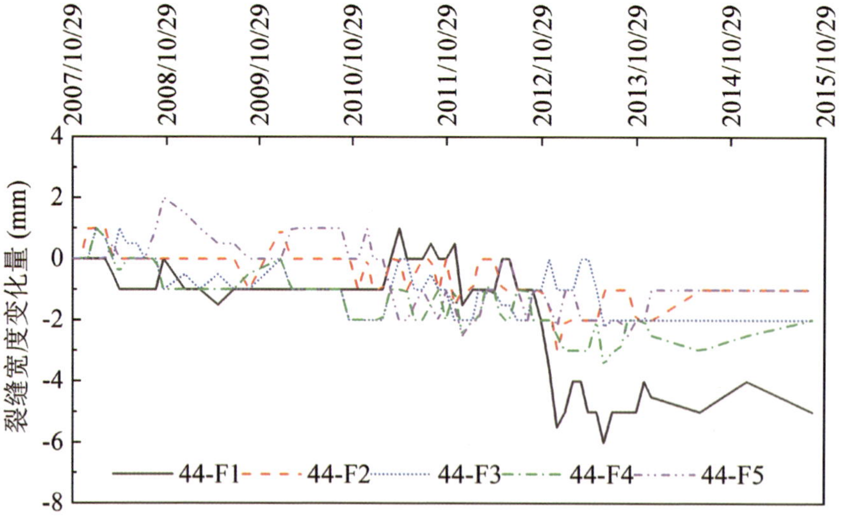

图 2-51　44 号马面外墙裂缝变化曲线

根据图2-51可以看出，裂缝变化最大处为测点44-F1，位于侧墙上端，裂缝最大加宽6mm。

四、观测结果小结

（1）在第一阶段内，各沉降点累计沉降量为5mm左右，墙体裂缝宽度变化微小。

（2）在第二阶段内，沉降速率明显增加，累计最大沉降量接近10mm，最大沉降速率0.0018mm/d。马面西侧基础沉降量最大，南侧沉降量小，裂缝两侧最大局部倾斜为0.00042rad，墙体裂缝宽度增大，累计增加宽度6mm。

44号马面基础沉降变化和裂缝宽度变化统计见表2-32。

表 2-32　44 号马面基础沉降变化和裂缝宽度变化统计表

序号	时间段	累计沉降量 s/mm	最大沉降率 v /（mm/d）	累计裂缝宽度变化量 d /mm
1	2007.11—2010.7	$s \leqslant 6$	-0.0053	$d \leqslant 2$
2	2010.7—2015.9	$6 \leqslant s \leqslant 10$	-0.0018	$d \leqslant 6$

第十一节　城墙45号马面分析

一、城墙45号马面测点布置

45号马面位置如图2-52所示。

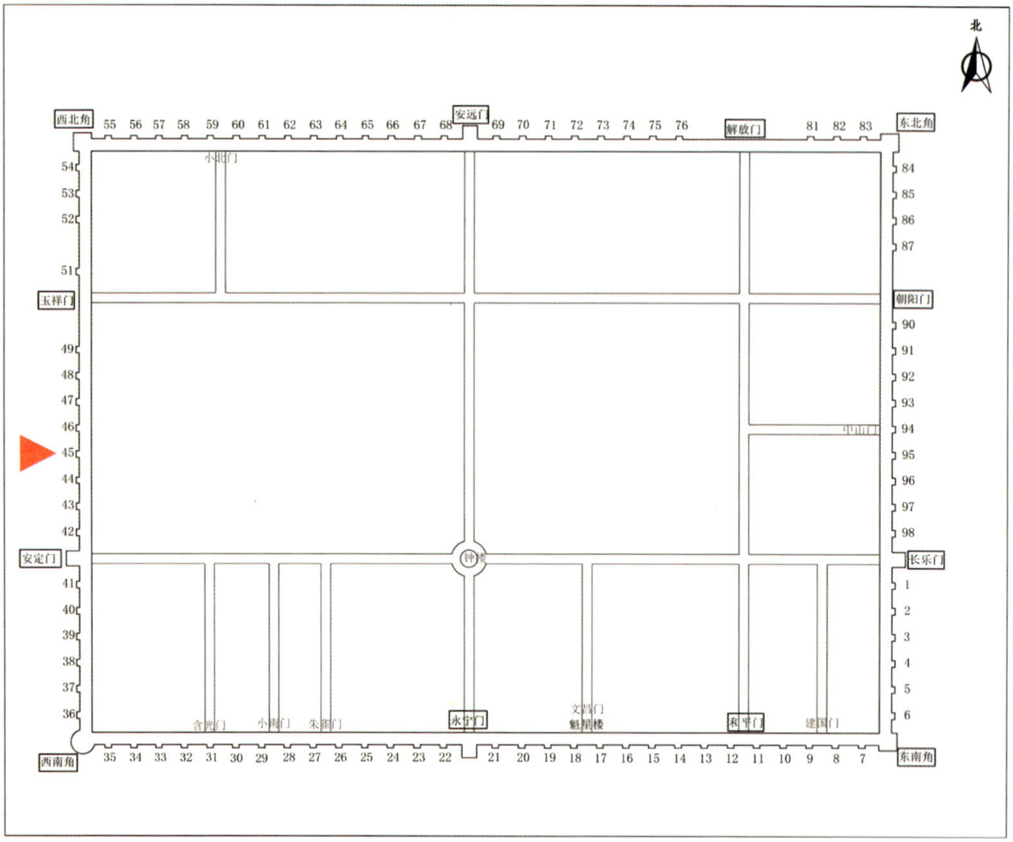

图 2-52　45 号马面位置示意图

45号马面海墁共设置了26个沉降观测点。海墁沉降观测点45-S1～45-S26，观测时间为2012年6月—2014年12月。

二、城墙45号马面沉降分析

1. 沉降量分析

绘制海墁沉降曲线如图2-53所示。根据图2-53沉降变化规律将时间分为四个阶段：第一阶段2012年6月—2012年7月；第二阶段2012年7月—2012年10月；第三阶段2012年10月—2012年11月；第四阶段2012年11月—2014年12月。绘制2012年11月和2014年12月的海墁等沉降曲线如图2-54和2-55所示。

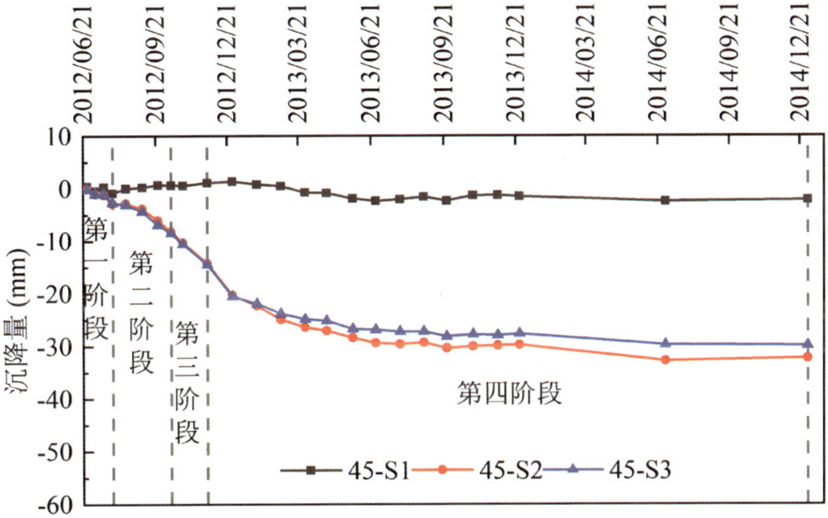

（a）

图 2-53　45 号马面海墁沉降曲线

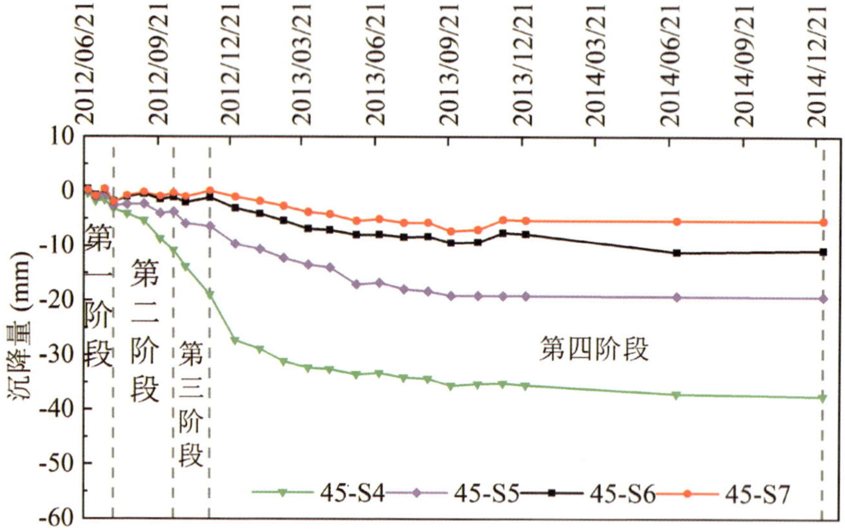

（b）

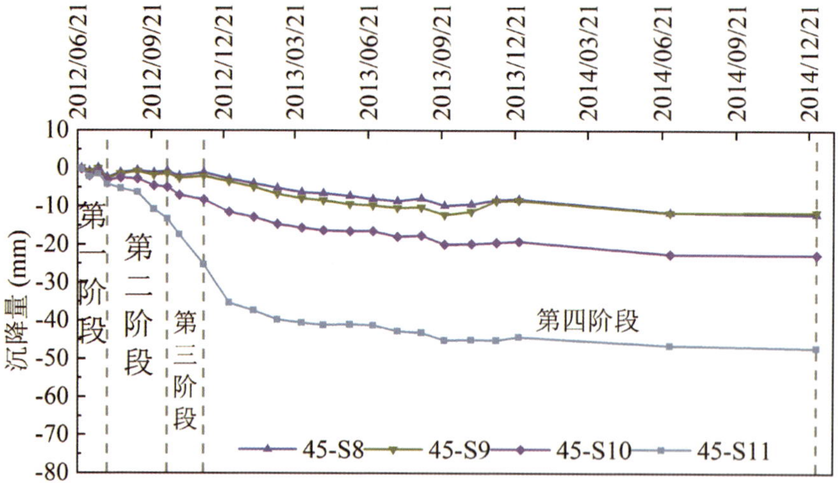

（c）

图 2-53 45 号马面海墁沉降曲线

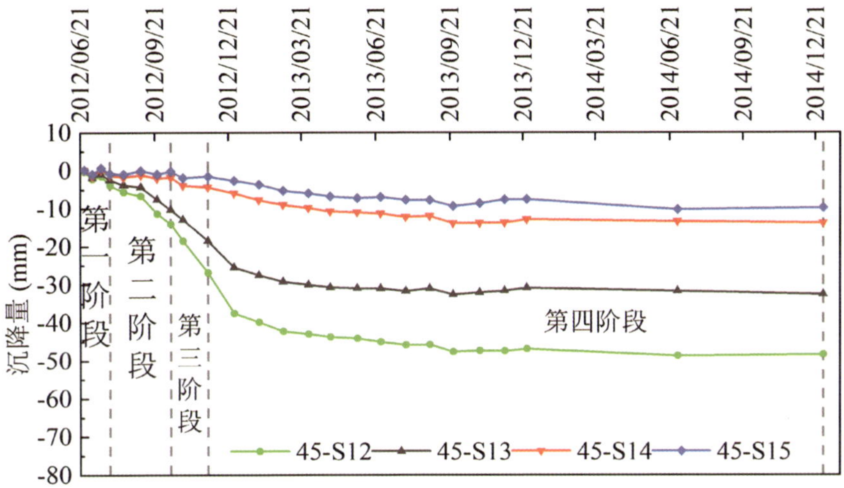

（d）

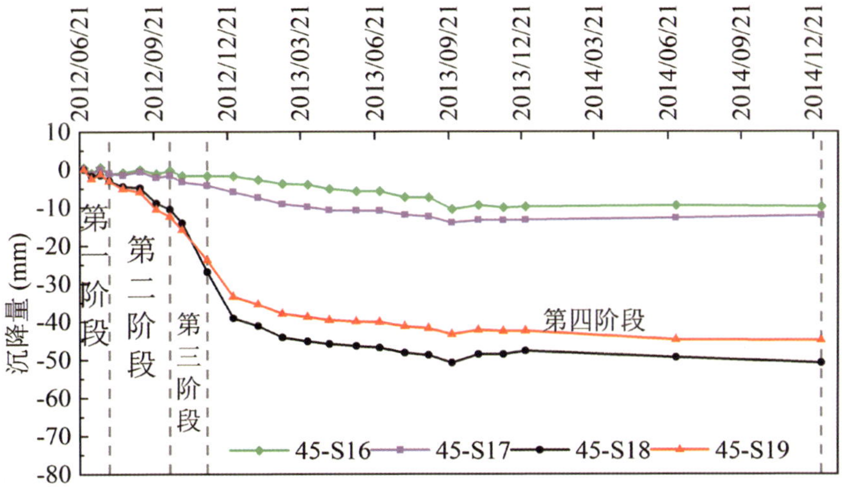

（e）

图 2-53　45 号马面海塘沉降曲线

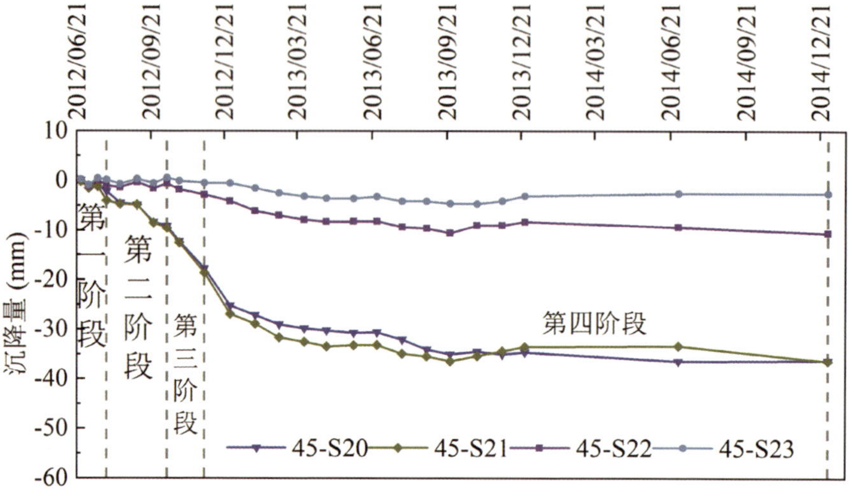

（f）

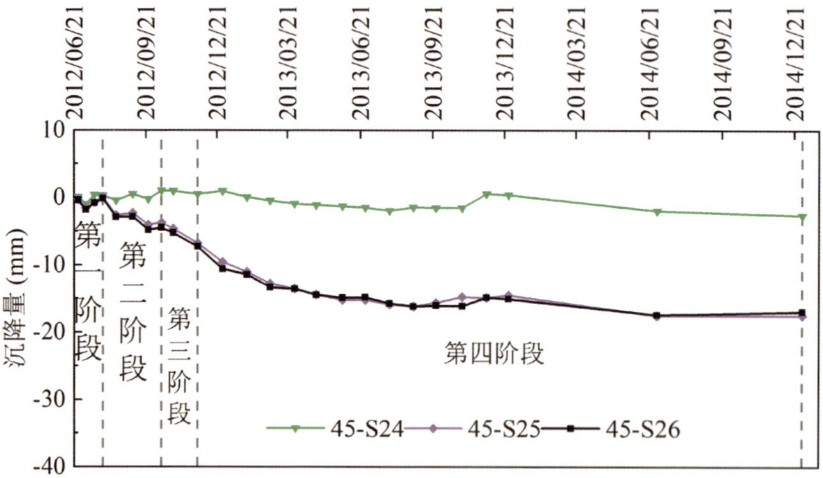

（g）

图 2-53 45 号马面海墁沉降曲线

（1）结合图2-53、2-55和表2-33可以看出，海墁沉降量最大点45-S18，沉降量为50.74mm；沉降量最小点45-S1，沉降量为2.2mm，海墁沉降差异较大，东侧海墁沉降远大于西侧海墁沉降。

（2）从图2-53可知，第一阶段各观测点沉降量较小，第二、三阶段沉降量明显增大，第四阶段沉降速率降低。

2. 沉降速率分析

计算上述海墁沉降速率，沉降速率统计如表2-33所示。

从表2-33可知，第一阶段海墁最大沉降速率0.112mm/d；第二阶段海墁最大沉降速率0.135mm/d；第三阶段海墁最大沉降速率0.357mm/d；第四阶段海墁最大沉降速率0.031mm/d。可以看出沉降速率最大值发生在第三阶段，第四阶段沉降速率最小。由此可以判断出45号马面前三阶段沉降速率依次增加，第四阶段沉降速率降低。

三、观测结果小结

（1）第一阶段45-S11沉降量最大，累计沉降量4.15mm，沉降速率0.112mm/d；第二阶段45-S12沉降量最大，累计沉降量13.93mm，沉降速率0.135mm/d；第三阶段45-S18沉降量最大，累计沉降量26.83mm，沉降速率0.357mm/d；第四阶段45-S18沉降量最大，累计沉降量50.74mm，沉降速率0.031mm/d。

（2）45号马面海墁沉降以东侧沉降为主，东侧沉降明显大于西侧沉降，形成以观测点45-S18为中心的海墁沉陷区。

45号马面海墁沉降变化统计见表2-34。

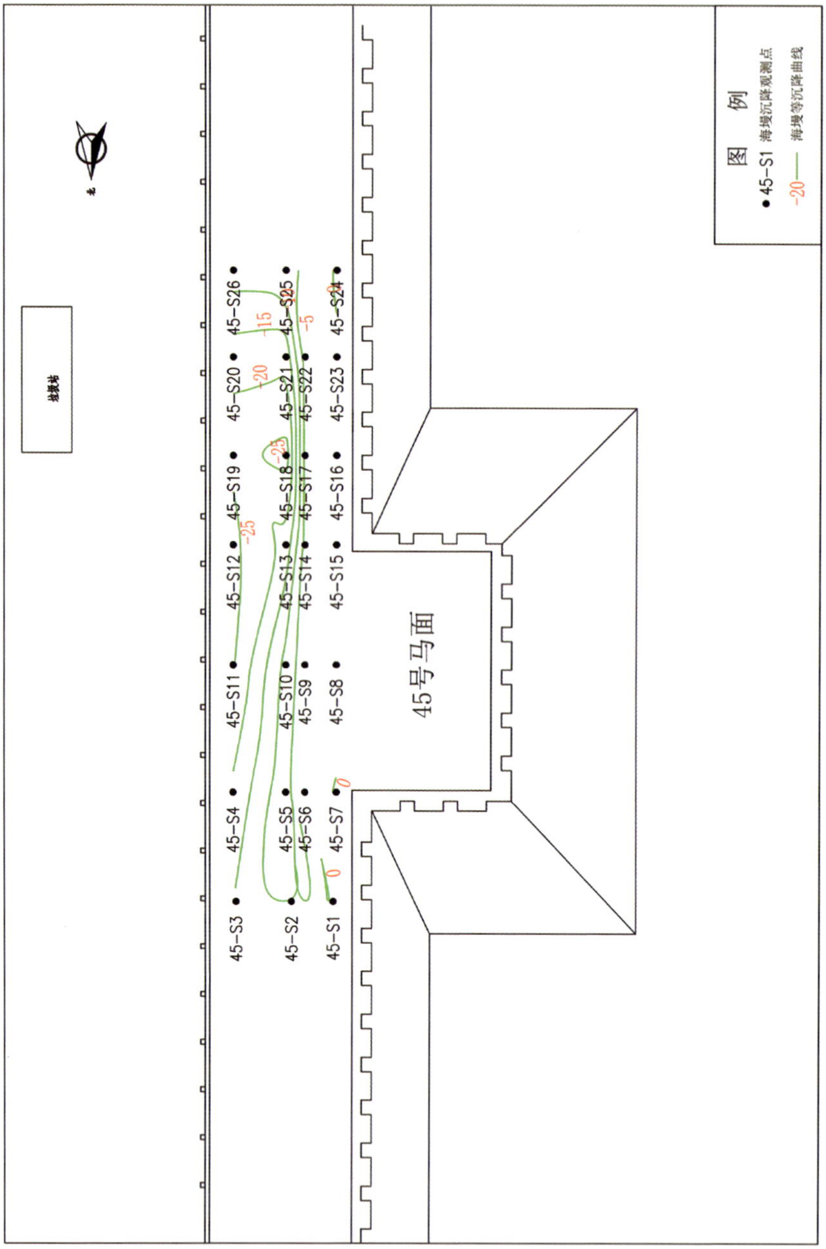

图 2-54 45 号马面海堤等沉降曲线（2012 年 11 月）

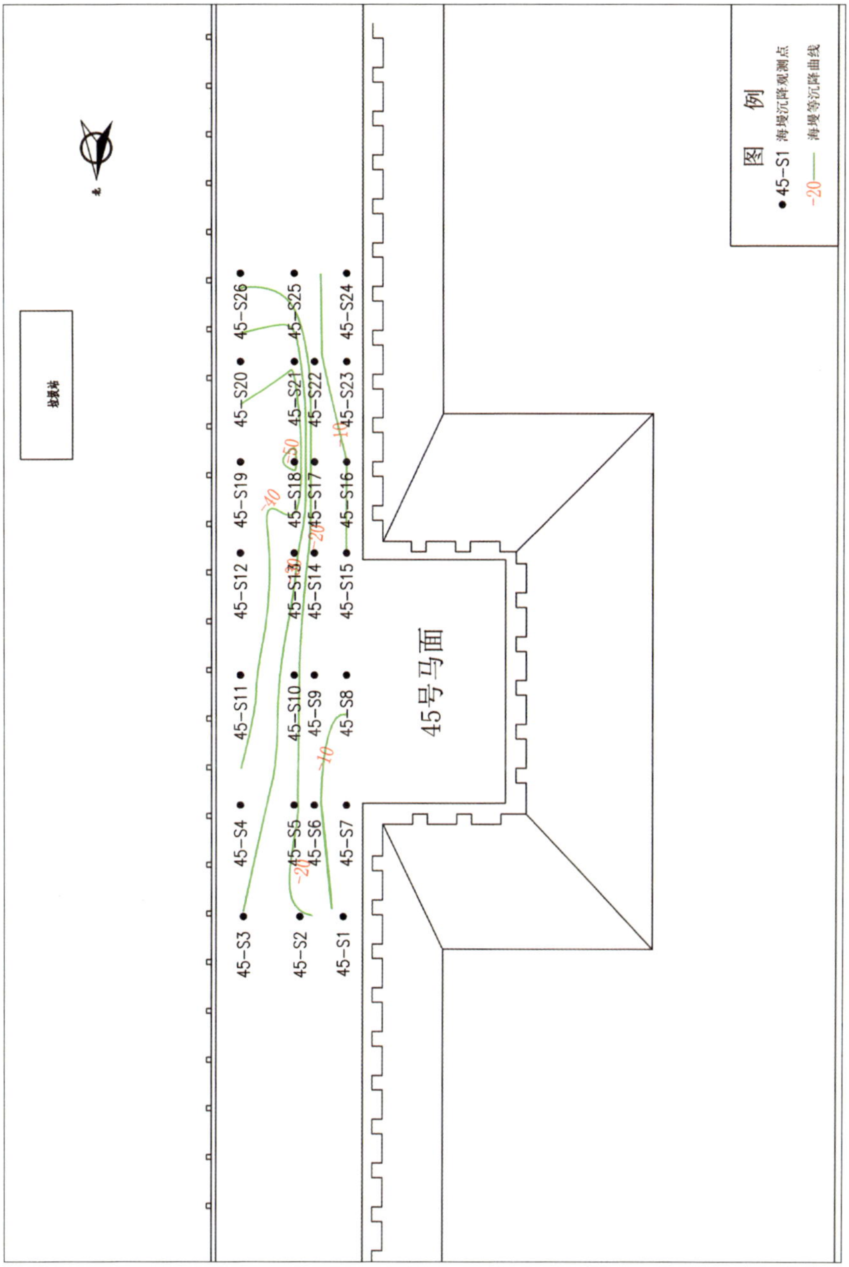

图 2-55　45号马面海堤等沉降曲线（2014年12月）

表 2-33　45 号马面海墁沉降量与沉降速率统计表

测点	2012.6 沉降量 /mm	2012.7 沉降量 /mm	2012.10 沉降量 /mm	2012.11 沉降量 /mm	2014.12 沉降量 /mm	2012.6 —2012.7 沉降速率 /（mm/d）	2012.7 —2012.10 沉降速率 /（mm/d）	2012.10 —2012.11 沉降速率 /（mm/d）	2012.11 —2014.12 沉降速率 /（mm/d）
45-S1	0	−0.84	0.65	1.09	−2.20	0.023	0.018	0.024	−0.003
45-S2	0	−2.82	−8.13	−14.23	−32.35	−0.076	−0.071	−0.133	−0.024
45-S3	0	−2.70	−8.43	−14.46	−29.88	−0.073	−0.076	−0.131	−0.020
45-S4	0	−3.17	−10.79	−18.97	−37.49	−0.086	−0.102	−0.178	−0.024
45-S5	0	−2.58	−3.71	−6.34	−19.28	−0.070	−0.015	−0.057	−0.017
45-S6	0	−1.82	−1.07	−1.15	−10.77	−0.049	0.010	−0.002	−0.013
45-S8	0	−2.34	−0.70	−1.03	−11.99	−0.063	0.022	−0.007	−0.014
45-S9	0	−2.60	−1.33	−2.04	−11.44	−0.070	0.017	−0.015	−0.012
45-S10	0	−3.06	−4.87	−8.20	−22.57	−0.083	−0.024	−0.072	−0.019
45-S11	0	−4.15	−13.20	−25.23	−47.07	−0.112	−0.121	−0.262	−0.029
45-S12	0	−3.79	−13.93	−26.78	−48.30	−0.102	−0.135	−0.279	−0.028
45-S15	0	−2.42	−10.30	−18.45	−32.52	−0.065	−0.105	−0.177	−0.018

（续表）

测点	2012.6 沉降量 /mm	2012.7 沉降量 /mm	2012.10 沉降量 /mm	2012.11 沉降量 /mm	2014.12 沉降量 /mm	2012.6—2012.7 沉降速率 /(mm/d)	2012.7—2012.10 沉降速率 /（mm/d）	2012.10—2012.11 沉降速率 /（mm/d）	2012.11—2014.12 沉降速率 /（mm/d）
45-S17	0	-1.04	-1.61	-4.21	-12.11	-0.028	-0.008	-0.057	-0.010
45-S18	0	-2.92	-10.39	-26.83	-50.74	-0.079	-0.100	-0.357	-0.031
45-S19	0	-3.08	-12.34	-23.78	-44.95	-0.083	-0.123	-0.249	-0.028
45-S20	0	-2.14	-9.17	-17.71	-36.22	-0.058	-0.094	0.186	-0.024
45-S21	0	-4.03	-9.54	-18.61	-36.40	-0.109	-0.073	-0.197	-0.023
45-S25	0	0.11	-3.71	-6.73	-17.51	0.003	-0.051	-0.066	-0.014
45-S26	0	-0.16	-4.48	-7.28	-16.94	-0.004	-0.058	-0.061	-0.013

表 2-34　45 号马面海塘沉降变化统计表

序号	时间段	累计沉降量 s /mm	最大沉降速率 v /（mm/d）
1	2012.6—2012.7	$s \leq 5$	-0.112
2	2012.7—2012.10	$5 < s \leq 15$	-0.135
3	2012.10—2012.11	$15 < s \leq 30$	-0.357
4	2012.11—2014.12	$s > 30$	-0.031

第十二节　城墙东北城角分析

一、东北城角测点布置

东北城角位置如图2-56所示。

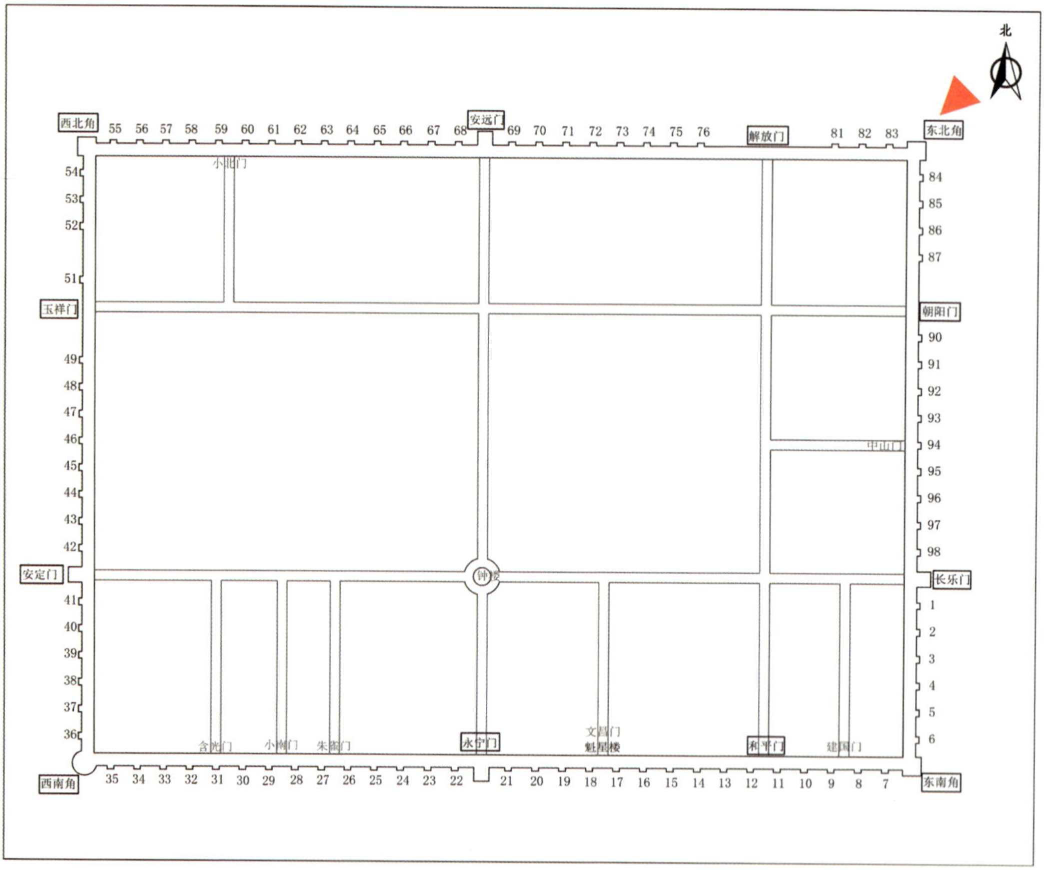

图 2-56　东北城角位置示意图

东北城角共设置了72个沉降观测点，20个裂缝观测点，其中沉降观测点设在海墁和基础上，裂缝横尺分别设在突出角楼四周。

选取变化明显的海墁沉降观测点为EN-S31～EN-S38，观测时间2007年10月—2016年12月。2015年4月—2016年12月加密观测，新加观测点EN-S39～EN-S42。

选取变化明显的基础沉降观测点为EN-S1～EN-S30，观测时间为2007年10月—2016年12月。

裂缝观测点为EN-F1～EN-F20，观测时间为2007年10月—2016年12月。

二、东北城角沉降分析

1. 沉降量分析

选取海墁上沉降量较大的观测点EN-S31、EN-S32、EN-S35，基础沉降较大的观测点EN-S15、EN-S17、EN-S21，绘制沉降曲线如图2-57。根据沉降曲线将时间分为两个阶段：第一阶段2007年10月—2012年12月；第二阶段2012年12月—2016年12月。绘制2016年12月的基础、海墁等沉降曲线如图2-58所示。

（1）结合图2-57和2-58可以看出，监测时间内东北城角基础和海墁沉降一直在增加。

（2）从图2-58和表2-36可以看出，东北城角基础沉降量最大，最大值为14.21mm。

2. 沉降速率分析

计算上述两个阶段的海墁沉降速率和基础沉降速率，海墁沉降速率统计见表2-35，基础沉降速率统计见表2-36。

从表2-35和2-36可知，第一阶段基础最大沉降速率0.0058mm/d，海墁最大沉降速率0.0031mm/d；第二阶段基础最大沉降速率0.005mm/d，海墁最大沉降速率0.0032mm/d。海墁和基础沉降速率总体较低，东北城角稳定性较好。

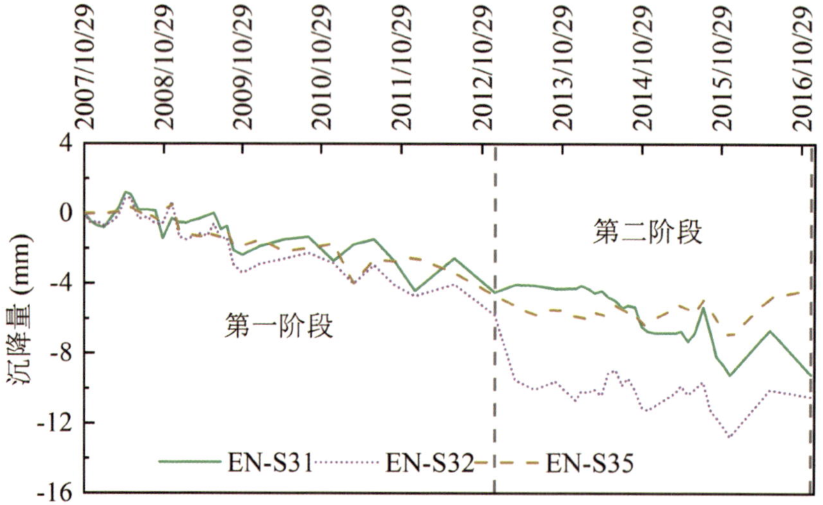

（a）

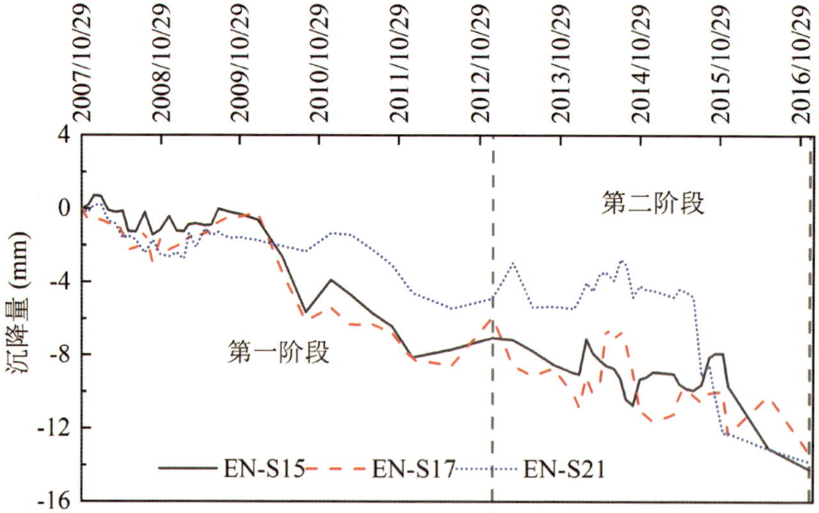

（b）

图 2-57 东北城角沉降曲线

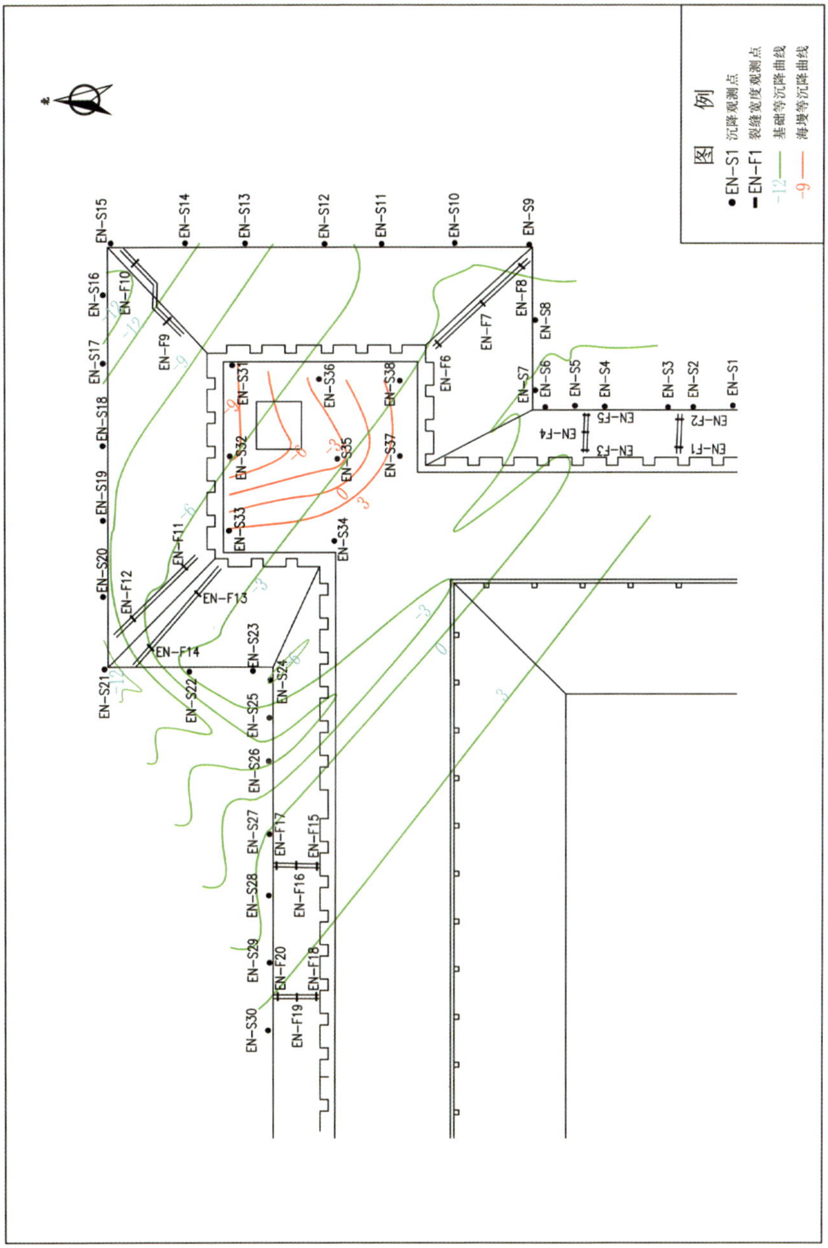

图 2-58　城墙东北角基础、海堤等沉降曲线（2016 年 12 月）

表 2-35 东北城角海墁沉降量与沉降速率统计表

测点	2007.10 沉降量 /mm	2012.12 沉降量 /mm	2016.12 沉降量 /mm	2007.10—2012.12 沉降速率 /（mm/d）	2012.12—2016.12 沉降速率 /（mm/d）
EN-S31	0	-4.52	-9.21	-0.0024	-0.0032
EN-S32	0	-5.79	-10.46	-0.0031	-0.0032
EN-S33	0	-0.55	2.70	-0.00029	0.0023
EN-S34	0	0.26	5.67	0.00014	0.0037
EN-S35	0	-4.67	-4.32	-0.0025	0.00024
EN-S36	0	-3.56	-2.36	-0.0019	0.00083
EN-S37	0	0.16	3.56	0.00008	0.0024
EN-S38	0	-0.48	4.20	-0.00025	0.0032

表 2-36　东北城角基础沉降量与沉降速率统计表

测点	2007.10 沉降量 /mm	2012.12 沉降量 /mm	2016.12 沉降量 /mm	2007.10—2012.12 沉降速率 /（mm/d）	2012.12—2016.12 沉降速率 /（mm/d）
EN-S9	0	−2.49	−4.54	−0.0024	−0.0009
EN-S12	0	−5.46	−7.81	−0.0052	−0.0010
EN-S13	0	−4.03	−9.72	−0.0038	−0.0025
EN-S14	0	−4.60	−12.54	−0.0044	−0.0035
EN-S15	0	−5.66	−14.21	−0.0054	−0.0037
EN-S16	0	−4.71	−10.28	−0.0045	−0.0024
EN-S17	0	−6.12	−13.31	−0.0058	−0.0032
EN-S18	0	−4.47	−10.02	−0.0043	−0.0024
EN-S21	0	−2.35	−13.80	−0.0022	−0.0050
EN-S26	0	−2.13	−7.49	−0.002	−0.0023

三、东北城角马面裂缝变化

选取变化较大的观测点EN-F1、EN-F5、EN-F14、EN-F17、EN-F18，绘制裂缝变化曲线如图2-59所示，变化量为负，表示裂缝宽度增大。

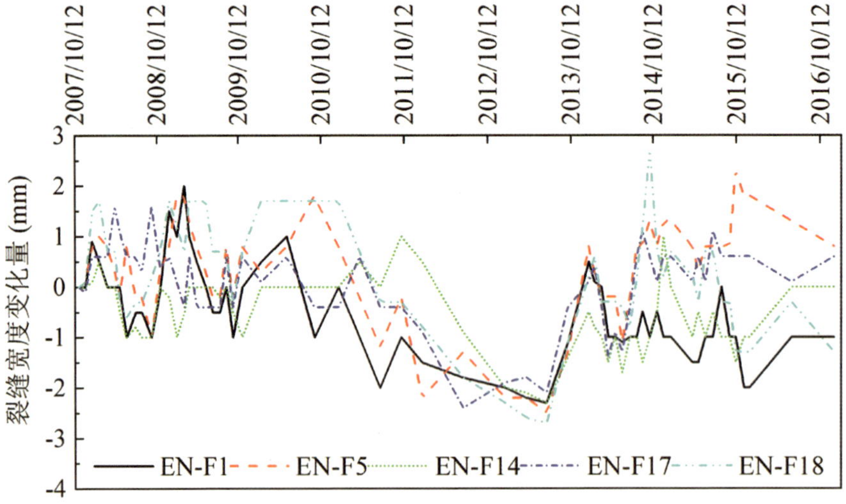

图 2-59 东北城角外墙裂缝变化曲线

通过裂缝变化曲线可以看出，东北城角裂缝变化较小，在-3～3mm内。在观测时间内波动较大，但是总体仍趋于稳定状态，裂缝未明显发育。

四、观测结果小结

（1）第一阶段基础最大沉降速率0.0058mm/d，第二阶段基础最大沉降速率0.005mm/d。

（2）第一阶段海墁最大沉降速率0.0031mm/d，第二阶段海墁最大沉降速率0.0032mm/d。

东北城角海墁和基础累计沉降变化和裂缝宽度变化统计分别见表2-37和2-38。

表 2-37　东北城角海墁沉降变化统计表

序号	时间段	累计沉降量 s/mm	最大沉降率 v /（mm/d）
1	2010.10—2012.12	$s\leqslant6$	-0.0031
2	2012.12—2016.12	$6<s\leqslant15$	-0.0032

表 2-38　东北城角基础沉降变化及裂缝变化统计表

序号	时间段	累计沉降量 s/mm	最大沉降率 v /（mm/d）	累计裂缝宽度变化量 d /mm
1	2007.10—2010.9	$s\leqslant7$	-0.0058	$d\leqslant2$
2	2010.9—2016.12	$7<s\leqslant15$	-0.0050	$d\leqslant3$

第十三节　城墙西北城角分析

一、西北城角测点布置

西北城角位置如图2-60所示。

西北城角共设置了 49 个沉降观测点，19 个裂缝观测点，其中沉降观测点设在海墁和侧墙基础上，裂缝横尺分别设在海墁和西北城角四周。

海墁沉降观测点为WN-S1～WN-S21，观测时间2007年11月—2016年12月。2015年4月—2016年12月加密观测，新加观测点WN-S22～WN-S25。

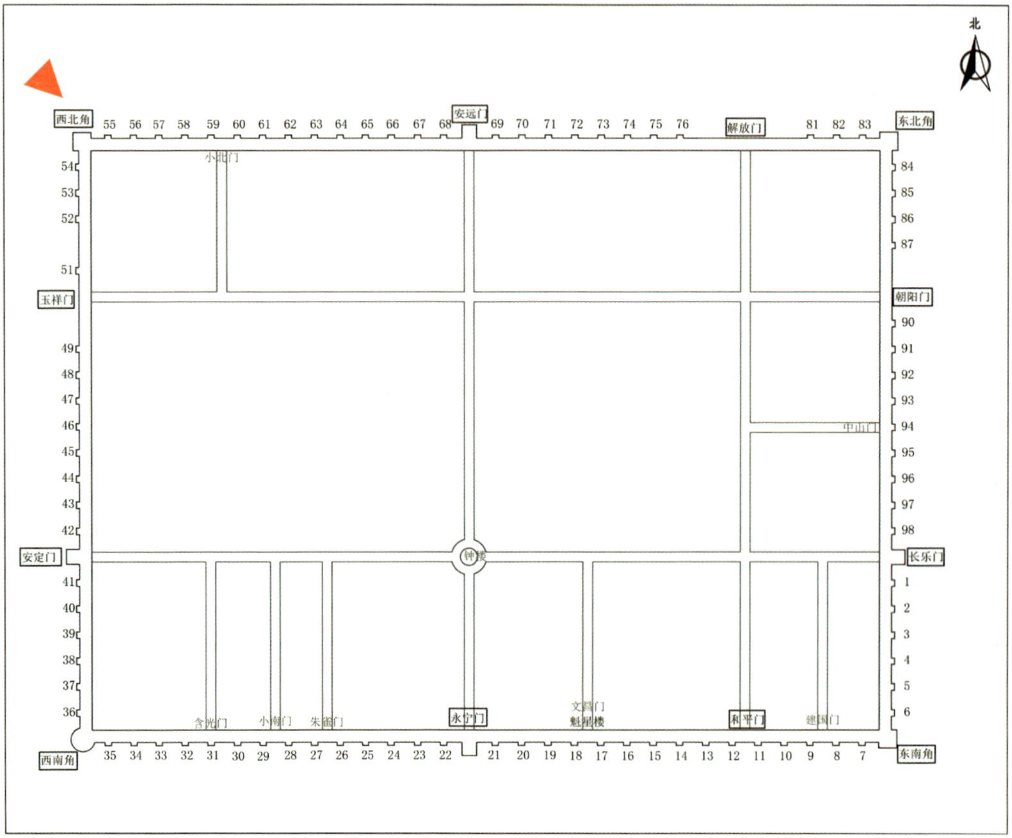

图 2-60　西北城角位置示意图

基础沉降观测点为WN-Q1～WN-Q24，观测时间2007年10月—2016年6月。

裂缝观测点为WN-F1～WN-F19，观测时间2007年10月—2016年12月。

二、西北城角沉降分析

1. 沉降量分析

选取海墁上沉降量较大的观测点WN-S5、WN-S7、WN-S8、WN-S11绘制沉降曲线如图2-61所示。根据沉降曲线将时间分为三个阶段：第一阶段2007年11月—2008年10月；第二阶段2008年10月—2011年3月；第三阶段2011年3月—2016年12月。绘制2011年3月和2016年12月的海塄等沉降曲线如图2-62和2-63所示。

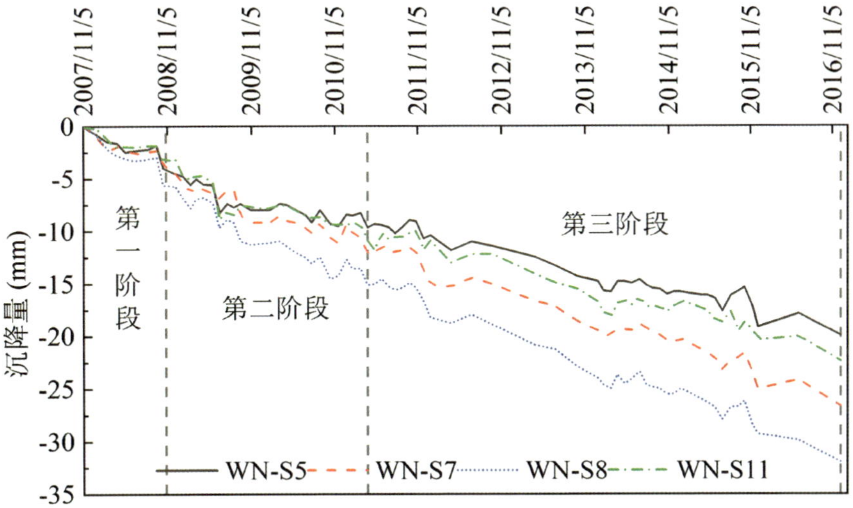

图 2-61　西北城角海塄沉降曲线

（1）从图2-61、2-63和表2-39可以看出，西北城角海塄沉降量较大，最大测点WN-S8达到31.92mm，形成以观测点WN-S8为中心的海塄沉陷区。

（2）基础沉降总体较小，较稳定。西北城角沉降以海塄沉降为主。

2. 沉降速率分析

计算西北城角海塄沉降速率，沉降速率统计见表2-39。

从表2-39可知，第一阶段海塄最大沉降速率0.016mm/d；第二阶段海塄最大沉降速率0.017mm/d；第三阶段海塄最大沉降速率0.015mm/d。可见三个阶段海塄沉降速率相近。

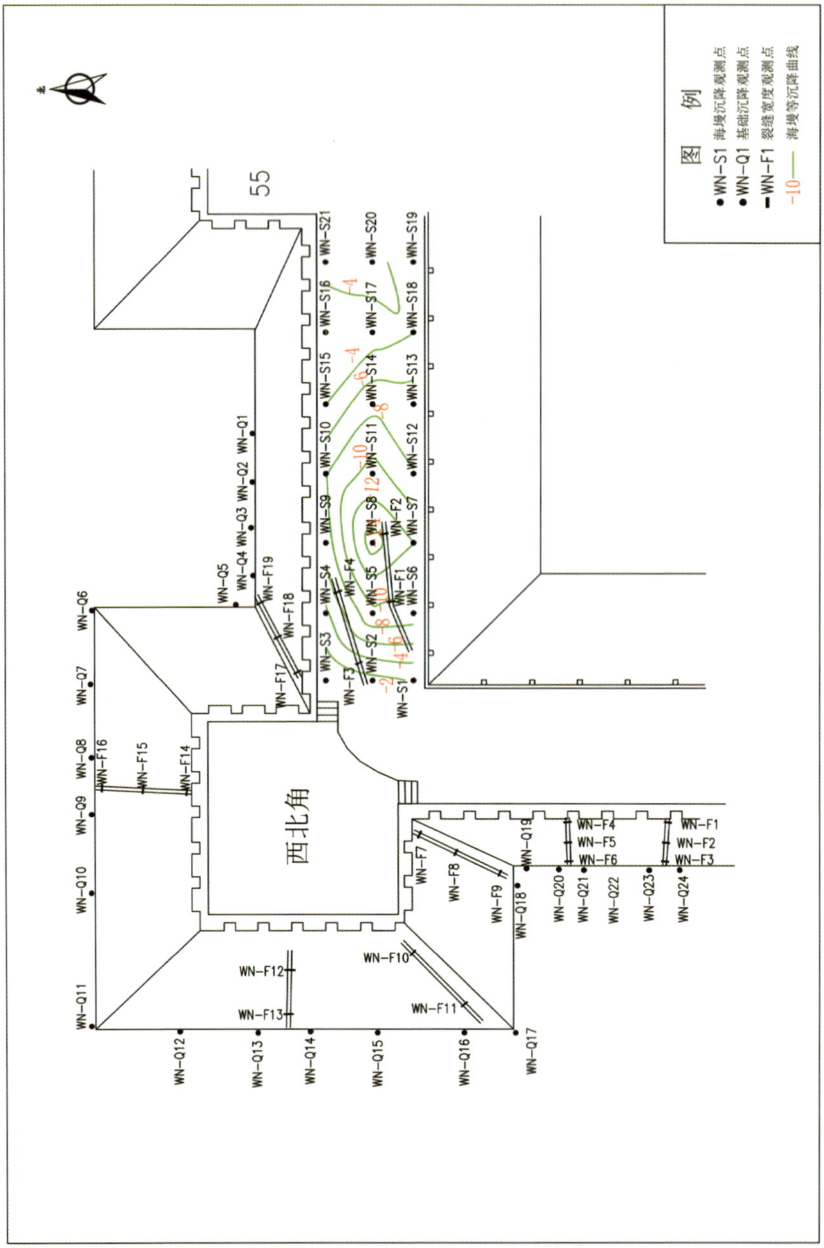

图 2-62 城墙西北城角海墁等沉降曲线（2011 年 3 月）

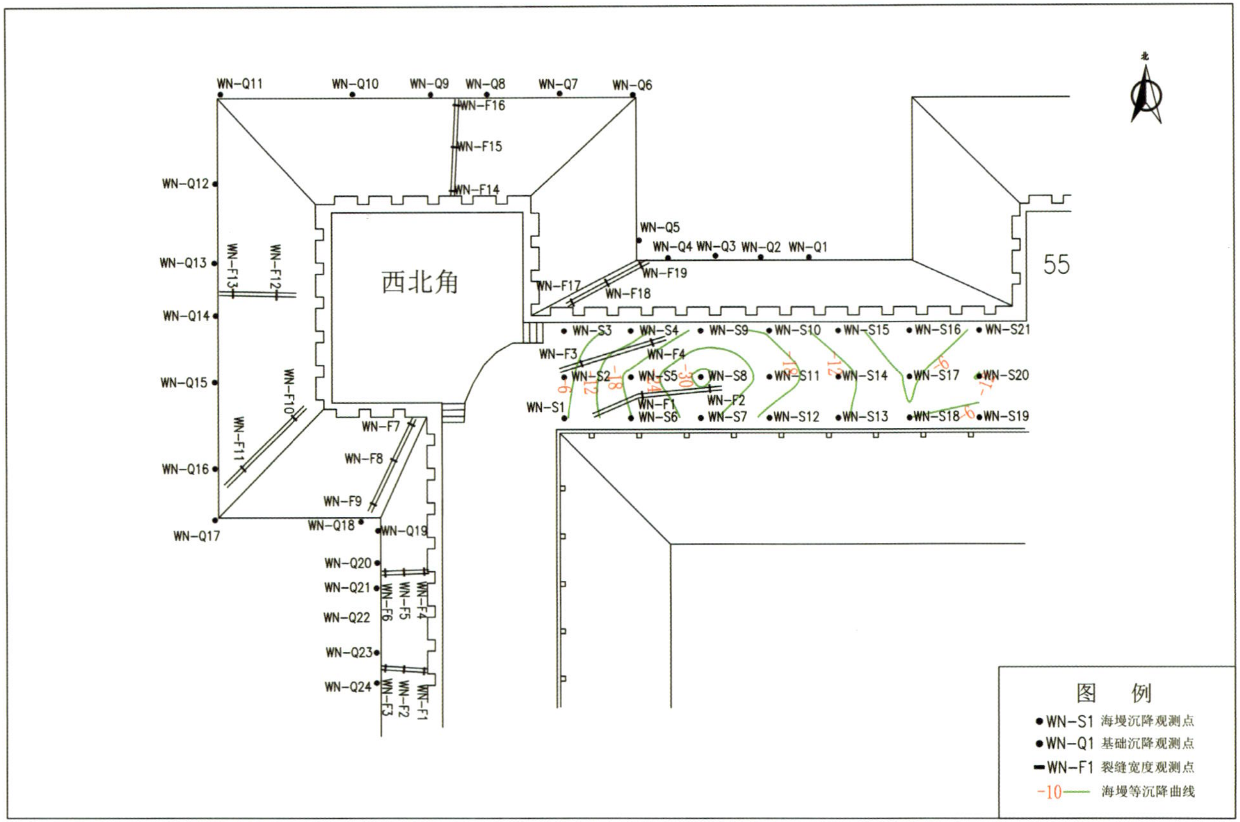

图 2-63　城墙西北城角海墁等沉降曲线（2016 年 12 月）

表 2-39 西北城角海墁沉降量与沉降速率统计表

测点	2007.11 沉降量 /mm	2008.10 沉降量 /mm	2011.3 沉降量 /mm	2016.12 沉降量 /mm	2007.11—2008.10 沉降速率 /（mm/d）	2008.10—2011.3 沉降速率 /（mm/d）	2011.3—2016.12 沉降速率 /（mm/d）
WN-S5	0	−3.99	−9.65	−19.91	−0.012	−0.011	−0.0095
WN-S6	0	−3.50	−9.17	−17.83	−0.01	−0.01	−0.0086
WN-S7	0	−3.61	−12.07	−26.64	−0.01	−0.014	−0.013
WN-S8	0	−5.62	−15.09	−31.92	−0.016	−0.017	−0.015
WN-S9	0	−2.52	−7.10	−19.81	−0.0073	−0.008	−0.0095
WN-S10	0	−2.24	−7.91	−17.22	−0.0065	−0.0088	−0.0083
WN-S11	0	−3.36	−10.85	−22.36	−0.0097	−0.012	−0.011
WN-S12	0	−2.48	−8.07	−16.15	−0.0072	−0.0091	−0.0077
WN-S13	0	−2.57	−7.01	−13.16	−0.0074	−0.0079	−0.0063
WN-S20	0	−1.72	−5.00	−12.51	−0.005	−0.0056	−0.006

三、西北城角裂缝变化

选取海墁上裂缝变化较大的观测点WN-F1、WN-F2、WN-F3，外墙上裂缝变化较大的观测点WN-F2、WN-F5、WN-F15，绘制裂缝变化曲线如图2-64所示，变化量为负，表示裂缝宽度增大。

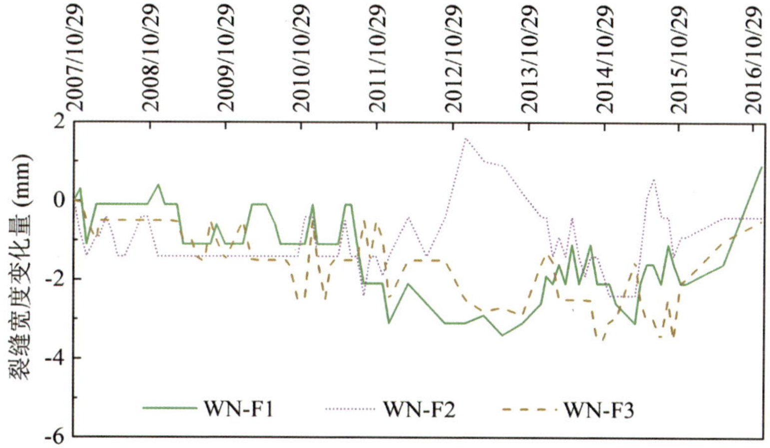

（a）

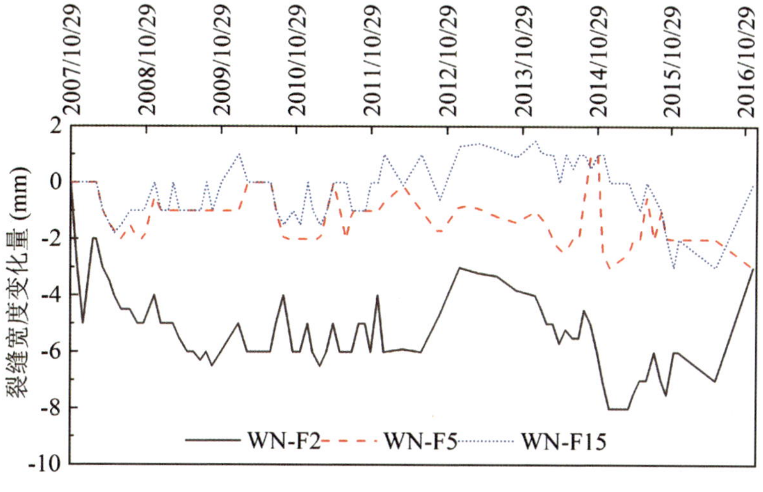

（b）

图 2-64　西北城角裂缝变化曲线

通过图2-64可以看出，裂缝观测点的变化量在-8～2mm之间，相对稳定。

四、观测结果小结

（1）第一阶段海墁最大沉降速率0.016mm/d；第二阶段海墁最大沉降速率0.017mm/d；第三阶段海墁最大沉降速率0.015mm/d。

（2）西北城角基础稳定，以海墁沉降为主，海墁沉降形成以观测点WN-S8为中心的沉陷区。

西北城角海墁沉降变化统计见表2-40。

表 2-40　西北城角海墁沉降变化及裂缝变化统计表

序号	时间段	累计沉降量 s /mm	最大沉降速率 v /（mm/d）	累计裂缝宽度变化量 d /mm
1	2007.11—2008.10	$s \leqslant 6$	−0.016	$d \leqslant 5$
2	2008.10—2011.3	$6 < s \leqslant 16$	−0.017	$d \leqslant 6.5$
3	2011.3—2016.12	$16 < s \leqslant 35$	−0.015	$d \leqslant 8$

第三章

三维仿真模拟技术城墙破坏临界状态的变形特征

第一节　三维有限元方法

有限元方法被公认为是一种用数值方法求解工程中所遇到的各种问题的最有效的通用方法，应用范围很广。有限元方法是基于变分原理求解相似解的里兹（Ritz）法的某种变体。其基本思想是将连续的结构离散成有限个单元，并在每一个单元中设定有限个节点，将连续体看作只在节点处相连的一组单元组合体。选定场函数的节点值作为基本未知量，并在每一个单元中假设一插值函数以表示单元中场函数的分布规律，进而利用力学中的变分原理建立用以求解节点未知量的有限单元方程，将一个连续域中的无限自由度问题化为离散域中的有限自由度问题。求解得到节点值后，利用节点值和设定的场函数确定单元以及整个集合体上的场函数。

计算过程采用大型有限元分析软件ABAQUS建立砖砌体+垫层+夯土+地层的整体模型计算。ABAQUS是国际上较先进的大型通用有限元计算分析软件之一，一经发布就受到了世界上许多著名公司、大学和研究部门的青睐，在欧美及亚洲许多国家的土木、水利、航空、机械等领域得到广泛的应用。

第二节　三维数值模型建立

一、模型假设

根据城墙马面实际尺寸建立城墙马面模型，并赋予模型以相应的参数。对该模型做以下假设：

（1）城砖和垫石设为弹性材料。

（2）城砖以拉裂破坏为主，不考虑压缩破坏。

（3）不考虑水位的影响。

根据试验数据，西安城墙城砖的抗拉强度为0.8～1.3MPa，抗压强度为10～18MPa；砖缝灰浆抗拉强度为0.2～0.4MPa，抗压强度为10～18MPa。可以看出整体抗压强度较大，很难出现压裂破坏，城墙的破坏以拉裂破坏为主。故而在计算工况中主要分析城砖的拉力是否达到破坏限值，并计算裂缝破坏区域的局部倾斜。

二、“砖砌体+垫层+夯土+地层”的整体有限元模

根据以往调查、勘察，城墙墙体的结构为砖表土芯，城墙内、外两侧为砖砌筑墙体，砖体内为板筑夯土墙体。据考证，修筑城墙时曾从原始地面向下进行大开挖，开挖时基坑宽度较墙基有一定的外放，将素土分层夯实作为城墙的基础，再逐层筑至城墙顶，并在上面铺有一层灰土垫层，最后铺设城砖，并用砖对墙体外、内侧进行外包砌。见图3-1和3-2所示。

图 3-1 南城墙含光门附近开挖所揭示的城墙内部结构（镜头向东）

根据相关勘察报告，城墙内部夯筑土物理参数如表3-1所示。

表 3-1 城墙内部夯筑土物理参数一览表

物理指标	天然重度 γ /（kN/m^3）	压缩模量 E_S / MPa	泊松比 v	粘聚力 c / kPa	内摩擦角 φ /（°）	层厚 /m
夯筑土③$_1$	17.5	6	0.3	20	18	6
夯筑土③$_2$	18.3	9	0.3	25	20	3
夯筑土③$_3$	18.8	7	0.3	20	21	4

城墙模型由城砖、垫石、城墙夯筑土（加权平均）、黄土④、黄土⑤共计五部分构成，模型以Y方向指北。因城墙一周原共有98个马面，每个马面间距约120m，本次计算取一个马面并向两侧各延伸60m，作为一个城墙标准段。故本次模型东西宽140m、高32m，城墙内墙距离边界20m，外墙距离护城河边界约33m。海墁城砖厚0.5m，外墙城砖为上宽1.2m、下宽2.0m、倾斜约80°，内墙城砖上宽0.6m、下宽1.2m、倾斜约70°。城砖下为等宽垫石，垫石厚0.3m。城墙下为黄土④，层厚4m，黄土④下层全部为黄土⑤。建立模型如图3-3所示。

为保证计算精度，使用单元实体六面体单元，网格尺寸为1m，网格面积近似等于1m^2，故应力kN即为kPa，即应力云图中的kN等同于kPa，模型中以拉力为正（+）、压力为负（-）。为优化网格，黄土⑤随着向下距离的增加，网格尺寸逐渐加大，网格尺寸最大不超过2m。在有限元模型底部限制Z方向位移，马面东西两侧限制X方向位移，土层南北两侧限制Y方向位移。

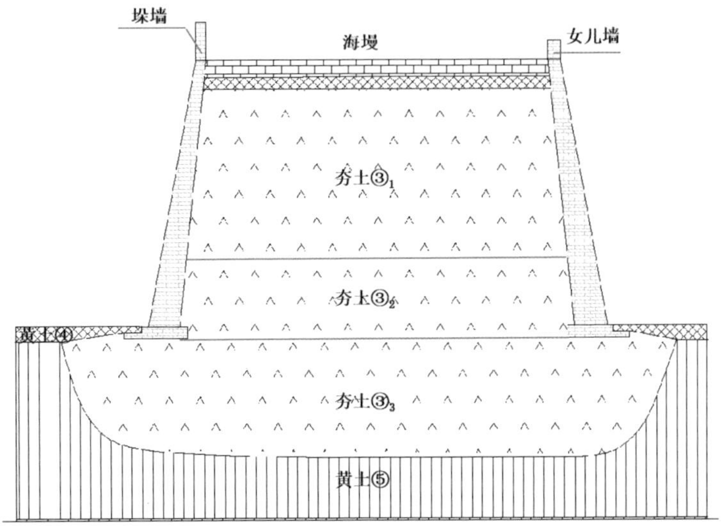

图 3-2　城墙剖面示意图

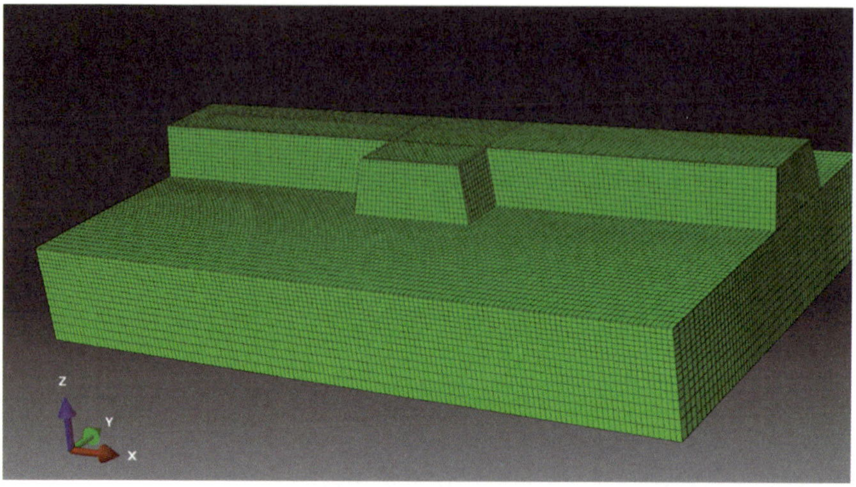

（a）有限元网格

（b） 模型材料分布

图 3-3　城墙马面有限元模型

三、模型参数的确定

模型初始计算参数的选取主要根据地质勘查报告和以往经验综合考虑，城墙选取参数如表3-2所示。

表 3-2　城墙材料参数一览表

	天然重度 γ /（kN/m^3）	弹性模量 E / MPa	泊松比 v	粘聚力 c / kPa	内摩擦角 φ /（°）	层厚 /m
城砖	19	1000	0.2			
垫石	22	1000	0.2			
夯筑土（加权平均）	18.2	7	0.27	21	20	14.7
黄土④	17.6	9	0.3	26	17	4
黄土⑤	18.4	8	0.3	30	18	16

四、自重应力下的应力分布

有限元模型在自重应力下会产生初始沉降，为抵消初始时模型在自重应力下产生的沉降，首先进行地应力平衡，平衡后的竖向（Z方向）沉降云图如图3-4所示。

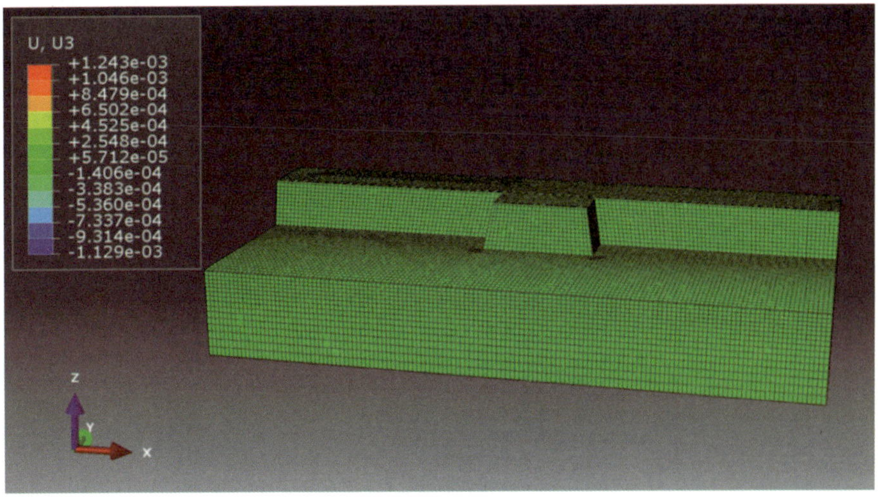

图 3-4　自重应力平衡后的 Z 方向位移云图

通过位移云图可以看出，地应力平衡后的最大竖向位移为1mm，最小为-0.05mm。城墙模型的高度为32m，故1mm的位移可以忽略不计，认为地应力平衡后满足计算要求。地应力平衡后的*X*、*Y*、*Z*方向受力变化云图如图3-5所示。

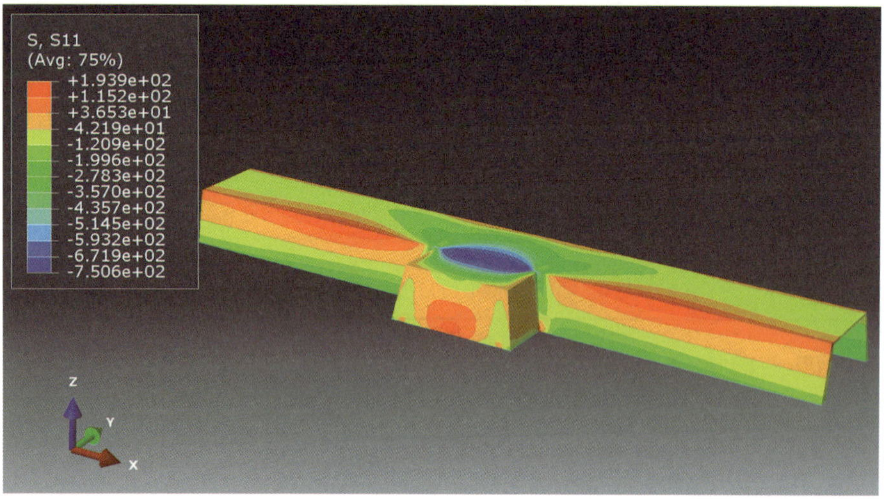

（a）自重应力平衡后 *X* 方向应力云图

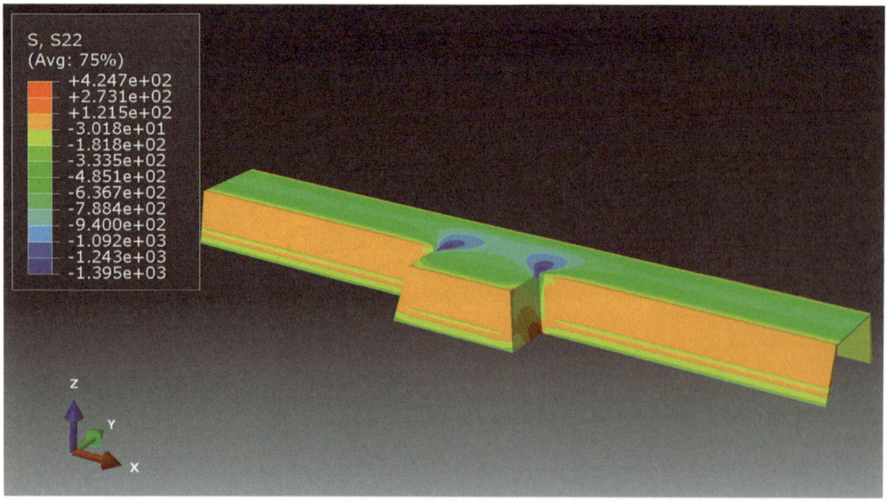

（b）自重应力平衡后 *Y* 方向应力云图

图 3-5　自重应力平衡后的应力云图

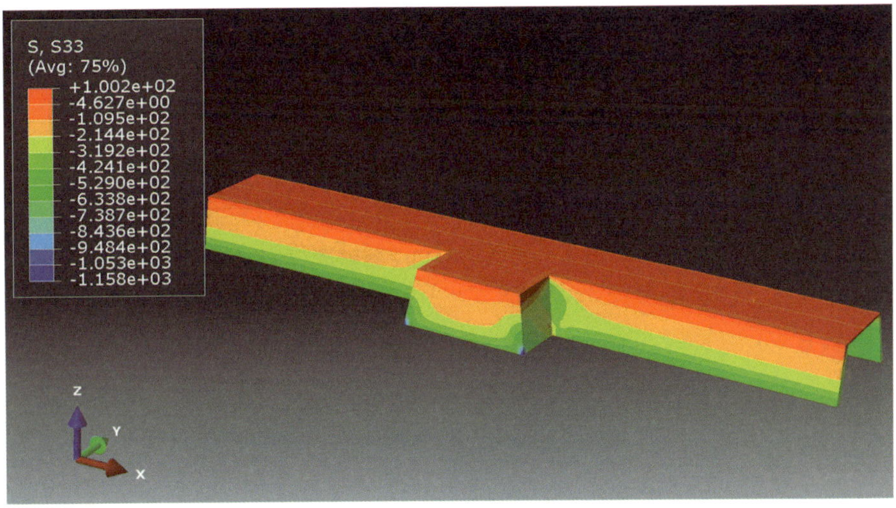

（c）自重应力平衡后 *Z* 方向应力云图

图 3-5 自重应力平衡后的应力云图

通过自重应力平衡后的应力云图可以看出，*X*方向最大拉应力为0.195MPa，拉力尚未达到砖缝灰浆强度0.2～0.4MPa的极限值，但是已经有拉裂的趋势；*Y*方向在马面A点处（见图3-5b）超过了砖缝灰浆0.4MPa的极限强度，故在自重应力作用下在A点处会产生拉裂缝；*Z*方向以受压为主，尚未出现拉裂趋势。

五、破坏标准

为模拟城墙墙体自建成到现在的沉降变形特征，假设墙体产生较大的沉降变形，计算墙体各部分的应力应变。以墙体拉应力与城砖、砖缝抗拉强度实验值进行对比，如某部位拉应力超过砖缝抗拉强度，则判定该处拉应力超标，墙体会产生自砖缝发育的裂缝；如拉应力超过城砖抗拉强度，则判定该处拉应力大到足以将城砖拉裂，形成贯通的裂缝。

根据第二章对城墙监测数据的总结和多年来的实际经验，总结墙体裂缝分级标准如表3-3所示。

表 3-3 墙体裂缝分级标准一览表

等级	标准特征
A	长度L≤2m，裂缝宽度d≤2mm
B	长度2m＜L≤6m，裂缝宽度2mm＜d≤5mm
C	长度6m＜L≤10m，裂缝宽度5mm＜d≤10mm
D	长度10m＜L≤12m，上下贯通，d＞10mm

根据以往试验数据，实测城砖的抗拉强度为0.8～1.3MPa，抗压强度为10～18MPa；砖缝灰浆抗拉强度为0.2～0.4MPa，抗压强度为10～18MPa。因此，对城墙墙体产生裂缝的判定标准为：抗拉强度在0.2～0.3MPa可能发育A级裂缝；抗拉强度在0.3～0.4MPa时，裂缝沿砖缝发育，判为B级裂缝；抗拉强度在0.4～0.8MPa时，发育C级裂缝；抗拉强度大于0.8MPa时城砖断裂，裂缝沿墙体高度上下贯通形成D级裂缝。

第三节 计算工况

为研究城墙马面砖砌体的受力情况，根据城墙现状病害特征，设计如下沉降工况，如表3-4所示。

表 3-4　城墙马面数值计算沉降工况一览表

工况编号	沉降位置	指定沉降量 / mm
1	马面南侧基础沉降	−35、−50、−100、−150、−190、−200
2	马面角点东北城角局部沉降	−35、−50、−100、−125、−150、−200
3	城墙东侧外墙30m范围沉降	−50、−100、−125、−150、−200
4	城墙东侧外墙10m范围沉降	−35、−50、−100、−150、−200
5	城墙内墙基础5m范围沉降	−35、−50、−100、−150、−200
6	城墙内墙基础30m范围沉降	−35、−50、−100、−150、−200
7	海墁5m×5m范围沉降	−35、−50、−100、−125、−150、−200、−250、−300
8	海墁8m×30m范围沉降	−35、−50、−100、−150、−200、−250、−300
9	海墁13m×60m范围沉降	−35、−50、−100、−150、−160、−200

注：工况最大沉降量以拉应力超标不断试算得出，确保计算至极限状态。

第四节　城墙基础沉降工况计算成果（工况1～6）

一、外墙基础沉降（工况1）

工况1模拟马面南侧发生基础等沉降，在外墙基础南侧分别施加-35mm、-50mm、-100mm、-150mm、-190mm、-200mm的沉降量，沉降位置如图3-6所示。

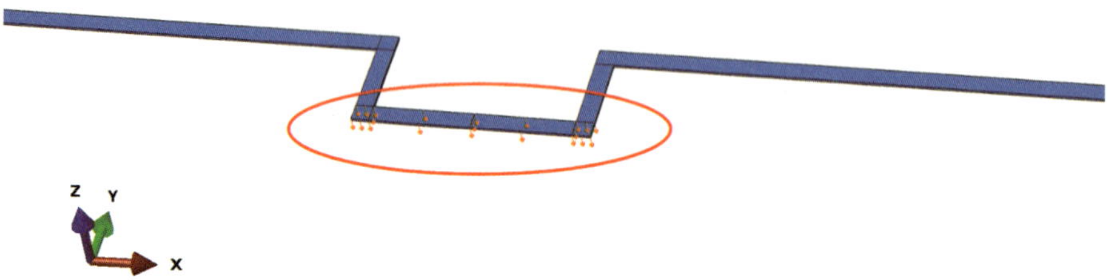

图 3-6　工况 1 外墙基础沉降位置

根据工况1沉降后的应力云图上S11（*X*方向）、S22（*Y*方向）、S33（*Z*方向）上拉力较大区域，选取该工况下拉力较大的观测点A～E，以分析沉降过程中城砖墙体各点拉应力变化情况。观测点1和观测点2的沉降差为该工况的差异沉降量，1-2为局部倾斜。监测点位如图3-7所示。应力云图见图3-8～3-10。

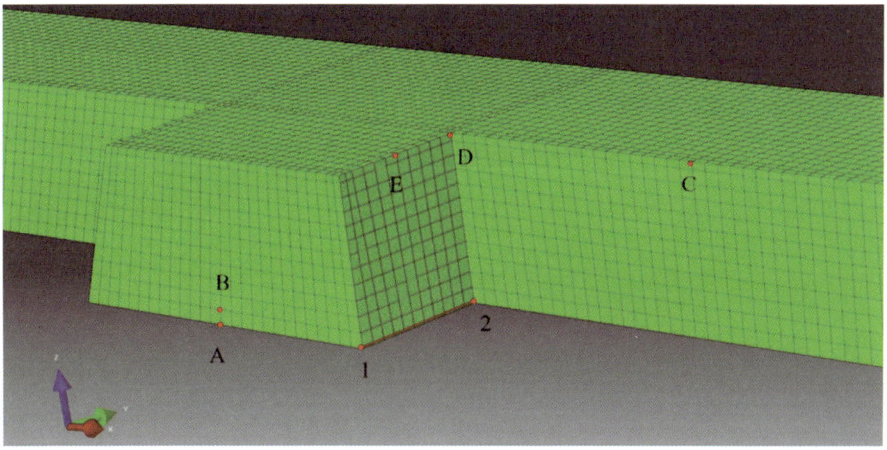

图 3-7　监测点位布置

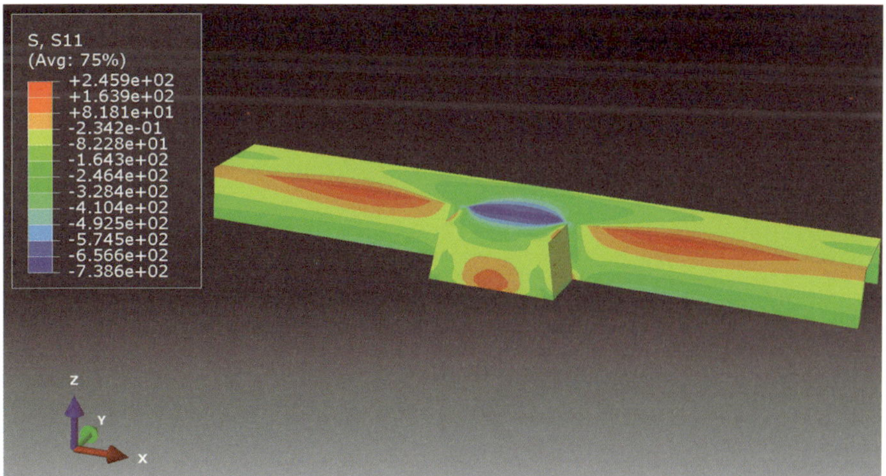

（a）*X* 方向应力云图

图 3-8　工况 1 沉降 50mm 应力云图

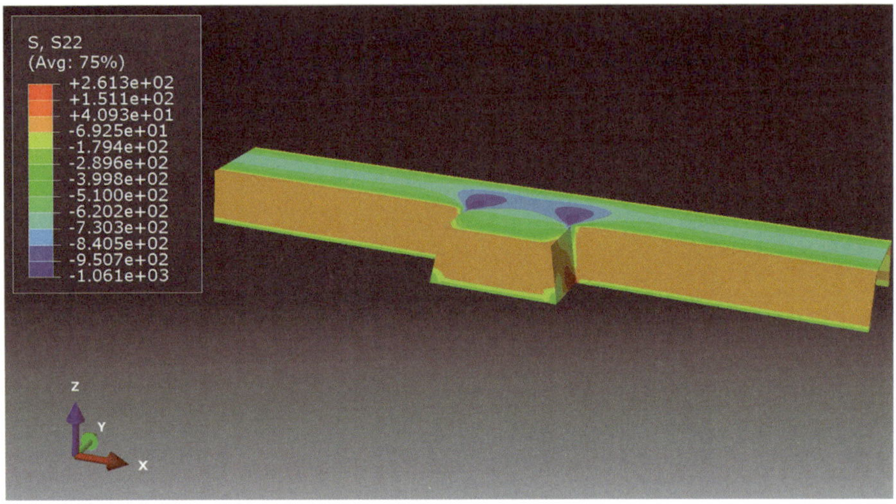

（b）*Y* 方向应力云图

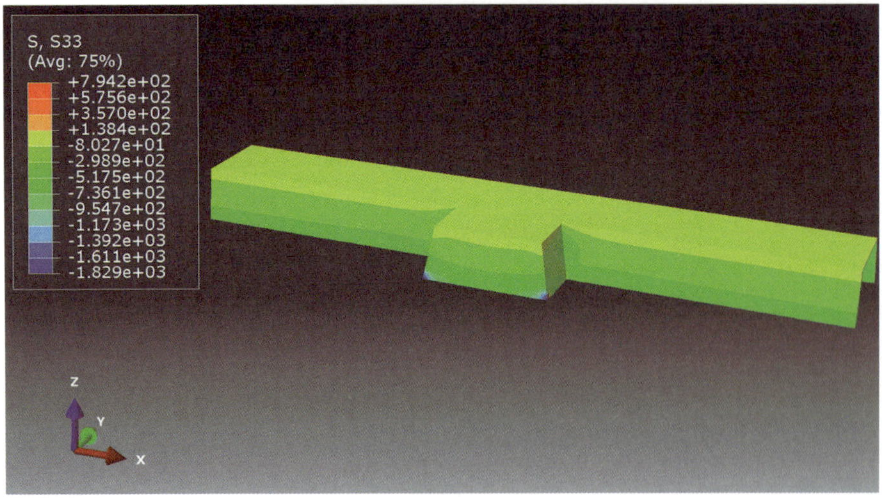

（c）*Z* 方向应力云图

图 3-8 工况 1 沉降 50mm 应力云图

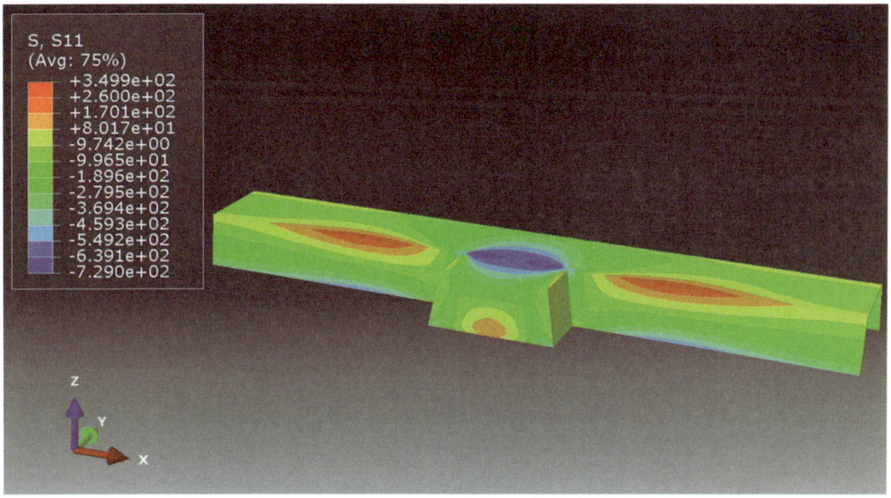

（a）*X* 方向应力云图

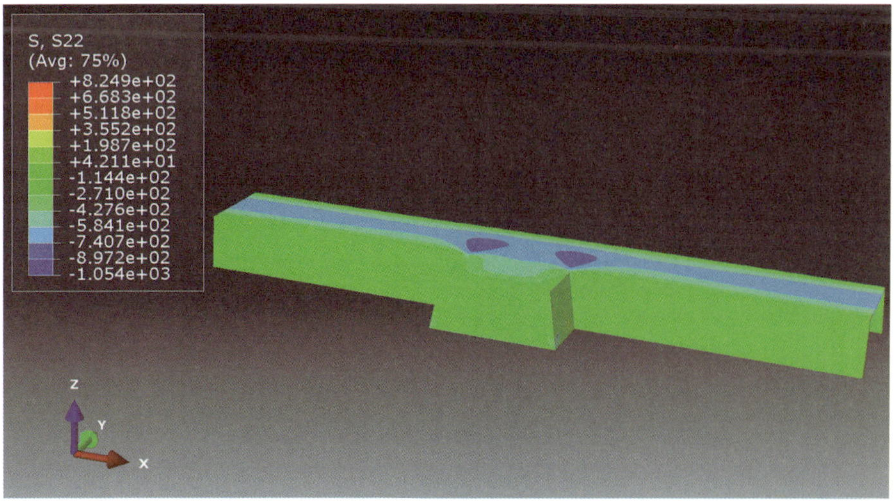

（b）*Y* 方向应力云图

图 3-9　工况 1 沉降 100mm 应力云图

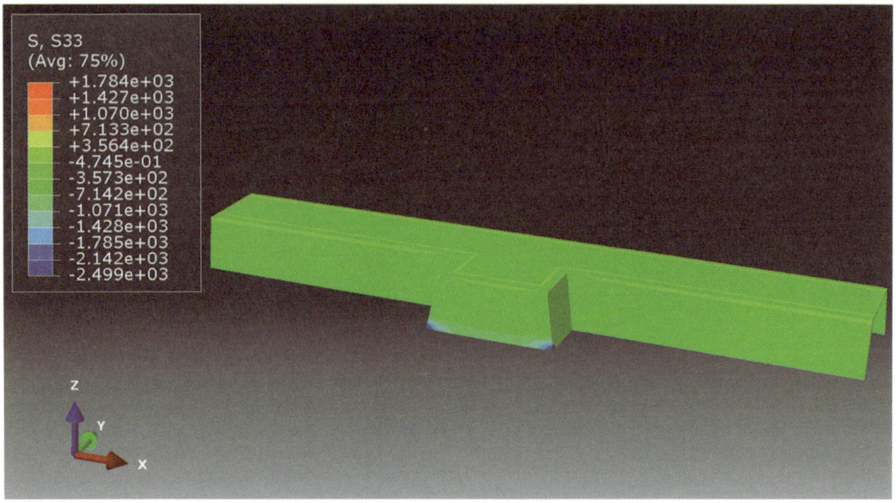

（c）*Z*方向应力云图

图 3-9 工况 1 沉降 100mm 应力云图

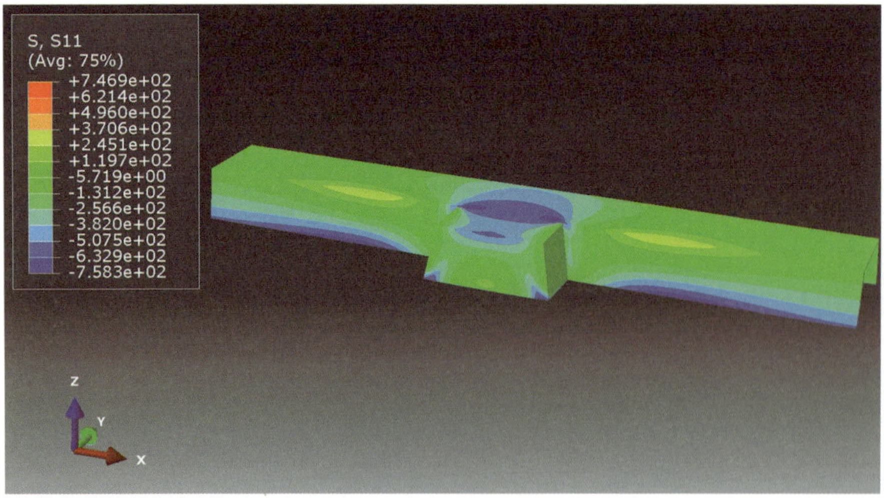

（a）*X*方向应力云图

图 3-10 工况 1 沉降 200mm 应力云图

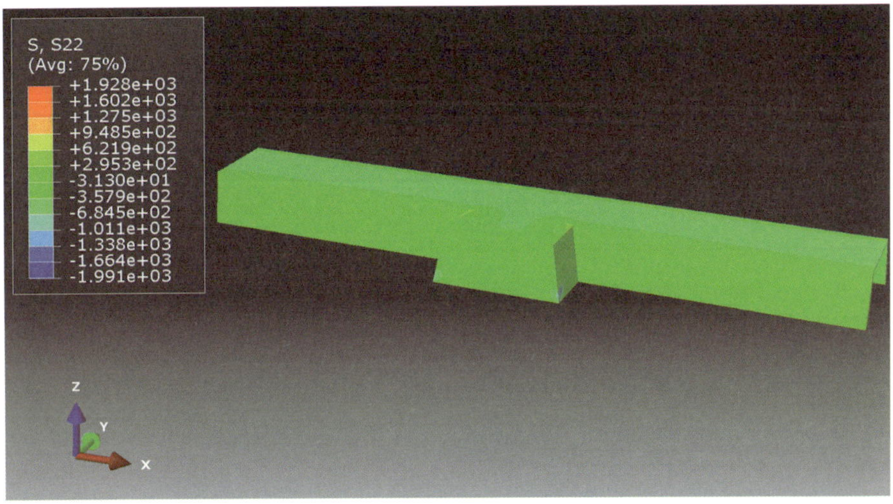

（b）*Y* 方向应力云图

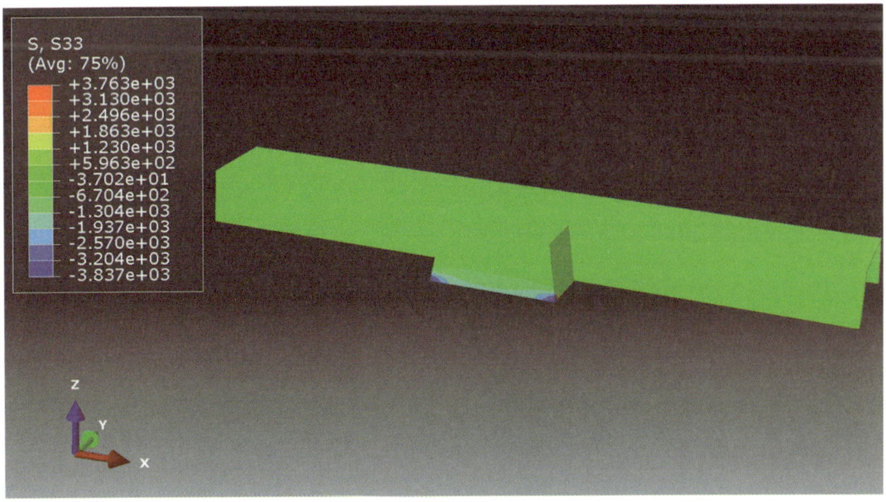

（c）*Z* 方向应力云图

图 3-10　工况 1 沉降 200mm 应力云图

该工况下各测点拉应力大小及局部倾斜对应沉降量关系如表3-5所示。

表 3-5 工况 1 沉降量与拉应力、沉降差及局部倾斜对应关系一览表

沉降量/mm	X方向 / kPa			Y方向 / kPa		1—2	
	A点	B点	C点	D点	E点	沉降差/mm	局部倾斜/rad
0	166	163	194	-489	-256	0	0
-35	205	166	219	-385	-170	20	0.0019
-50	219	168	230	-341	-134	28	0.0027
-100	266	171	267	-192	-11	57	0.0054
-150	312	175	304	-43	112	85	0.0081
-190	350	177	334	374	223	108	0.0103
-200	359	178	340	472	235	114	0.0108

从表3-5可以看出，在沉降量达到35mm时，局部倾斜为0.0019，此时A点和C点拉应力超过0.2MPa，城砖开始沿砖缝产生裂缝；当沉降量达到100mm时，局部倾斜为0.0054，A点和C点拉裂缝进一步扩大；当沉降量达到190mm时，局部倾斜为0.0103，A点、C点裂缝进一步加宽，E点开始产生裂缝，D点所受拉力强度即将超过砖缝灰浆抗拉强度；在沉降量达到200mm时，D点南北方向（即Y方向）拉力超过0.4MPa，即此时马面东西两侧外墙上部在D点到E点的范围内发生拉裂破坏，如果沉降量持续加大，则拉裂缝会进一步发育。

综上所述，可以得到如下规律：

（1）当沉降量小于35mm，局部倾斜最大为0.0019时，墙体发育两条

A级裂缝和1条B级裂缝。

（2）当沉降量在35～100mm之间，局部倾斜最大为0.0054时，墙体有2处沿砖缝发育的A级裂缝。

（3）当沉降量在100～190mm之间，局部倾斜最大为0.0103时，墙体有4处发育裂缝，其中3条为B级裂缝，1条A级裂缝。此时马面A点和城墙两翼C点处裂缝扩大，E点开始产生裂缝，D点即将超过砖缝灰浆的抗拉强度。

（4）当沉降量超过200mm时，墙体发育1条C级裂缝，2条B级裂缝，1条A级裂缝。

二、外墙基础沉降（工况2）

工况2模拟马面角点东北城角局部沉降，在如图3-11所示的位置，分别施加-35mm、-50mm、-100mm、-150mm、-200mm的沉降量。

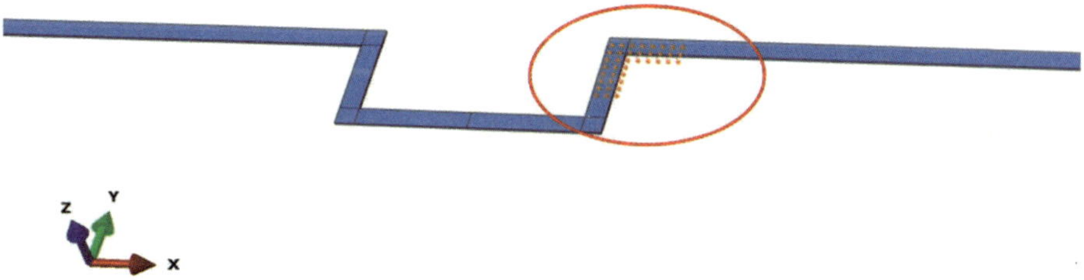

图 3-11　工况 2 外墙基础沉降位置

选取该工况下拉力较大的观测点A～G，以分析沉降过程中城砖墙体各点拉应力变化情况，并求1-A、1-2、C-F的局部倾斜。监测点位如图3-12所示。应力云图见图3-13～3-15。

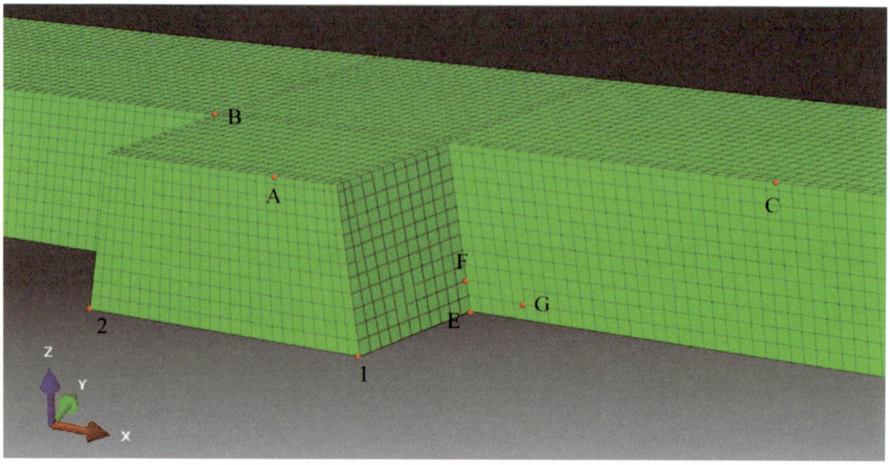

（a）

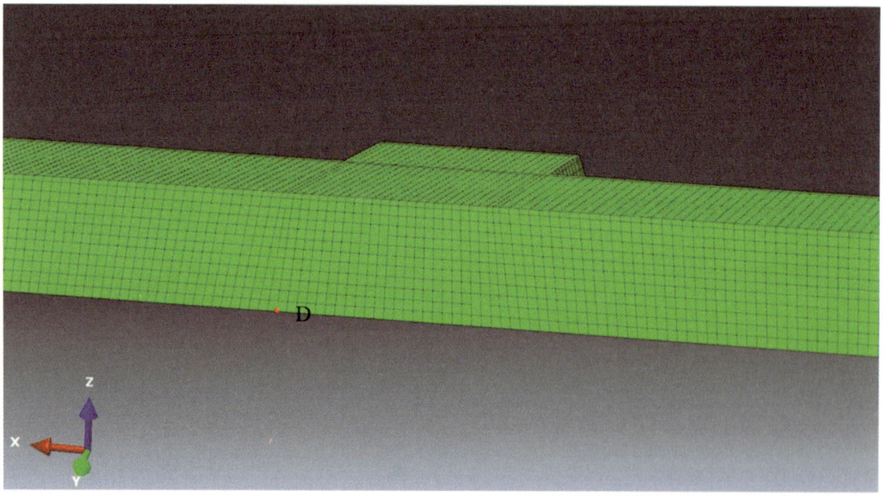

（b）

图 3-12 监测点位布置

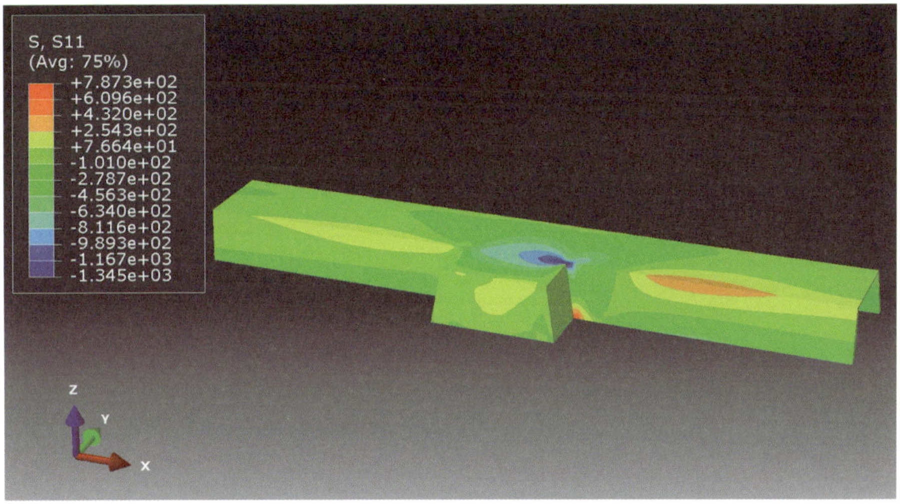

（a）*X* 方向应力云图

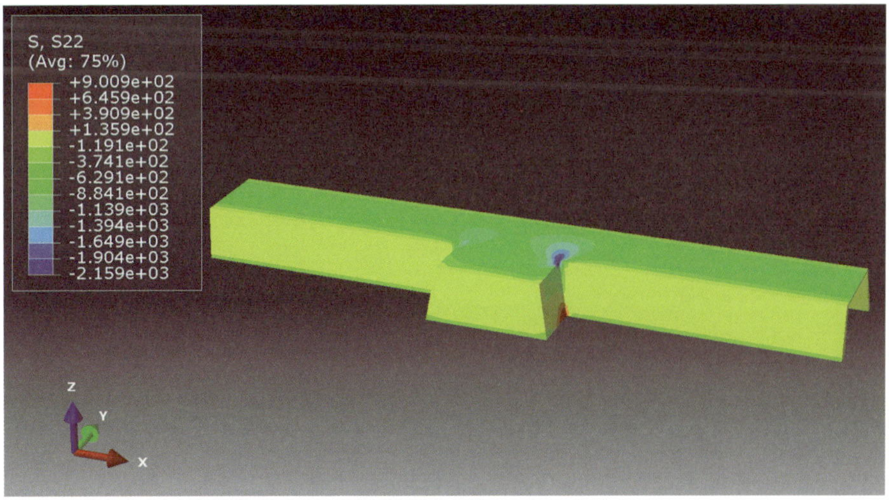

（b）*Y* 方向应力云图

图 3-13　工况 2 沉降 50mm 应力云图

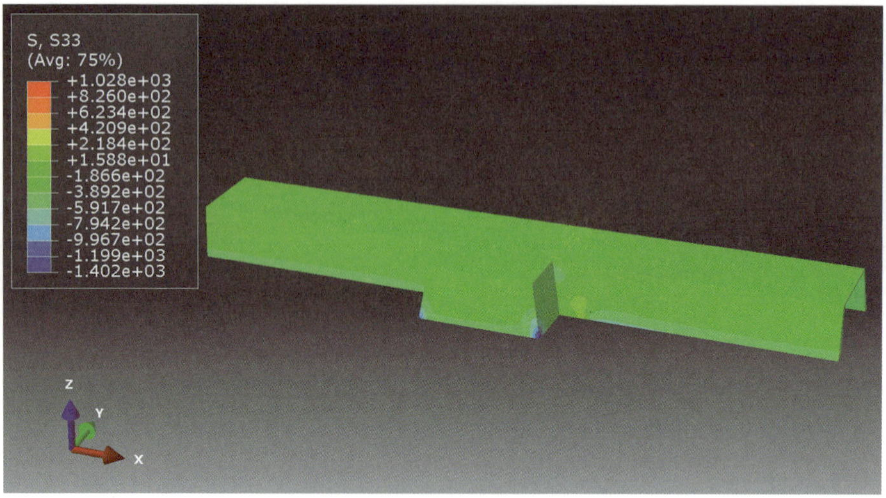

（c）*Z*方向应力云图

图 3-13　工况 2 沉降 50mm 应力云图

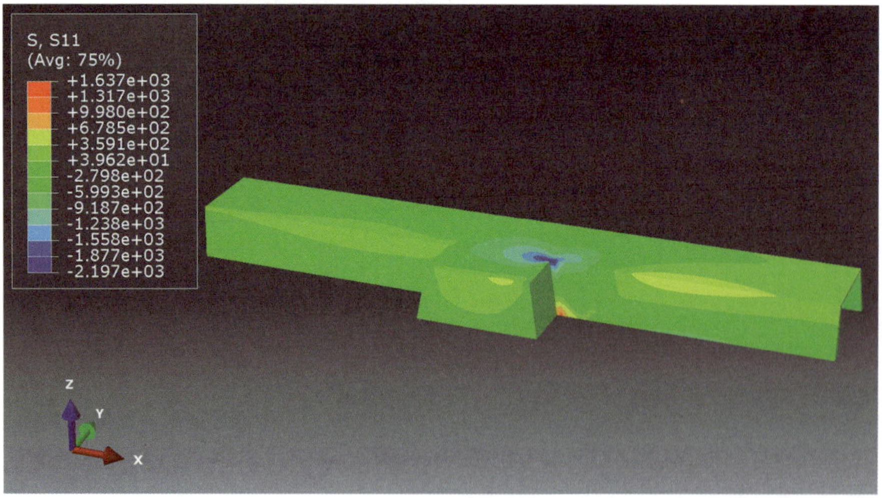

（a）*X*方向应力云图

图 3-14　工况 2 沉降 100mm 应力云图

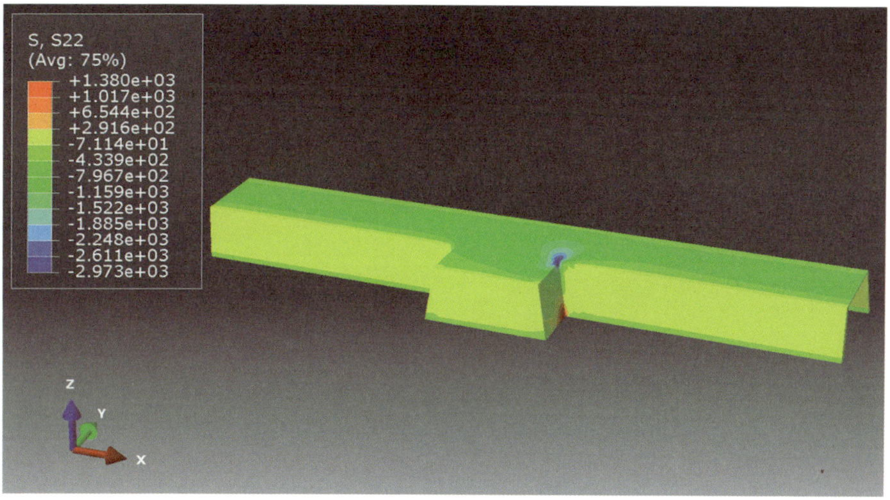

（b）*Y*方向应力云图

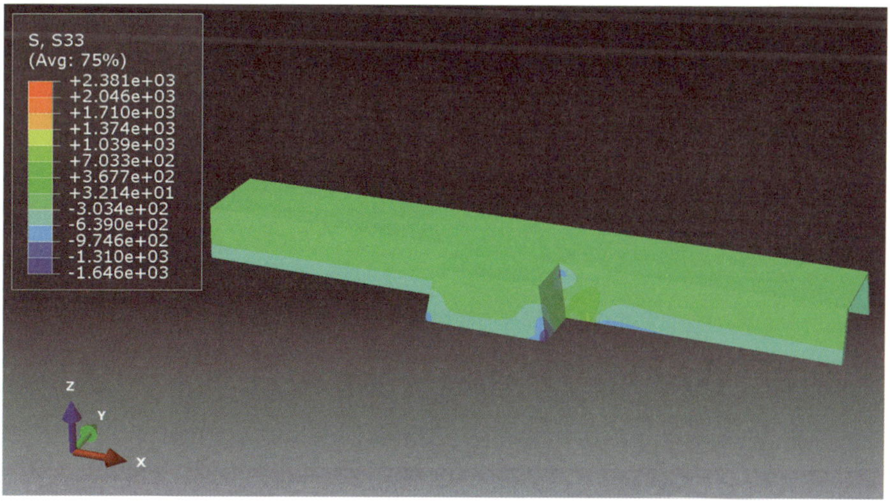

（c）*Z*方向应力云图

图 3-14　工况 2 沉降 100mm 应力云图

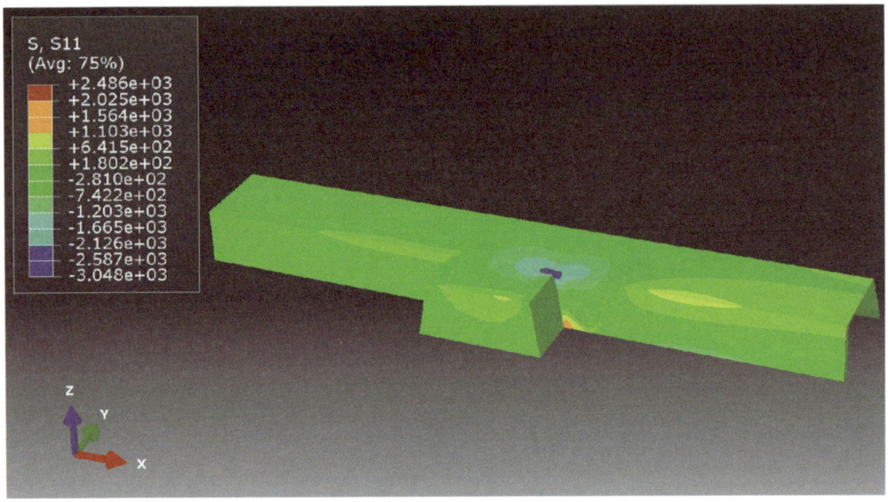

（a）*X* 方向应力云图

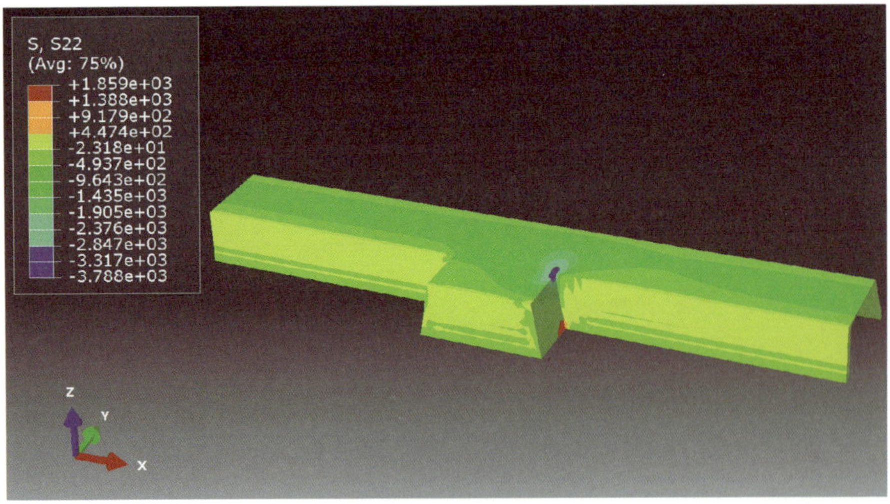

（b）*Y* 方向应力云图

图 3-15　工况 2 沉降 150mm 应力云图

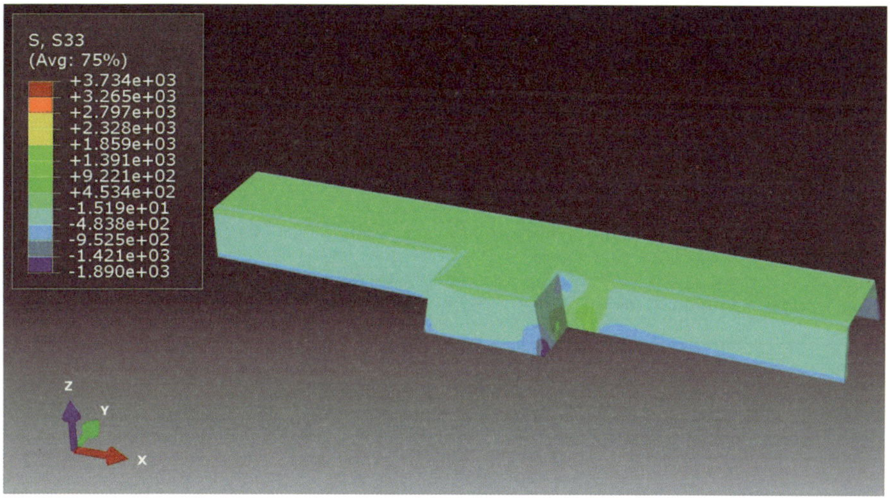

（c）Z 方向应力云图

图 3-15　工况 2 沉降 150mm 应力云图

该工况下各测点的拉应力大小及局部倾斜对应沉降量关系如表3-6和3-7所示。

表 3-6　工况 2 沉降量与拉应力对应关系一览表

沉降量/mm	X方向 / kPa				Y方向 / kPa		Z方向 / kPa
	A点	B点	C点	D点	E点	F点	G点
0	-58	-285	183	48	-54	-68	-501
-35	117	-183	331	101	42	-14	-135
-50	192	-140	395	124	87	9	22
-100	443	192	608	199	237	85	548
-125	568	380	714	237	313	123	811

（续表）

沉降量/mm	X方向 / kPa				Y方向 / kPa		Z方向 / kPa
	A点	B点	C点	D点	E点	F点	G点
−150	693	568	820	275	388	161	1073
−200	944	945	1032	329	538	237	1598

表 3-7　工况 2 沉降量与局部倾斜对应关系一览表

沉降量/mm	A-1		C-F		1-2	
	沉降差/mm	局部倾斜/rad	沉降差/mm	局部倾斜/rad	沉降差/mm	局部倾斜/rad
0	0	0	0	0	0	0
−35	9	0.0011	24	0.0009	28	0.0011
−50	13	0.0016	34	0.0013	40	0.0015
−100	26	0.0032	69	0.0027	79	0.0030
−125	33	0.004	87	0.0034	99	0.0038
−150	39	0.0048	104	0.0040	119	0.0045
−200	52	0.0065	138	0.0053	159	0.0060

从表3-6、3-7可以看出，在沉降量达到35mm时，C点将有裂缝产生。C点在自重应力平衡下超过0.2MPa，所以C点对沉降较敏感。当沉降量达到50mm时，A点即将出现裂缝；当沉降量达到100mm时，A、C、E三点将产生受拉裂缝；当沉降量达到125mm时，G点拉力超过砖的抗拉强度；当沉降量达到150mm时，C点超过了砖的抗拉强度0.8MPa，此时C区域内会出现大

范围的开裂，砖体可能会被拉断；当沉降量达到200mm时，A、B、C都已超过了0.8MPa界限，且此时F点抗拉强度超过0.2MPa，F—D沿线将有可能形成贯通裂缝。

综上所述，可以得到以下规律：

（1）当沉降量小于35mm时，墙体有1条B级裂缝发育。

（2）当沉降量在35～100mm之间时，墙体有4处裂缝，且其中有3处C级裂缝，1处A级裂缝，局部倾斜最大值0.0032rad。

（3）当沉降量在100～125mm之间时，墙体可能有6处裂缝，其中2处C级裂缝，2处B级裂缝，1处A级裂缝，1处D级裂缝，局部倾斜最大值为0.004rad。

（4）当沉降量达到200mm时，有4处D级裂缝，1处C级，1处B级，1处A级裂缝，局部拉应力很大，已几乎达到1.6MPa，此时局部倾斜最大值为0.0065rad。

三、外墙基础沉降（工况3）

工况3模拟马面东侧基础局部沉降现象，位移施加长度为30m。沉降位置如图3-16所示，所施加沉降量分别为-50mm、-100mm、-140mm、-150mm、-200mm。

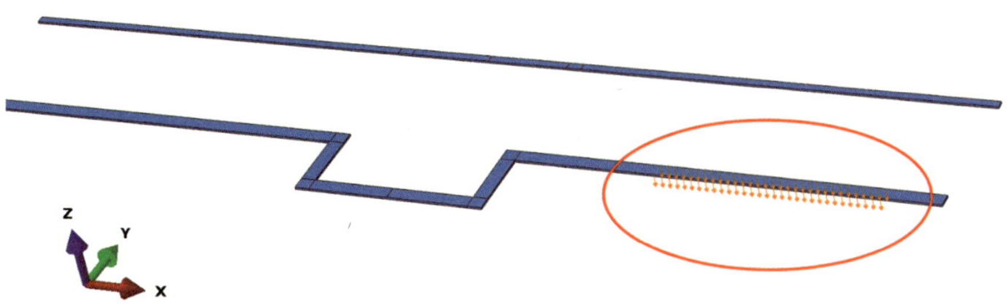

图3-16　工况3外墙基础沉降位置

根据工况3沉降后的应力云图，选取该工况下拉力较大的观测点A～G，以分析沉降过程中城砖墙体各点拉应力变化情况，并求A到G的局部倾斜。监测点位如图3-17所示。应力云图见图3-18～3-20。

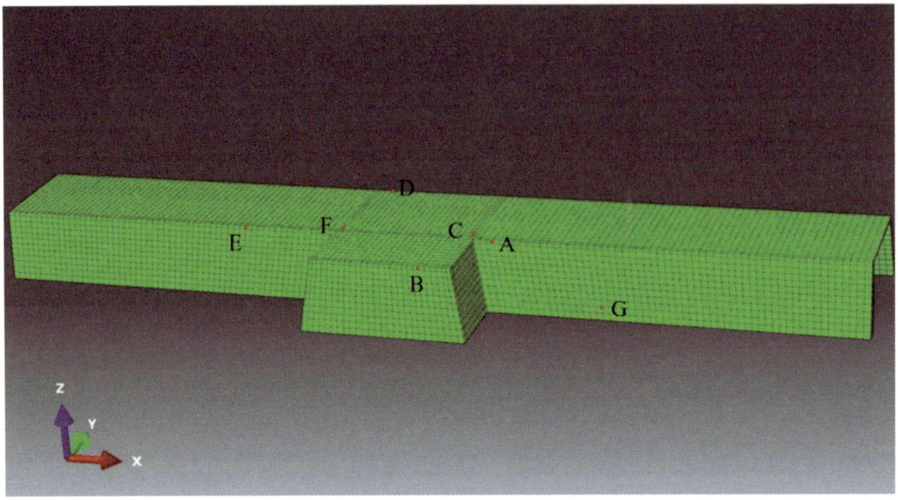

图 3-17 监测点位布置

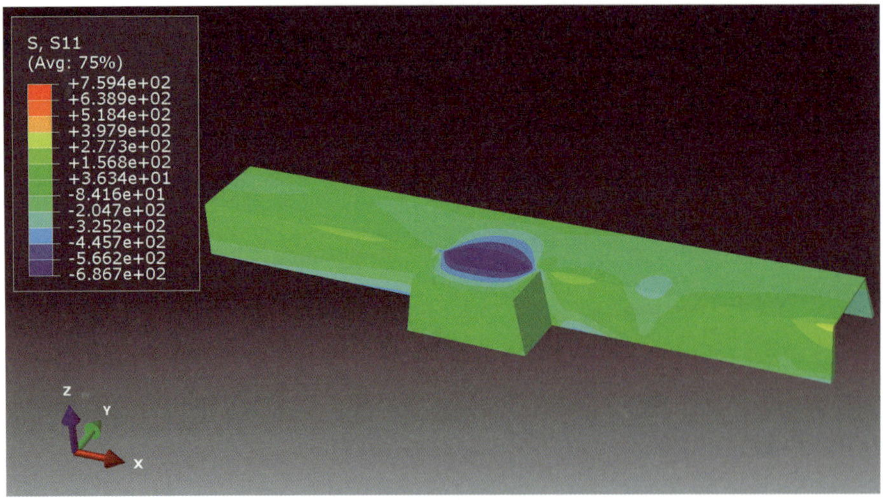

（a）*X* 方向应力云图

图 3-18 工况 3 沉降 50mm 应力云图

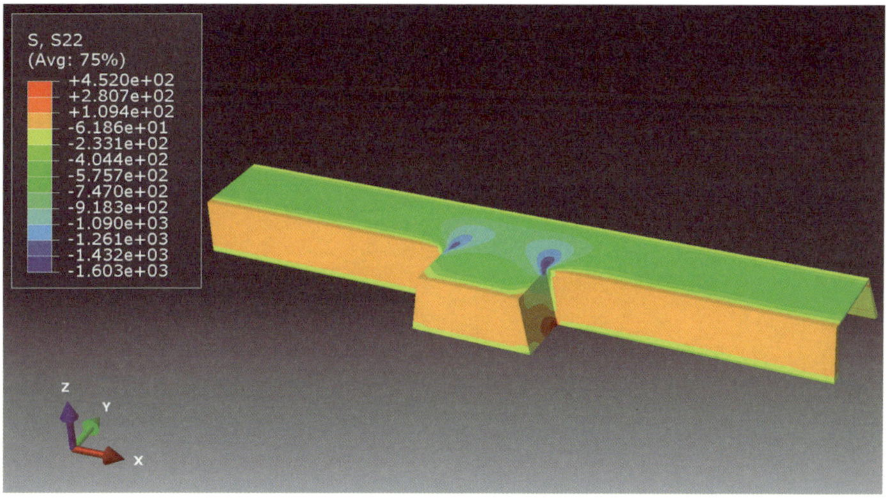

（b）*Y* 方向应力云图

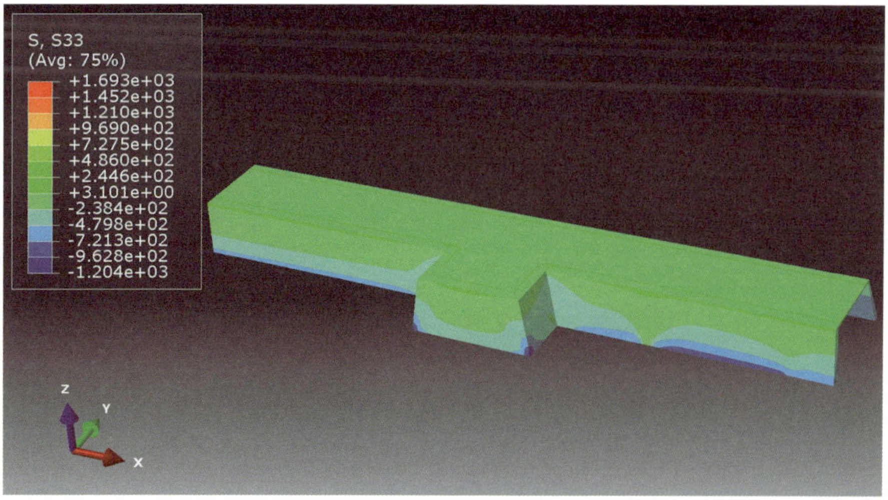

（c）*Z* 方向应力云图

图 3-18　工况 3 沉降 50mm 应力云图

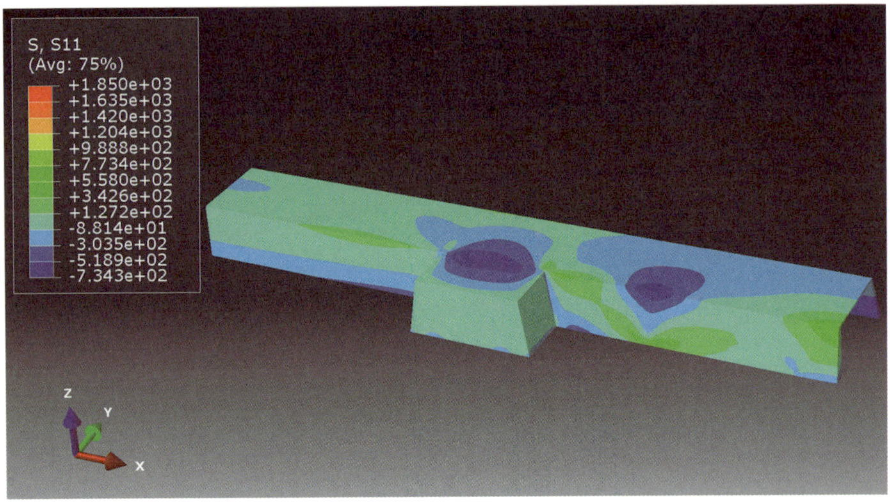

（a）*X* 方向应力云图

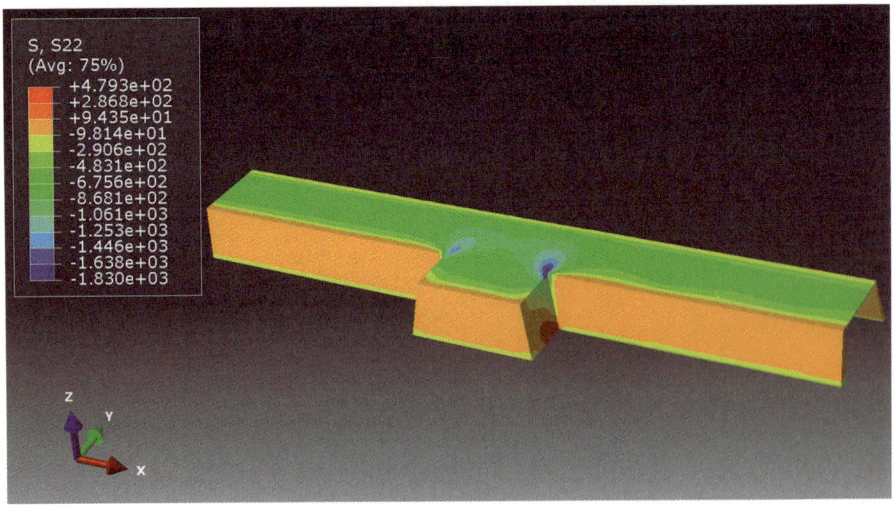

（b）*Y* 方向应力云图

图 3-19　工况 3 沉降 100mm 应力云图

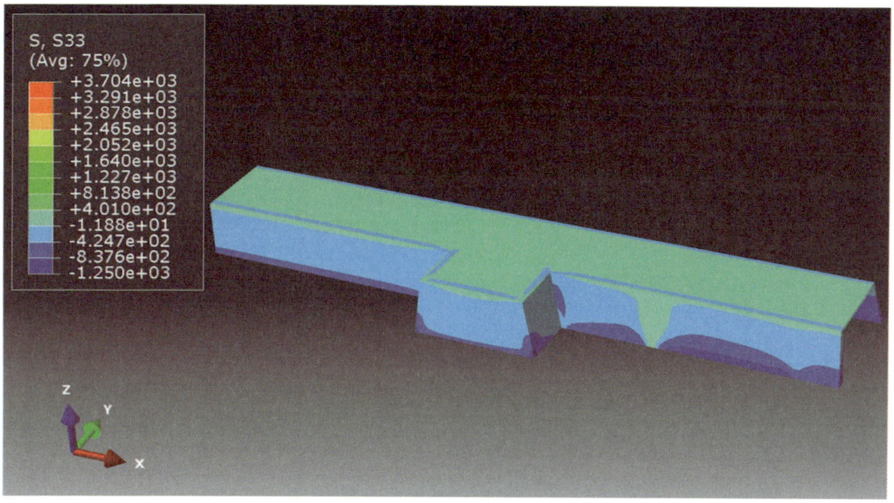

（c）*Z* 方向应力云图

图 3-19　工况 3 沉降 100mm 应力云图

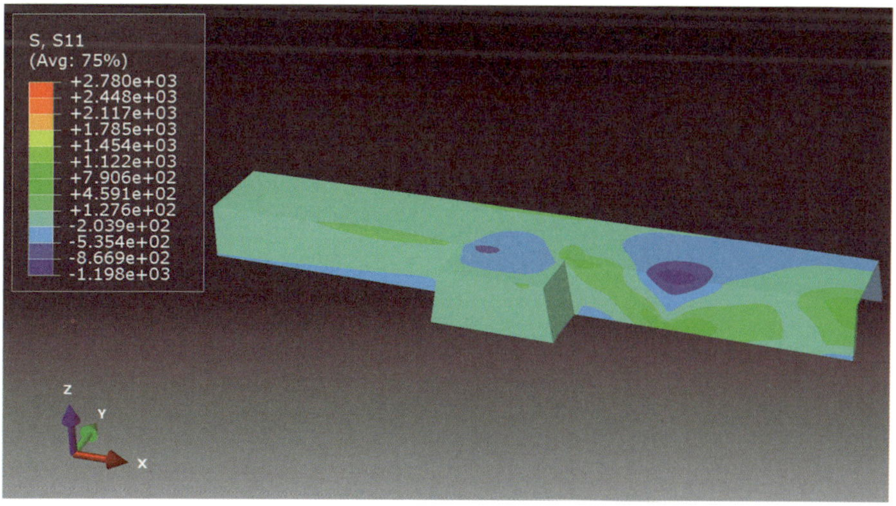

（a）*X* 方向应力云图

图 3-20　工况 3 沉降 150mm 应力云图

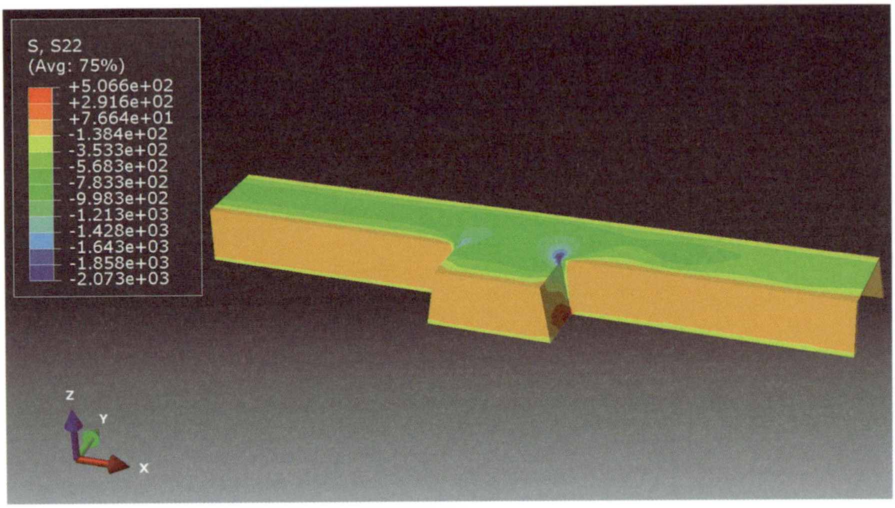

（b）Y 方向应力云图

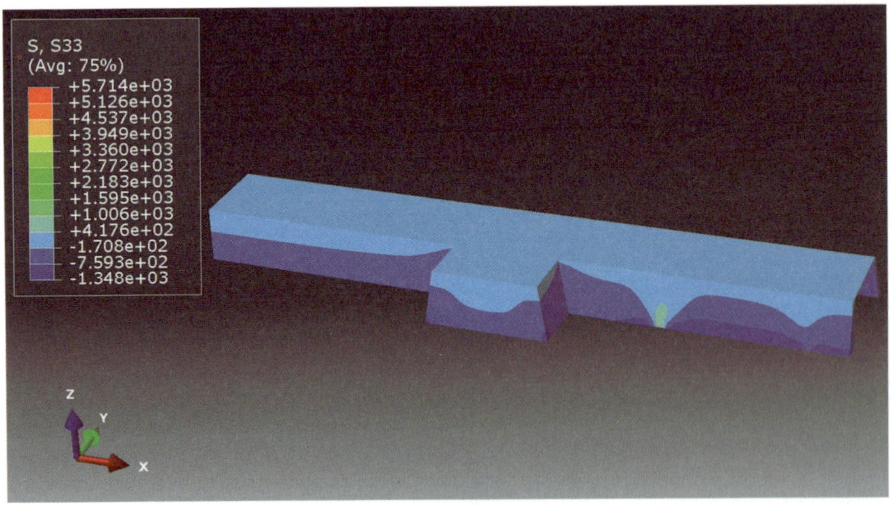

（c）Z 方向应力云图

图 3-20　工况 3 沉降 150mm 应力云图

该工况下各测点的拉应力大小及局部倾斜对应沉降量关系如表3-8所示。

表 3-8　工况 3 沉降量与拉应力、沉降差及局部倾斜对应关系一览表

沉降量 /mm	*X*方向 / kPa						*Z*方向/ kPa	A-G	
	A点	B点	C点	D点	E点	F点	G点	沉降差 /mm	局部倾斜 / rad
0	-25	-6	-233	21	152	-60	-427	0	0
-50	190	48	-28	86	165	37	18	37	0.0019
-100	405	103	178	151	178	135	465	74	0.0039
-140	577	147	342	203	189	211	823	103	0.0054
-150	619	158	383	216	191	232	912	111	0.0058
-200	834	212	588	282	204	329	1360	148	0.0078

从表3-8可以看出，在沉降量达到50mm时，A点的局部倾斜为0.0019rad，此时城砖拉力尚未达到0.2MPa，城墙砖体完好；当沉降量达到100mm时，局部倾斜为0.0039rad，A点和G点拉应力达到0.4MPa，超过砖缝灰浆抗拉强度，A点和G点会产生拉裂缝；当沉降量达到140mm时，局部倾斜为0.0054rad，此时A的裂缝宽度扩大，C点、D点、F点将产生裂缝，此时G点的抗拉强度超过0.8MPa，G区域砖砌体将有被拉断的可能。

综上所述，可以得到如下规律：

（1）当沉降量小于50mm，局部倾斜为0.0019rad时，此时墙体无裂缝。

（2）当沉降量在50～100mm之间，局部倾斜为0.0039rad时，墙体有2处C级裂缝。

（3）当沉降量在100～140mm之间，局部倾斜为0.0054rad时，墙体裂缝5处，1处D级，1处C级，1处B级，2处A级。

（4）当沉降量超过140mm时，墙体裂缝发育增多，达到200mm时，有D级裂缝2处，1处C级，1处B级，3处A级。

四、外墙基础沉降（工况4）

工况4模拟马面东侧基础局部沉降现象，位移施加长度为10m。沉降位置如图3-21所示，所施加沉降量分别为-35mm、-50mm、-100mm、-150mm、-200mm。

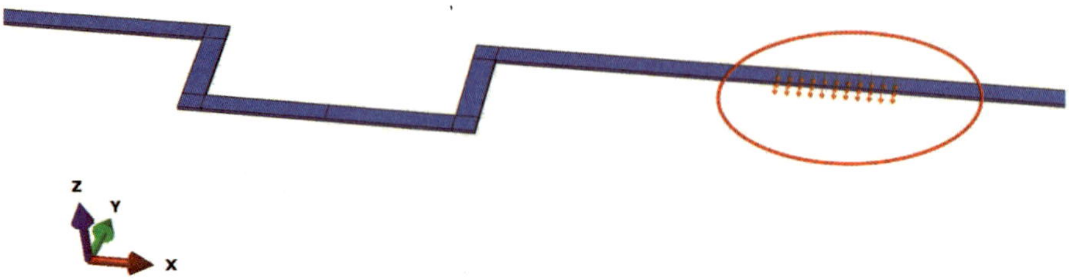

图 3-21 工况 4 外墙基础沉降位置

根据工况4沉降后的应力云图，选取该工况下拉应力较大的观测点A～D，以分析沉降过程中城砖墙体各点拉应力变化情况，并求A到沉降区域D的局部倾斜。监测点位如图3-22所示。应力云图见图3-23～3-25。

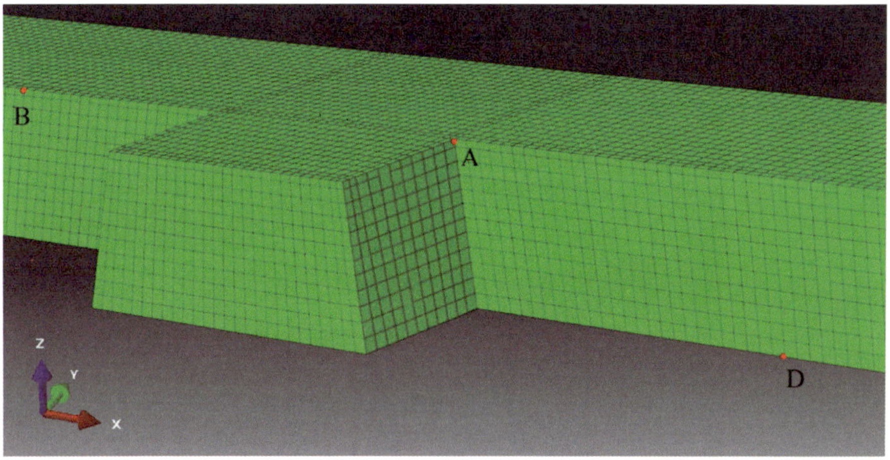

（a）

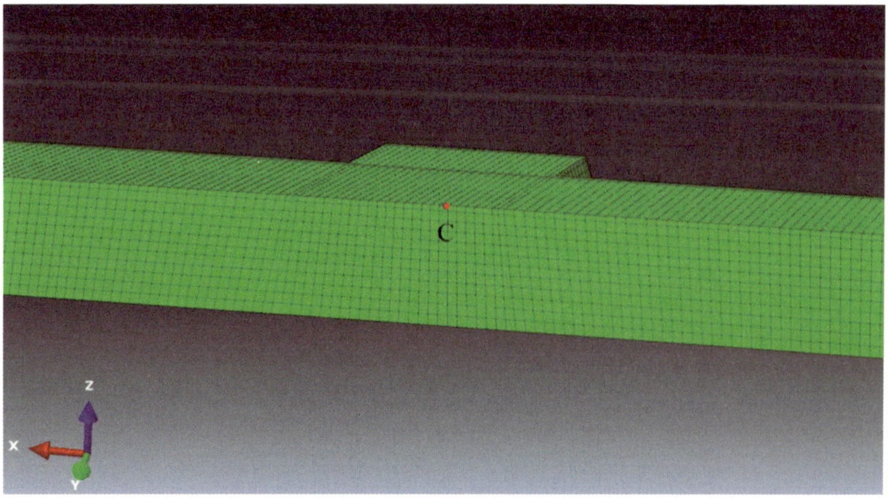

（b）

图 3-22　工况 4 内墙基础沉降位置

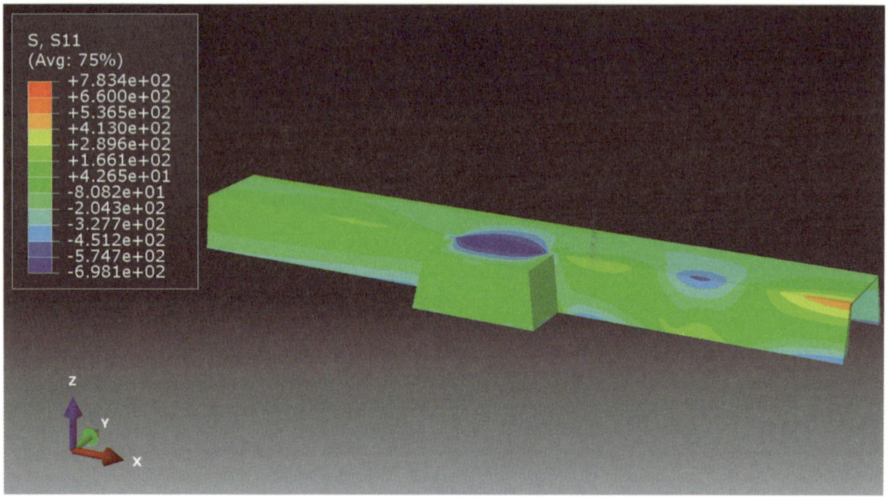

（a）*X* 方向应力云图

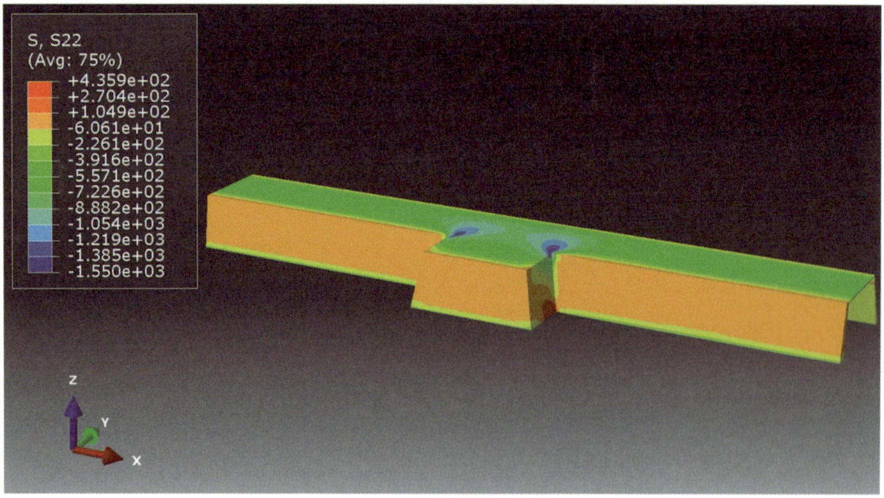

（b）*Y* 方向应力云图

图 3-23　工况 4 沉降 50mm 应力云图

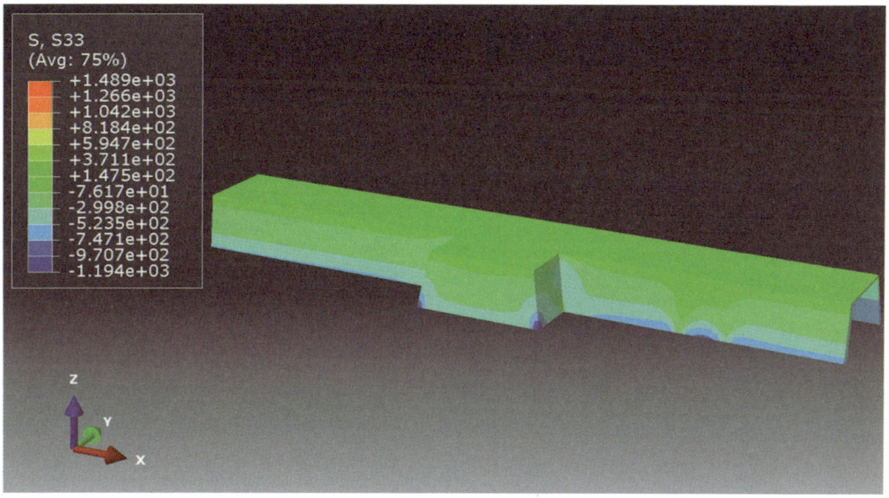

（c）*Z*方向应力云图

图 3-23　工况 4 沉降 50mm 应力云图

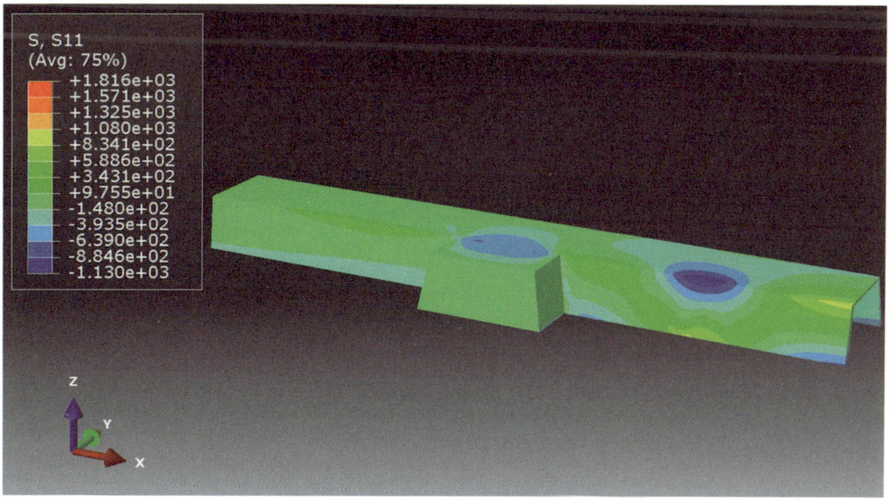

（a）*X*方向应力云图

图 3-24　工况 4 沉降 100mm 应力云图

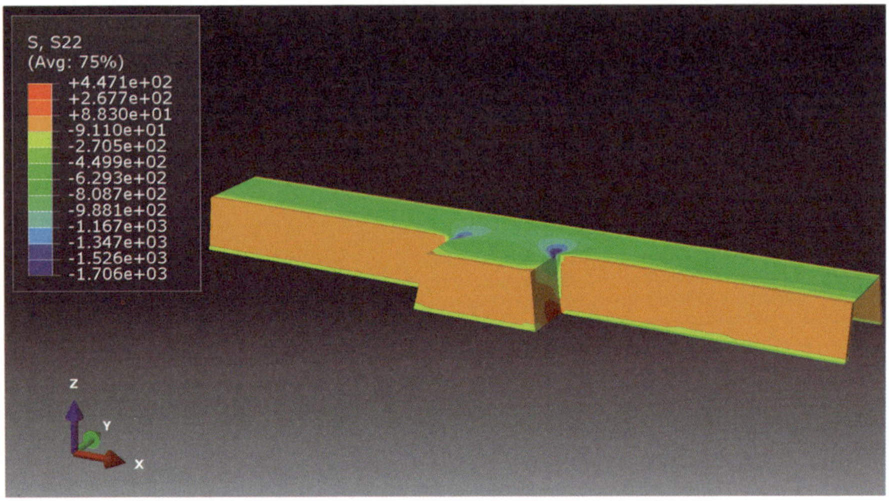

（b）*Y* 方向应力云图

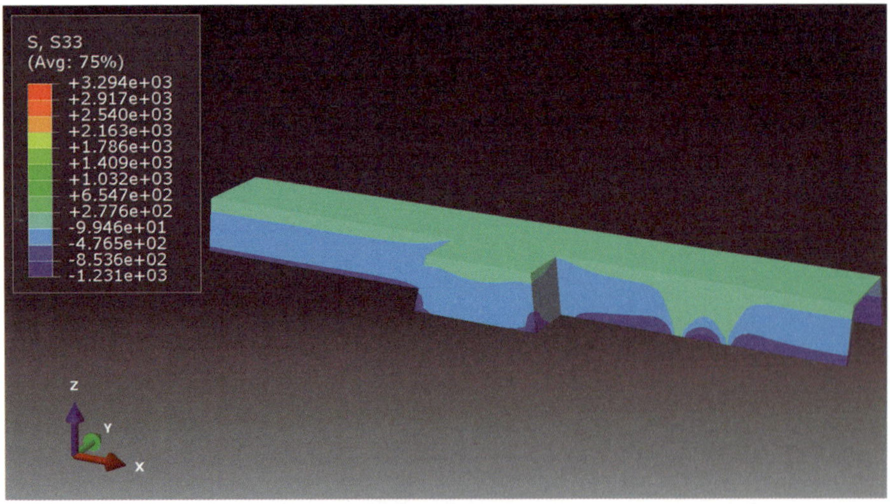

（c）*Z* 方向应力云图

图 3-24 工况 4 沉降 100mm 应力云图

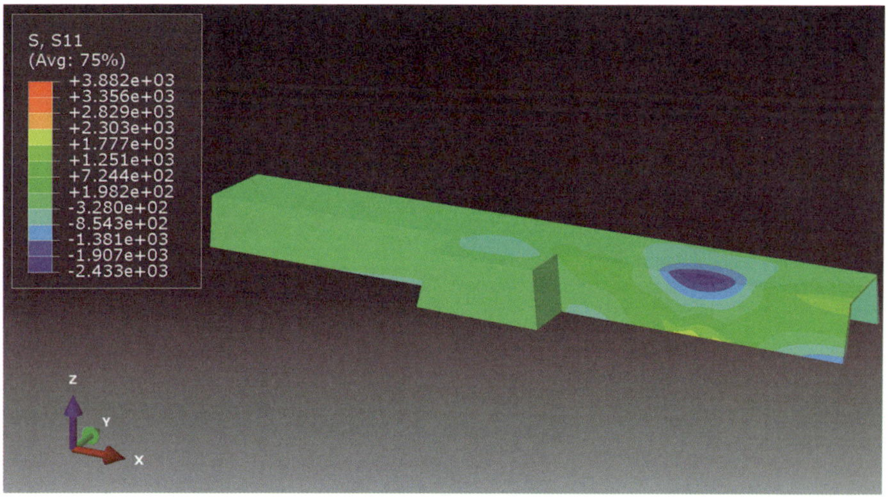

（a）*X* 方向应力云图

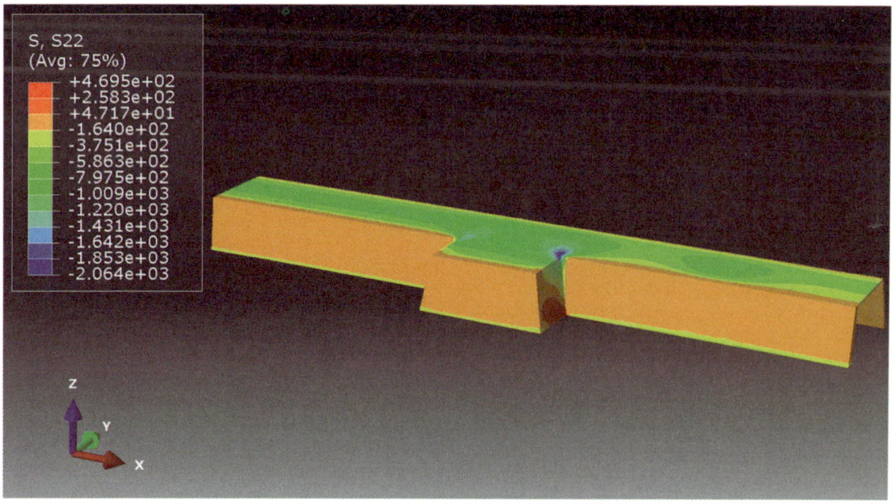

（b）*Y* 方向应力云图

图 3-25　工况 4 沉降 200mm 应力云图

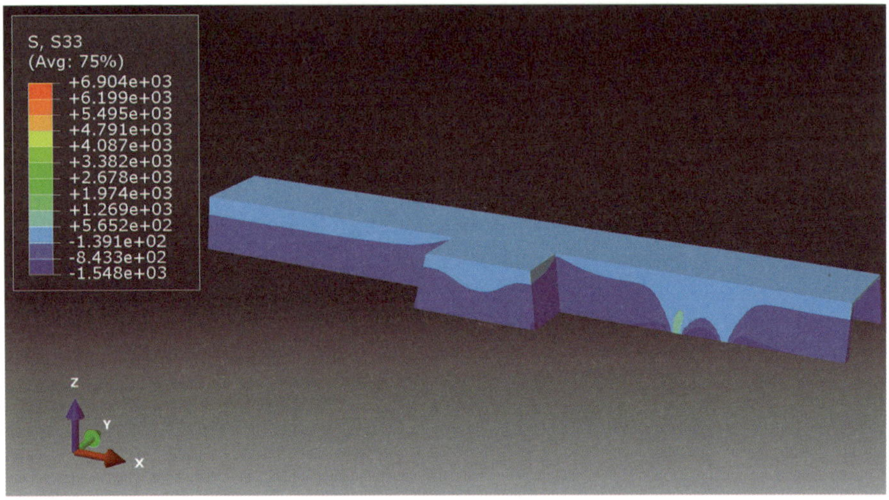

（c）*Z方向应力云图*

图 3-25　工况 4 沉降 200mm 应力云图

该工况下各测点的拉应力大小及局部倾斜对应沉降量关系如表3-9所示。

表 3-9　工况 4 沉降量与拉应力、沉降差及局部倾斜对应关系一览表

沉降量 /mm	*X*方向 / kPa			*Z*方向 / kPa	A–D	
	A点	B点	C点	D点	沉降差 /mm	局部倾斜 / rad
0	81	191	15	-334	0	0
-35	194	192	57	-131	28	0.0012
-50	242	193	76	-43	40	0.0017
-100	404	195	136	250	81	0.0034
-150	565	198	196	543	121	0.0051
-200	726	201	256	836	162	0.0067

从表3-9可以看出，在沉降量达到35mm时，城砖拉应力未达到0.2MPa，城砖处于完好状态；当沉降量达到50mm时，A点拉应力超过0.2MPa，A点处将产生裂缝；当沉降量达到100mm时，A点的拉应力超过0.4MPa，超过砖缝灰浆的抗拉强度极限；当沉降达到200mm时，A处裂缝进一步发育，此时B点和C点将产生裂缝，D点超过城砖的抗拉强度将有被拉断的可能。

综上所述，可以得到如下规律：

（1）当沉降量小于35mm时，墙体无裂缝。

（2）当沉降量在35～100mm之间时，墙体产生1处C级裂缝，1处A级裂缝，局部倾斜0.0034rad。

（3）当沉降量在100～200mm之间时，墙体产生1处D级裂缝，1处C级裂缝，2处A级裂缝，局部倾斜0.0067rad。

（4）当沉降量超过200mm时，城砖有断裂的可能，墙体发育D级裂缝。

五、外墙基础沉降（工况5）

工况5模拟马面北侧内墙基础5m范围局部小面积沉降，在外墙基础南侧分别施加-35mm、-50mm、-100mm、-150mm、-200mm的沉降量，沉降位置如图3-26所示。

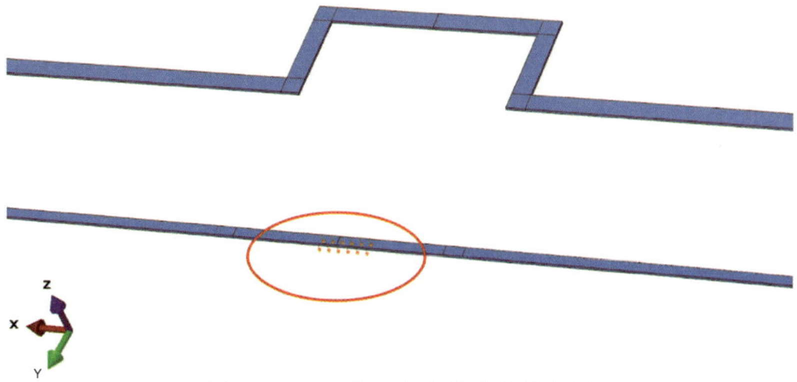

图 3-26　工况 5 内墙基础沉降位置

根据工况5沉降后的应力云图，选取该工况下拉应力较大的观测点A～E，以分析沉降过程中城砖墙体各点拉应力变化情况，并求到沉降区域的局部倾斜。监测点位如图3-27所示。应力云图见图3-28～3-30。

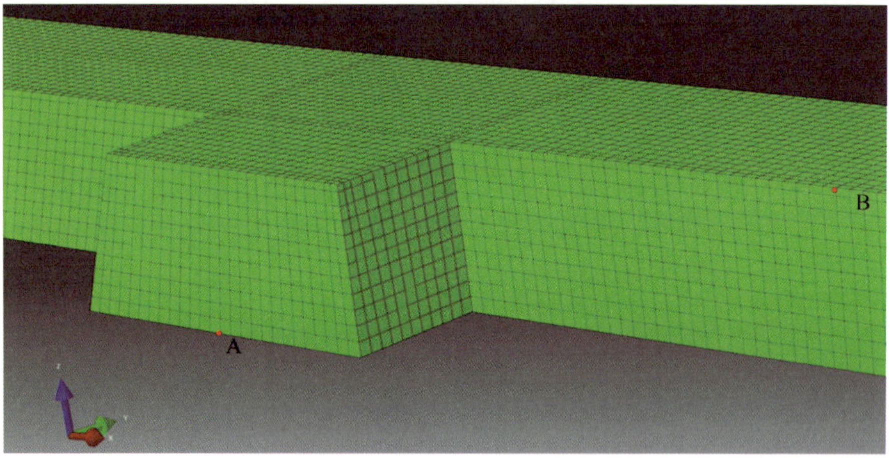

（a）

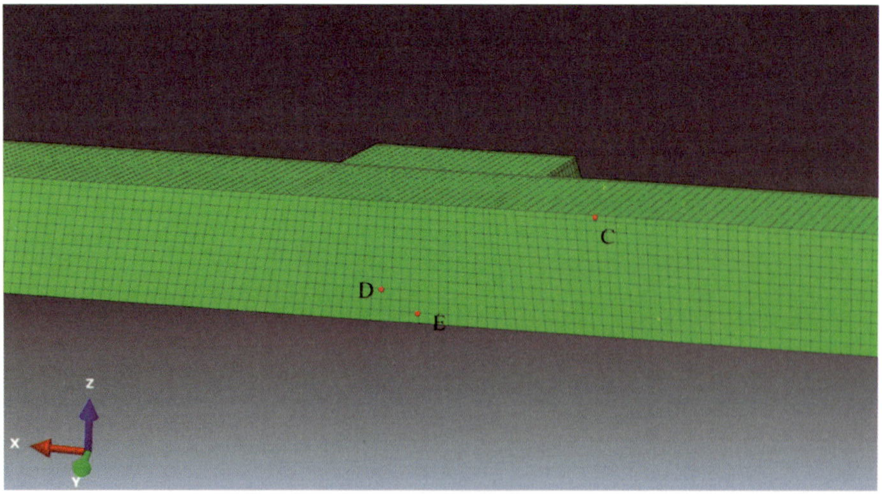

（b）

图 3-27 监测点位布置

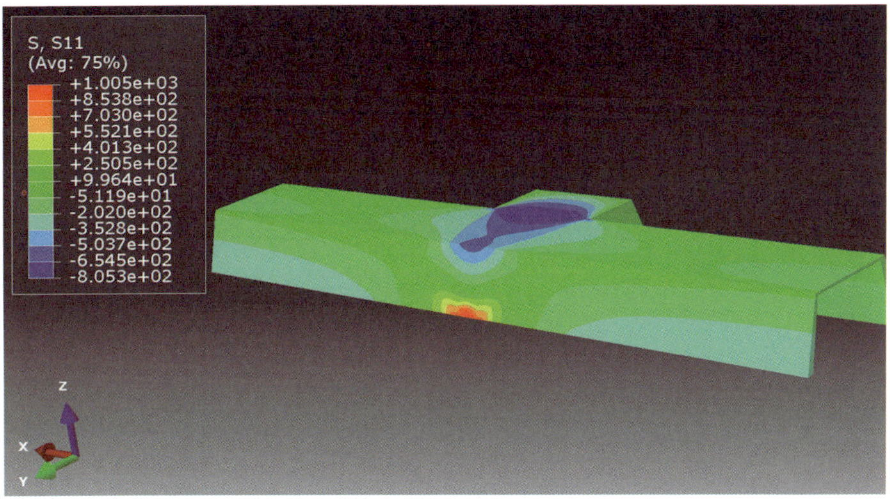

（a）*X* 方向应力云图

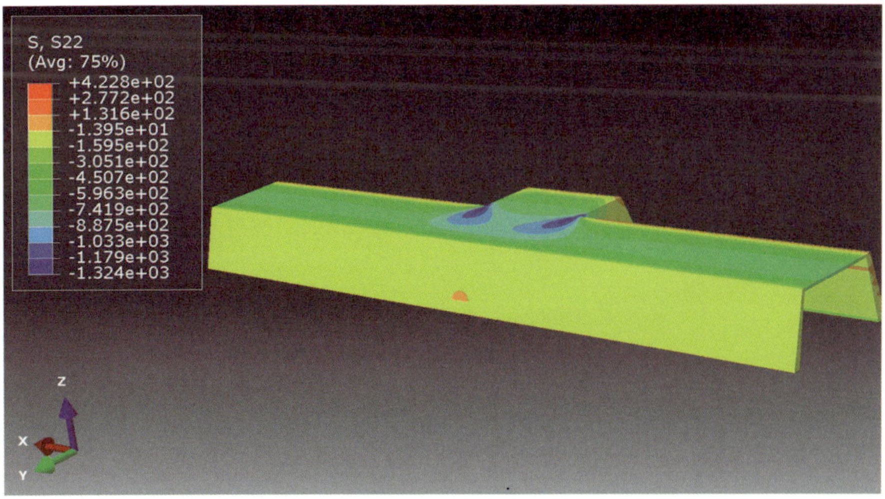

（b）*Y* 方向应力云图

图 3-28　工况 5 沉降 50mm 应力云图

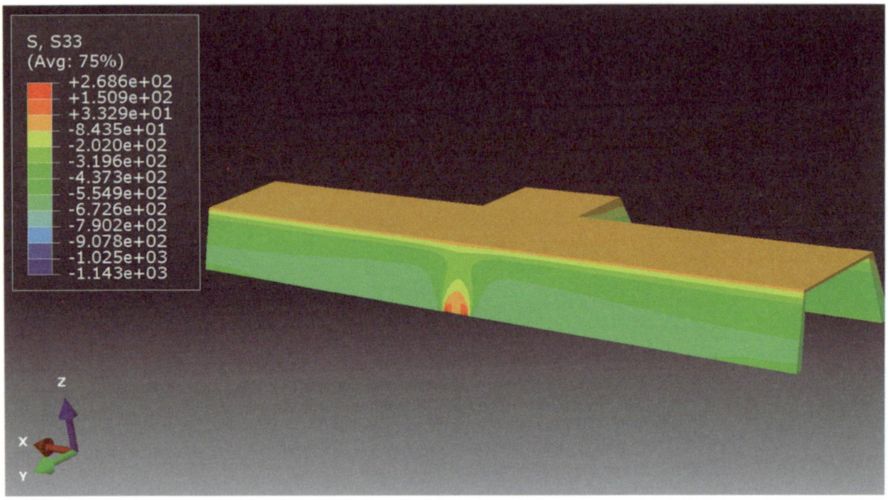

（c）*Z* 方向应力云图

图 3-28　工况 5 沉降 50mm 应力云图

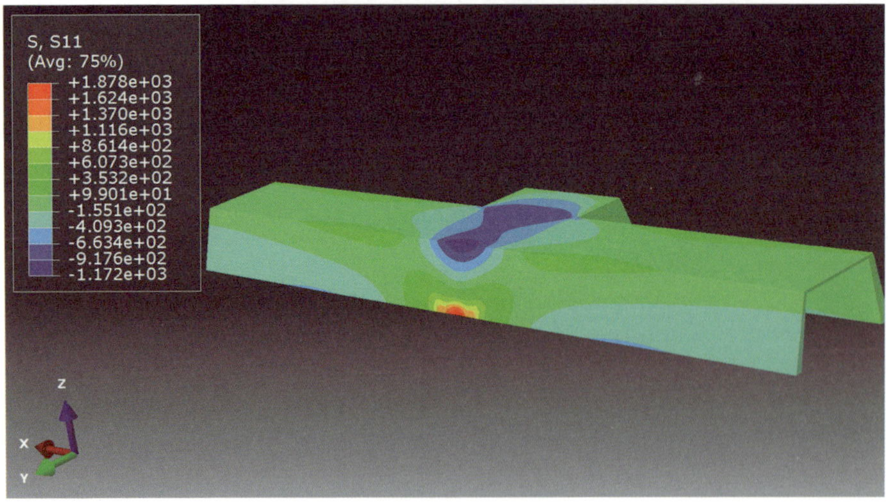

（a）*X* 方向应力云图

图 3-29　工况 5 沉降 100mm 应力云图

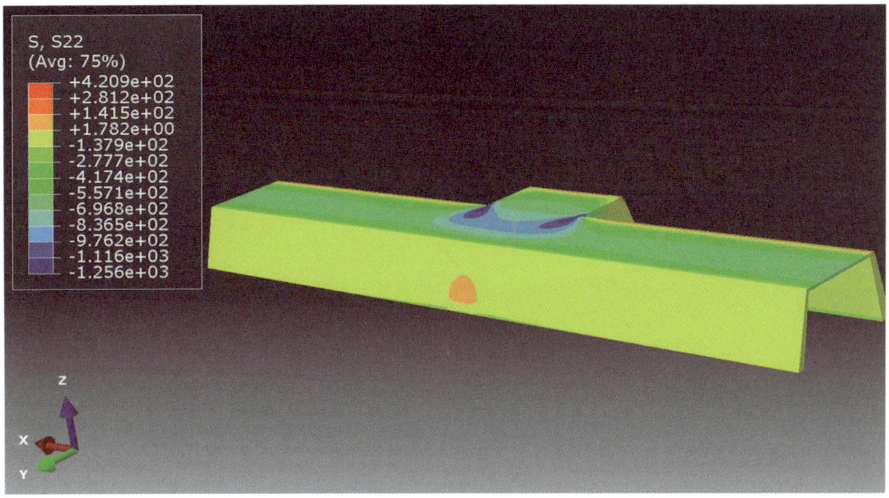

（b）*Y* 方向应力云图

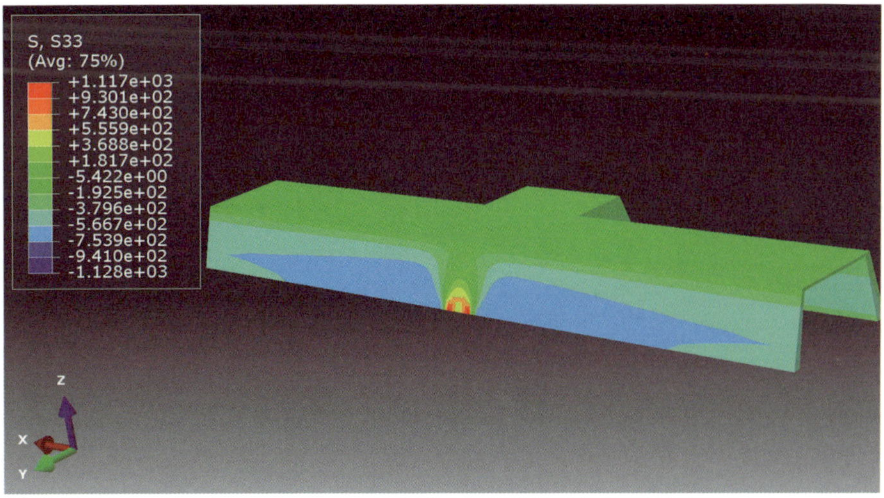

（c）*Z* 方向应力云图

图 3-29　工况 5 沉降 100mm 应力云图

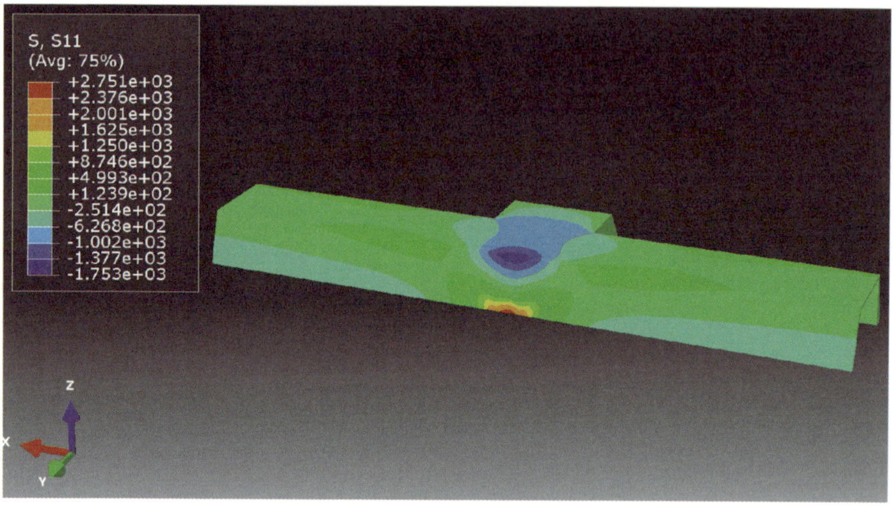

(a) *X* 方向应力云图

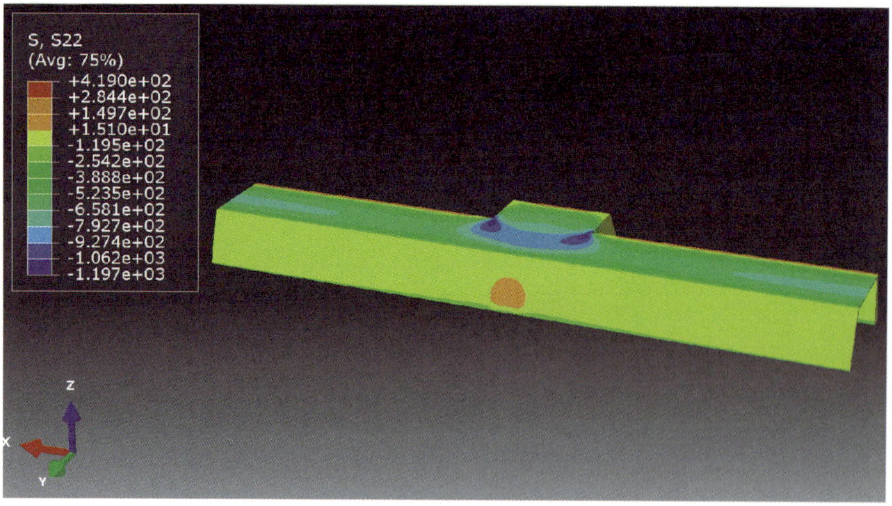

(b) *Y* 方向应力云图

图 3-30 工况 5 沉降 150mm 应力云图

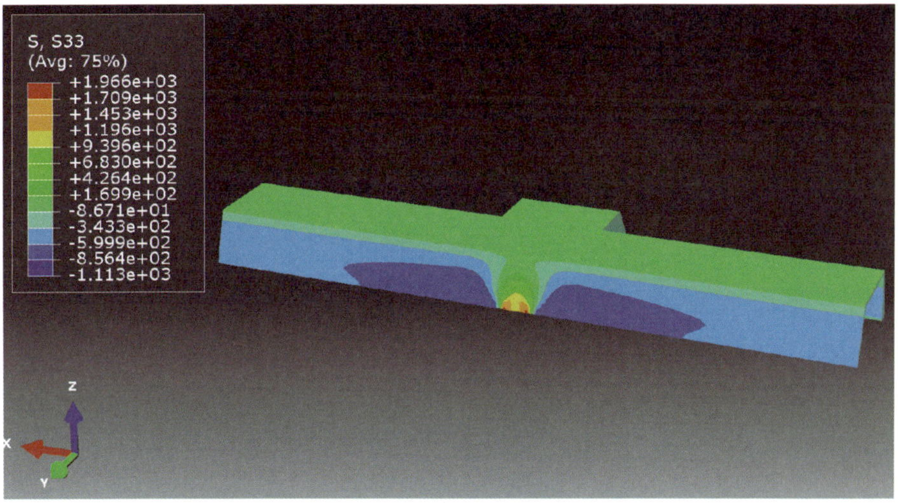

（c）Z方向应力云图

图 3-30　工况 5 沉降 150mm 应力云图

该工况下各测点的拉应力大小及局部倾斜对应沉降量关系如表3-10所示。

表 3-10　工况 5 沉降量与拉应力、沉降差及局部倾斜对应关系一览表

沉降量 /mm	X方向 / kPa			Y方向 / kPa	Z方向 / kPa	D-C	
	A点	B点	C点	D点	E点	沉降差 /mm	局部倾斜 / rad
0	166	183	-59	-46	-583	0	0
-35	186	201	41	-7	-245	28	0.0012
-50	195	208	83	-29	100	40	0.0017
-100	223	234	226	105	384	8	0.0034
-150	252	260	368	181	867	121	0.0051
-200	280	286	510	257	1351	161	0.0067

从表3-10可以看出，在沉降量达到35mm时，B点拉应力刚好达到0.2MPa，此时城砖处于完好状态；当沉降量达到50mm时，B点开始产生裂缝；当沉降量达到100mm时，A、B、C、E点均将产生拉裂缝；当沉降量达到150mm时，E点所受拉应力超过0.8MPa，城砖有拉裂可能。

综上所述，按照裂缝出现数量和砖的抗拉强度对此工况下墙体安全等进行分类如下：

（1）当沉降量小于35mm，局部倾斜为0.0012rad时，此时墙体无裂缝。

（2）当沉降量在35～100mm之间，局部倾斜为0.0034rad时，C级裂缝即将发育1处，A级裂缝3处。

（3）当沉降量在100～150mm之间，局部倾斜为0.0051rad时，D级裂缝1处，B级1处，A级2处。

（4）当沉降量超过150mm，局部倾斜为0.0067rad时，城砖有断裂的可能，墙体发育D级裂缝。

六、外墙基础沉降（工况6）

工况6模拟马面北侧内墙基础局部面积30m范围沉降，在外墙基础南侧分别施加-35mm、-50mm、-90mm、-100mm、-125mm、-150mm、-200mm的沉降量，沉降位置如图3-31所示。

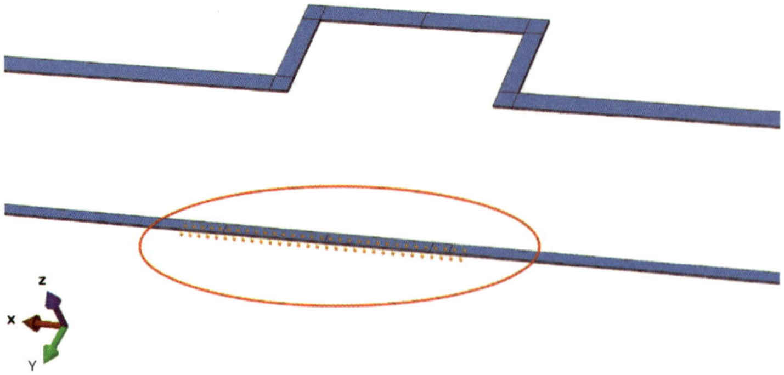

图 3-31 工况 6 内墙基础沉降位置

根据工况6沉降后的应力云图，选取该工况下拉应力较大的观测点A～D，以分析沉降过程中城砖墙体各点拉应力变化情况，并求D到C的局部倾斜。监测点位如图3-32所示。应力云图见图3-33～3-35。

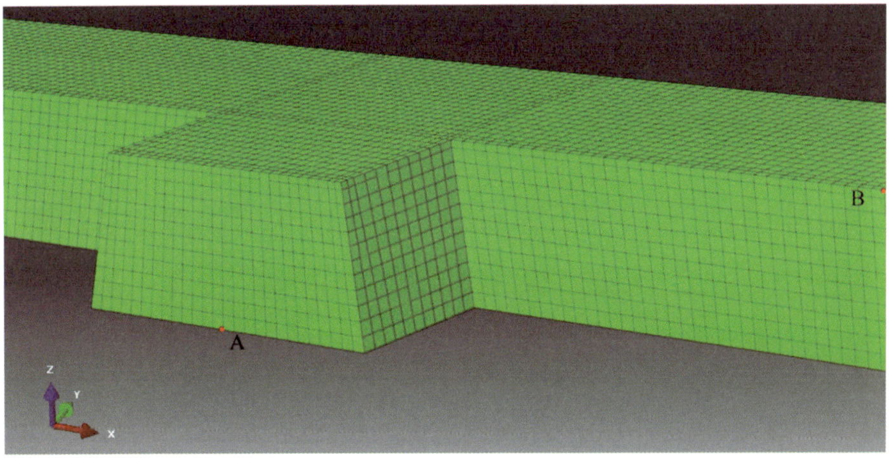

（a）

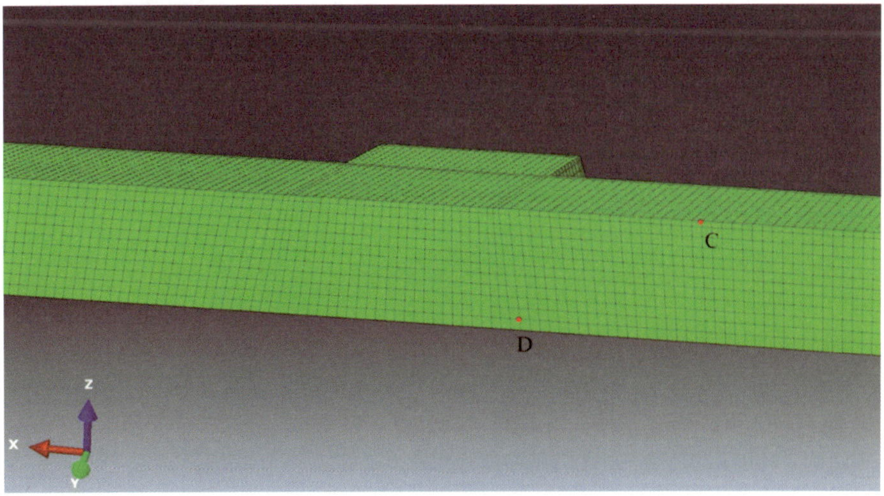

（b）

图 3-32　监测点位布置

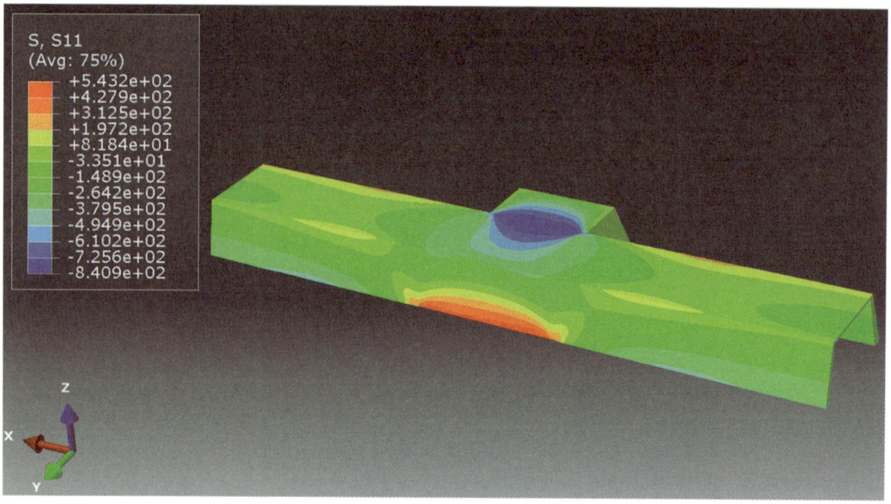

（a）*X*方向应力云图

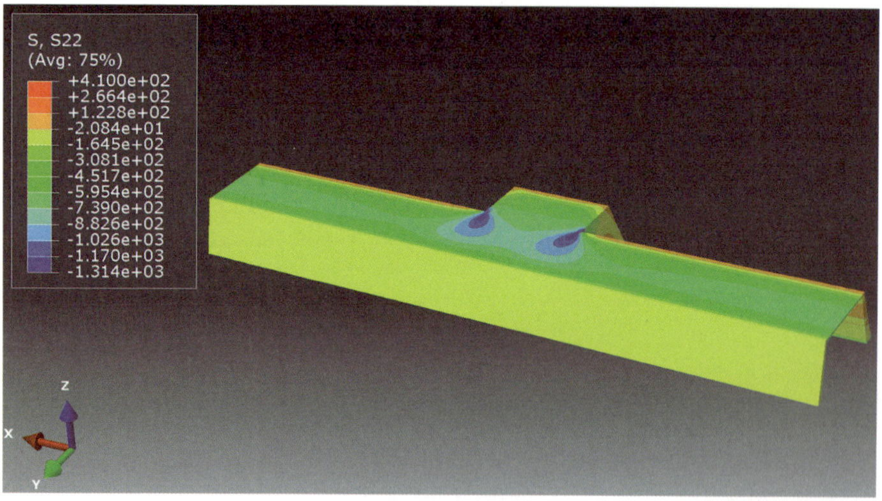

（b）*Y*方向应力云图

图 3-33 工况 6 沉降 50mm 应力云图

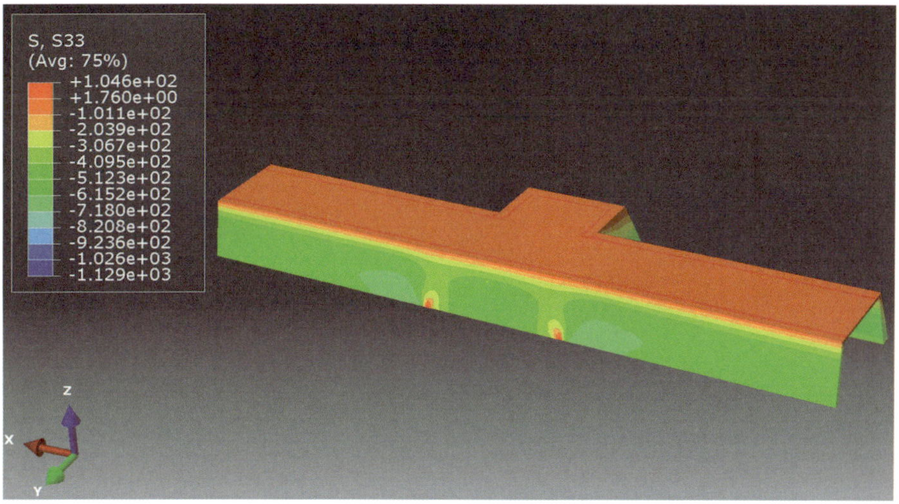

（c）Z 方向应力云图

图 3-33　工况 6 沉降 50mm 应力云图

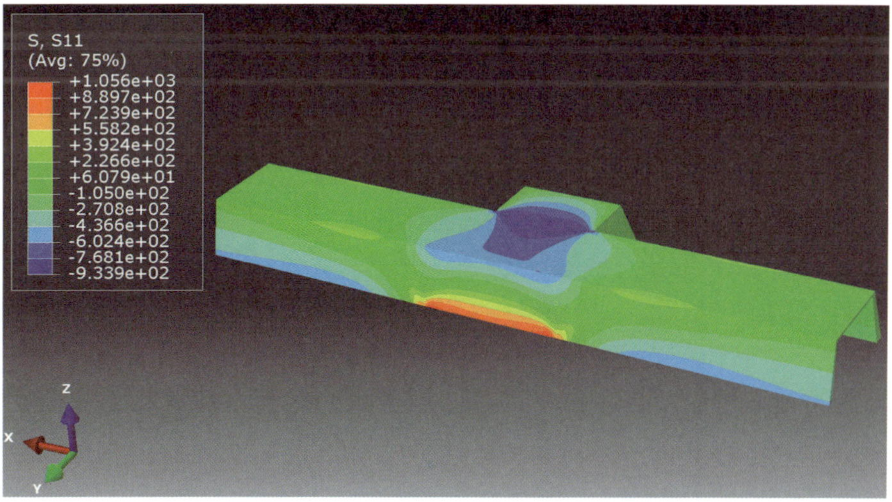

（a）X 方向应力云图

图 3-34　工况 6 沉降 100mm 应力云图

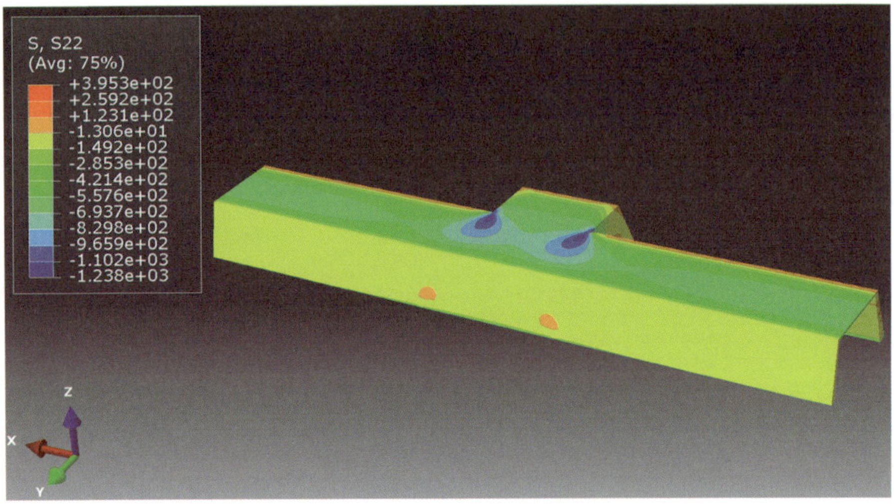

（b）*Y* 方向应力云图

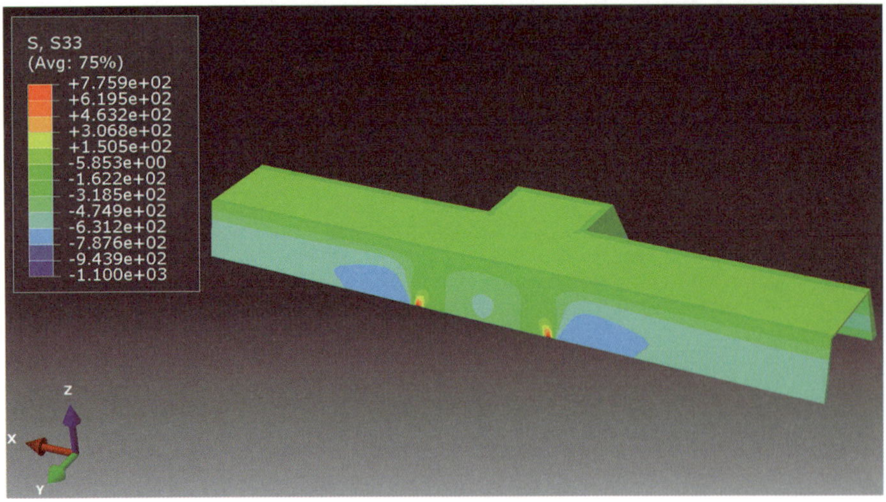

（c）*Z* 方向应力云图

图 3-34 工况 6 沉降 100mm 应力云图

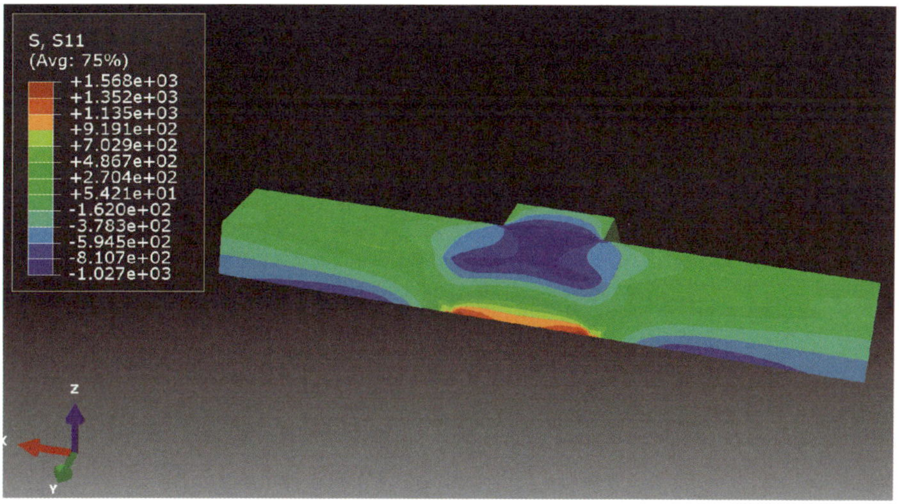

（a）*X* 方向应力云图

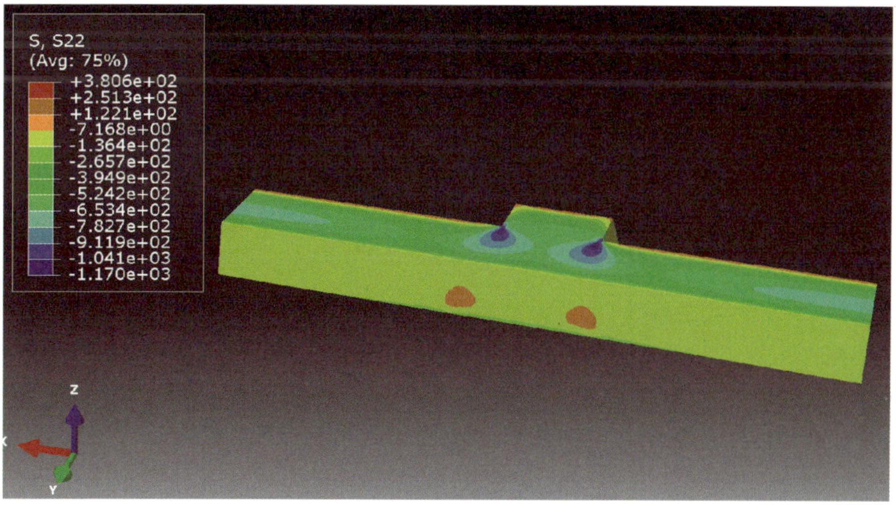

（b）*Y* 方向应力云图

图 3-35　工况 6 沉降 150mm 应力云图

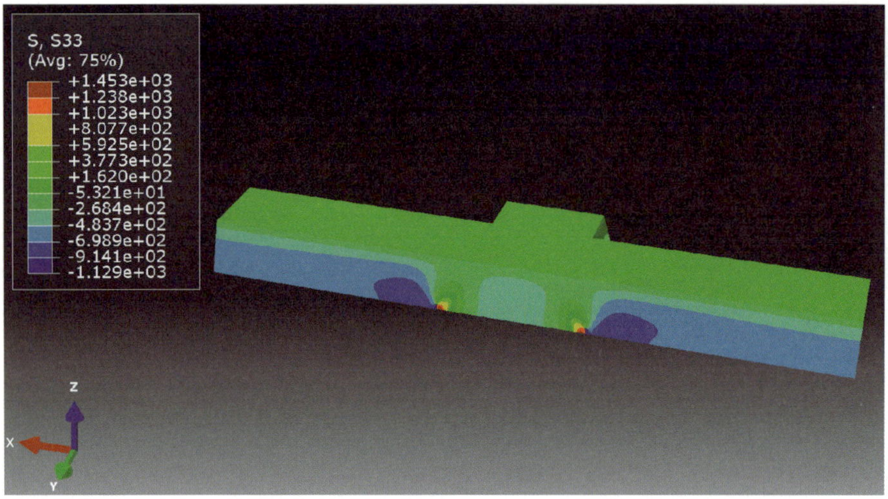

（c）*Z*方向应力云图

图 3-35 工况 6 沉降 150mm 应力云图

该工况下各测点的拉应力大小、沉降差及局部倾斜对应沉降量关系如表3-11所示。

表 3-11 工况 6 沉降量与拉应力、沉降差及局部倾斜对应关系一览表

沉降量 /mm	*X*方向 / kPa			*Z*方向 / kPa	D–C	
	A点	B点	C点	D点	沉降差 /mm	局部倾斜 / rad
0	109	155	–49	–578	0	0
–35	138	186	78	–172	26	0.0013
–50	150	199	133	3	37	0.0019
–90	183	234	280	468	67	0.0033
–100	191	243	316	584	75	0.0037

（续表）

沉降量 /mm	X方向 / kPa			Z方向 / kPa	D-C	
	A点	B点	C点	D点	沉降差 /mm	局部倾斜 / rad
-125	212	265	408	875	94	0.0046
-150	232	287	499	1166	112	0.0056
-200	345	331	682	1747	150	0.0075

从表3-11可以看出，在沉降量达到50mm时，城砖处于完整状态；当沉降量达到90mm时，B点、C点产生拉裂缝，D点超过砖缝灰浆的抗拉极限；当沉降量达到125mm时，A点开始有产生拉裂缝的趋势，F点所受拉应力将超过0.8MPa，砖体有被拉断的可能。

综上所述：

（1）当沉降量小于50mm，局部倾斜为0.0019rad时，墙体无裂缝。

（2）当沉降量在50～90mm之间，局部倾斜为0.0033rad时，墙体发育1条C级裂缝，2条A级裂缝。

（3）当沉降量在90～125mm之间，局部倾斜为0.0046rad时，墙体发育1条D级裂缝，1条C级裂缝，2条A级裂缝。

（4）当沉降量达到200mm，局部倾斜为0.0075rad时，城砖有断裂的可能，墙体发育D级裂缝。

七、城墙基础沉降分析

根据上述6个典型工况的计算，总结如下：

（1）局部沉降发生范围越大，墙体承受拉应力越大，耐受最大沉降量越小。如内墙局部沉降范围为5m，在沉降150mm时，E点拉应力超过0.8MPa；局部沉降范围为30m，沉降125mm时，D点拉应力超过0.8MPa。

（2）基础沉降在0～35mm时，有两种工况墙体拉应力局部超过0.2MPa，整体而言墙体可能发育1～2条A级裂缝，局部倾斜小于0.002rad。

（3）基础沉降在35～90mm时，各工况墙体较大拉应力处于0.2～0.4MPa，局部1处超过0.4MPa，墙体可能发育1条C级裂缝，2条B级裂缝，多条A级裂缝，此时局部倾斜在0.002～0.004rad之间。

（4）基础沉降在90～125mm时，各工况墙体较大拉应力处于0.4～0.8MPa，局部1处超过0.8MPa，墙体可能发育1条D级裂缝，若干条C级、B级、A级裂缝，局部倾斜在0.004～0.005rad之间。

（5）基础沉降量大于125mm时，墙体发育多条D级裂缝，局部倾斜大于0.005rad。

西安城墙修筑至今，各部分沉降多少无从可考，根据数值计算模拟不同沉降引起的城墙墙体变形裂缝等病害特征统计见表3-12。

表 3-12　城墙墙体基础沉降、局部倾斜与病害特征对应关系一览表

沉降量/mm	局部倾斜 / rad	墙体病害特征
＜35	＜0.002	无明显裂缝
35～90	0.002～0.004	有1条长度6～10mm，宽度5～10mm的C级裂缝，若干条B级、A级裂缝
90～125	0.004～0.005	有1条长度10～12mm，宽度大于10mm，上下贯通的D级裂缝，若干条C、B、A级裂缝
＞125	＞0.005	有两条及以上的D级裂缝

第五节 城墙海墁沉降工况计算成果（工况7～9）

海墁上影响城砖破坏的因素较多，在数值计算中只考虑海墁沉降不同量值对城墙墙体的影响极限，判断标准与城墙基础沉降相同。

一、海墁沉降（工况7）

工况7模拟海墁5m×5m范围内的等沉降，在海墁上分别施加-35mm、-50mm、-100mm、-125mm、-150mm、-200mm、-250mm、-300mm的沉降量，沉降位置如图3-36所示。

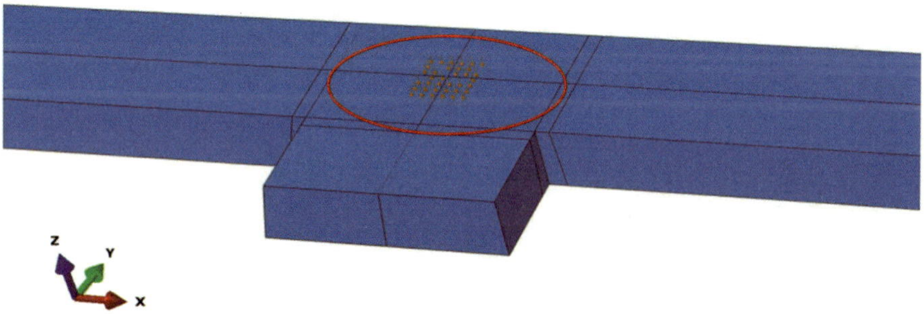

图 3-36 工况 7 海墁沉降位置

根据工况7沉降后的应力云图S11（*X*方向）、S22（*Y*方向）、S33（*Z*方向）上拉应力较大区域，选取该工况下拉应力较大的观测点A～C，以分析沉降过程中城砖墙体各点拉应力变化情况。监测点位如图3-37所示。应力云图见图3-38～3-40。

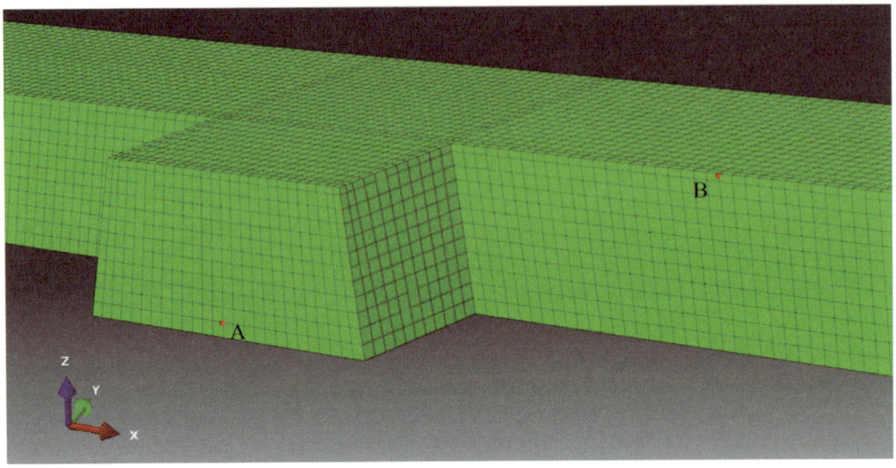

（a）

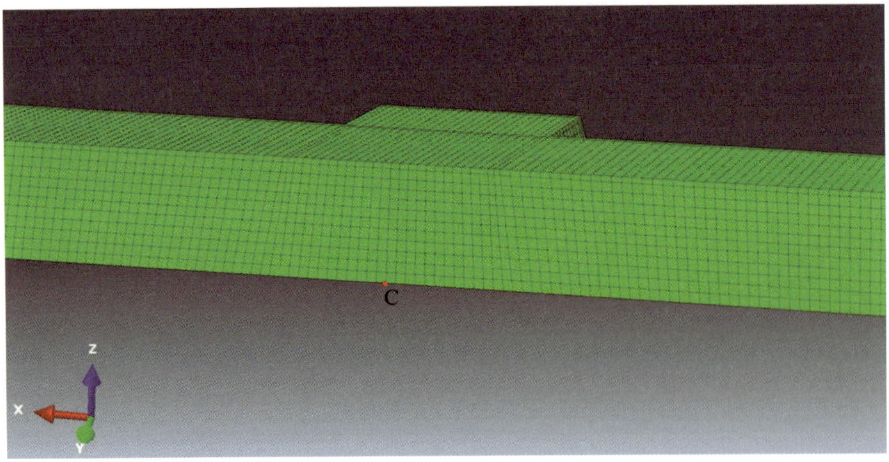

（b）

图 3-37　监测点位布置

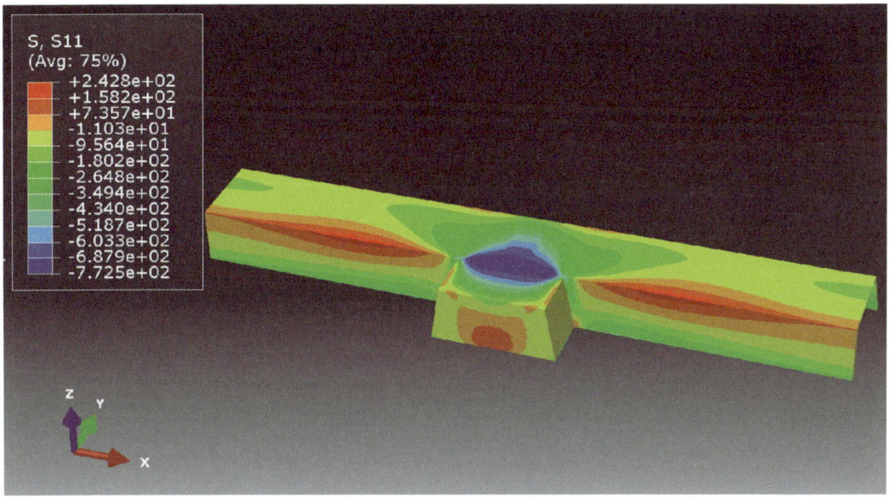

（a）X方向应力云图

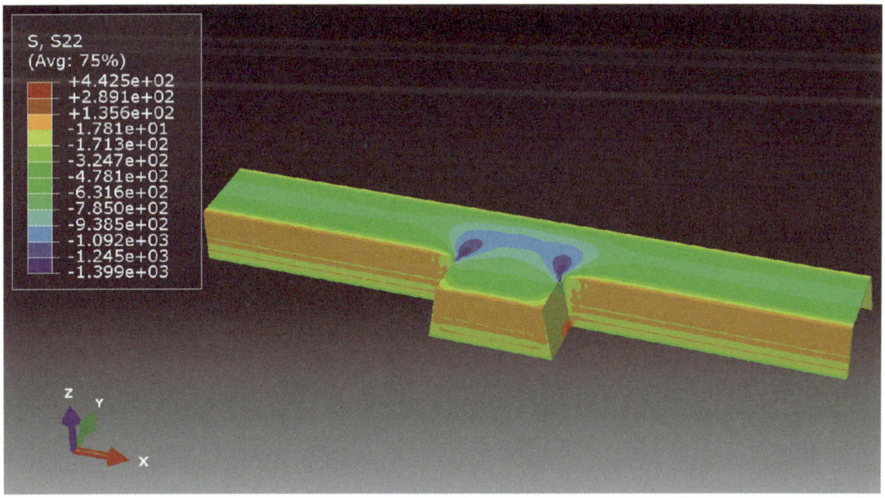

（b）Y方向应力云图

图 3-38　工况 7 沉降 50mm 应力云图

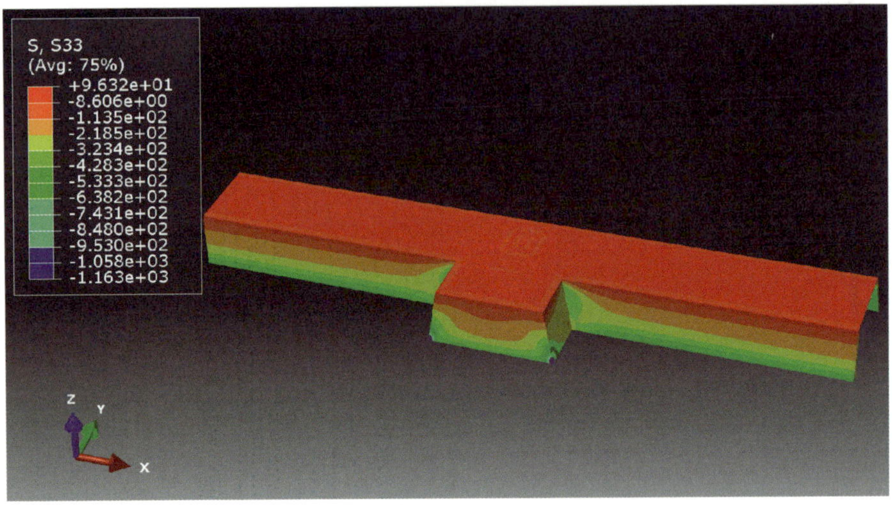

（c）*Z* 方向应力云图

图 3-38　工况 7 沉降 50mm 应力云图

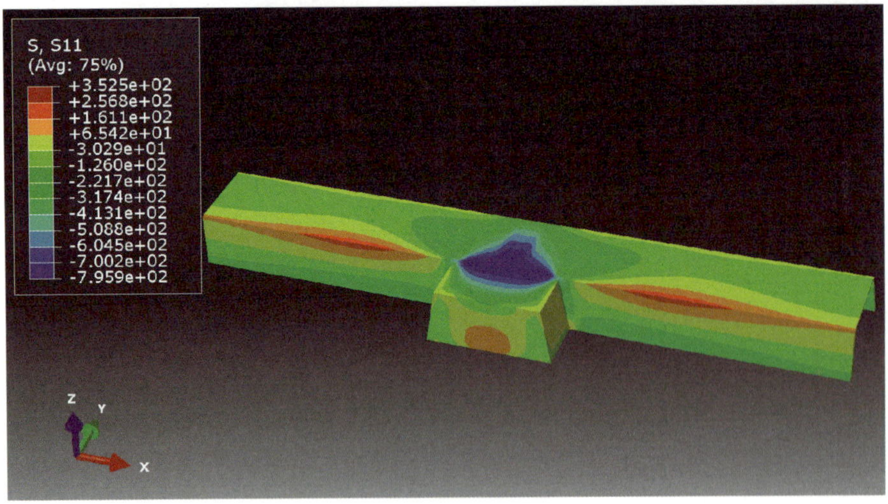

（a）*X* 方向应力云图

图 3-39　工况 7 沉降 100mm 应力云图

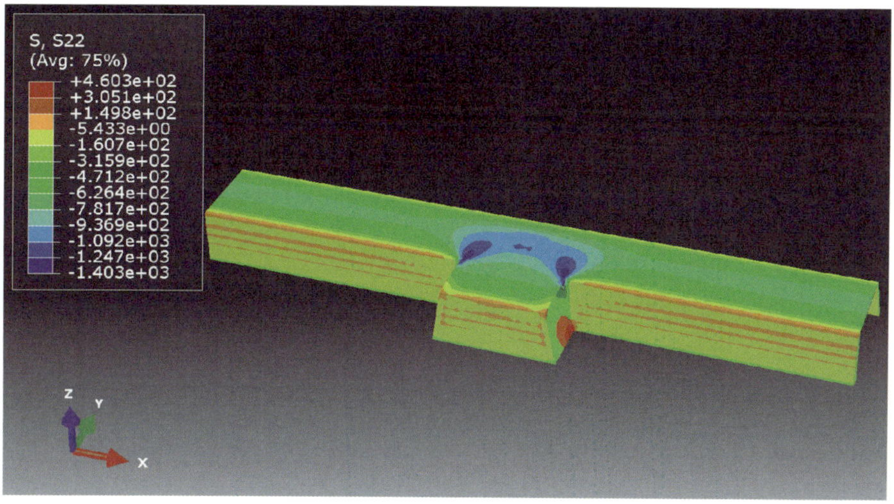

（b）*Y* 方向应力云图

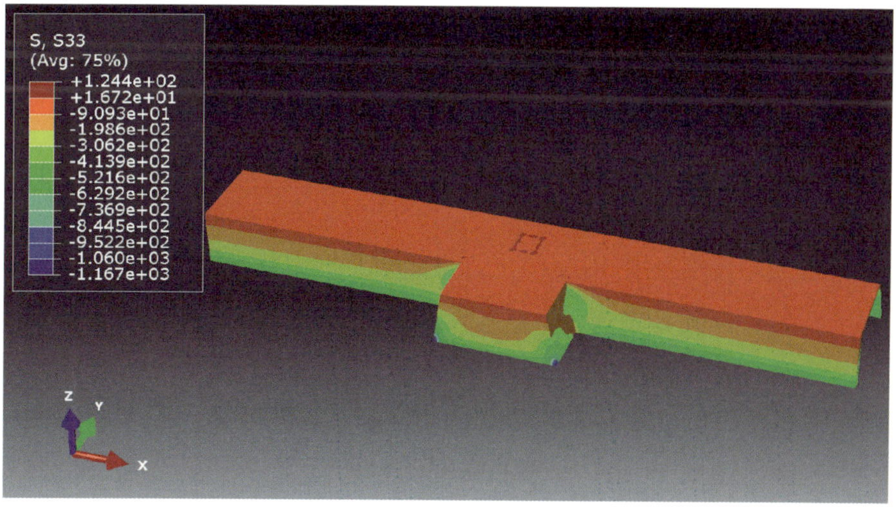

（c）*Z* 方向应力云图

图 3-39　工况 7 沉降 100mm 应力云图

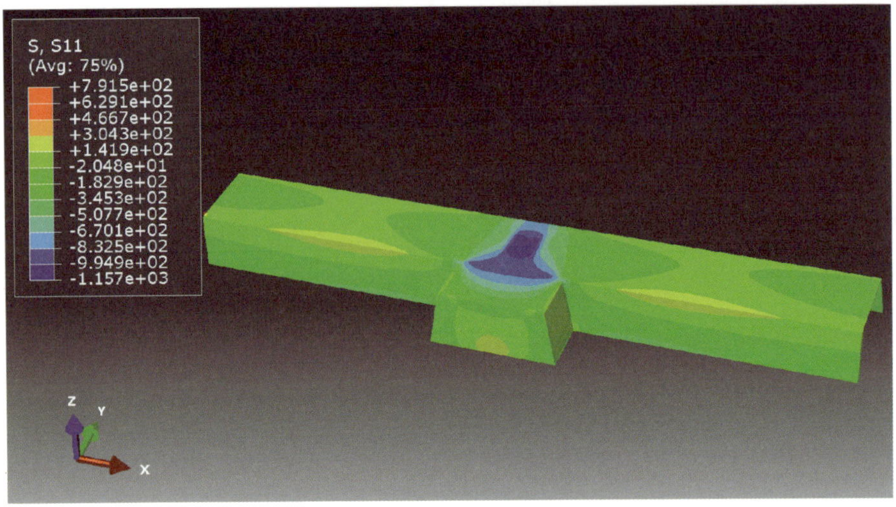

（a）*X*方向应力云图

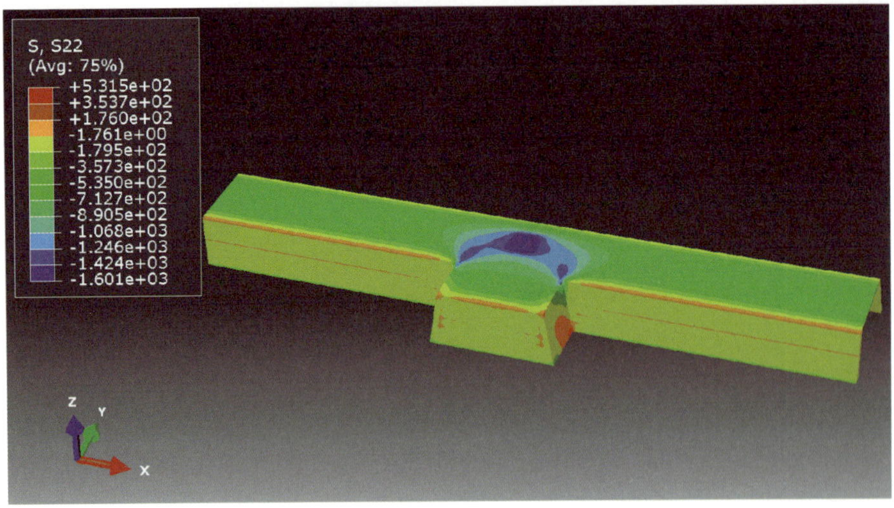

（b）*Y*方向应力云图

图 3-40　工况 7 沉降 300mm 应力云图

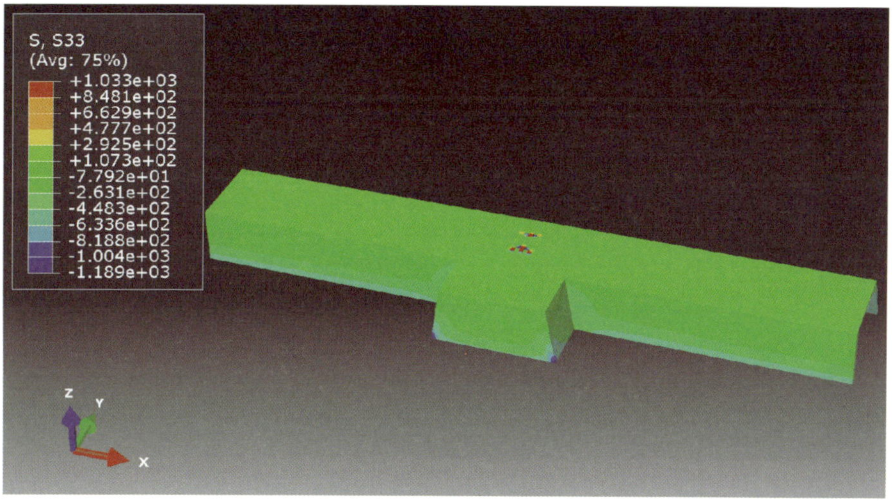

（c）Z 方向应力云图

图 3-40　工况 7 沉降 300mm 应力云图

该工况下各测点的拉应力大小对应沉降量关系如表3-13所示。

表 3-13　工况 7 沉降量与拉应力对应关系一览表

沉降量/mm	X方向 / kPa		
	A点	B点	C点
0	163	194	133
-35	171	200	210
-50	175	203	243
-100	187	211	354
-125	193	216	409

（续表）

沉降量/mm	X方向 / kPa		
	A点	B点	C点
-150	198	220	464
-200	210	228	574
-250	222	236	684
-300	234	244	795

从表3-13可以看出，在沉降量达到35mm时，此时B点和C点拉应力超过0.2MPa，城砖开始沿砖缝产生裂缝；当沉降量达到125mm时，B点和C点拉裂缝进一步扩大，C点拉应力超过0.4MPa；当沉降量达到300mm时，C点拉应力将要达到0.8MPa，此时C点处城砖可能被拉断破坏。

综上所述：

（1）当沉降量小于35mm时，墙体发育两条A级裂缝。

（2）当沉降量在35～125mm之间时，墙体有1条沿砖缝发育的A级裂缝，1条C级裂缝。

（3）当沉降量在125～300mm之间时，墙体有3处发育裂缝，其中2条为A级裂缝，1条C级裂缝，C点即将超过城砖的抗拉强度。

（4）当沉降量超过300mm时，墙体将发育1条D级裂缝，2条A级裂缝。

二、海墁沉降（工况8）

工况8模拟海墁8m×30m范围等沉降，在海墁上分别施加-35mm、

-50mm、-100mm、-150mm、-200mm、-250mm、-300mm的沉降量，沉降位置如图3-41所示。

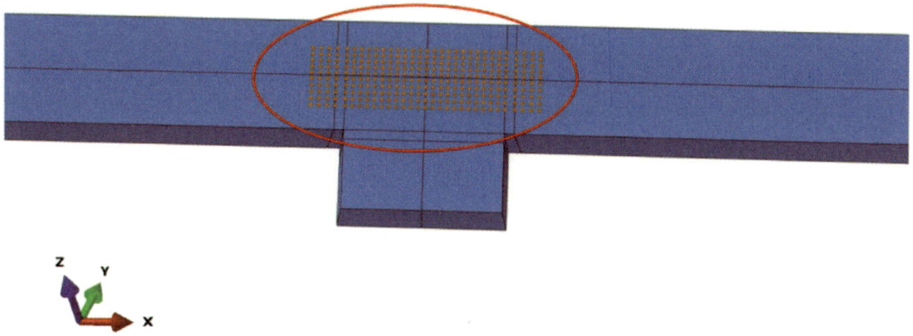

图 3-41　工况 8 海墁沉降位置

根据工况8沉降后的应力云图上S11（*X*方向）、S22（*Y*方向）、S33（*Z*方向）上拉应力较大区域，选取该工况下拉应力较大的观测点A～C，以分析沉降过程中城砖墙体各点拉应力变化情况。监测点位如图3-42所示。应力云图见图3-43～3-45。

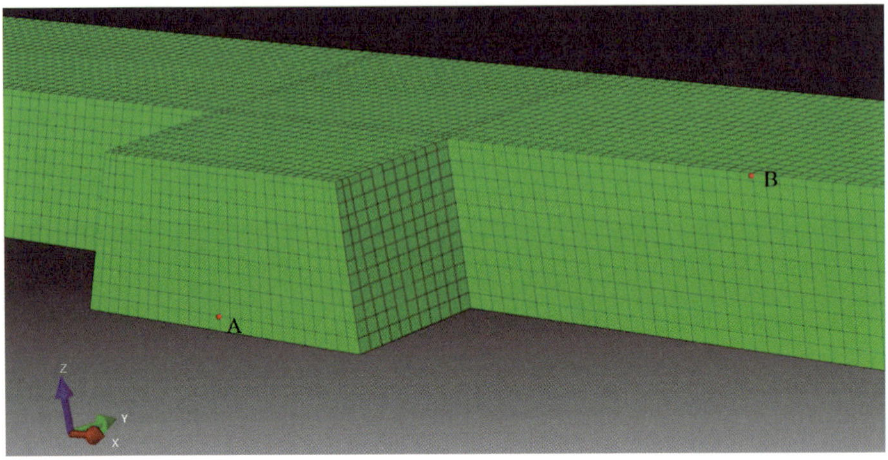

（a）

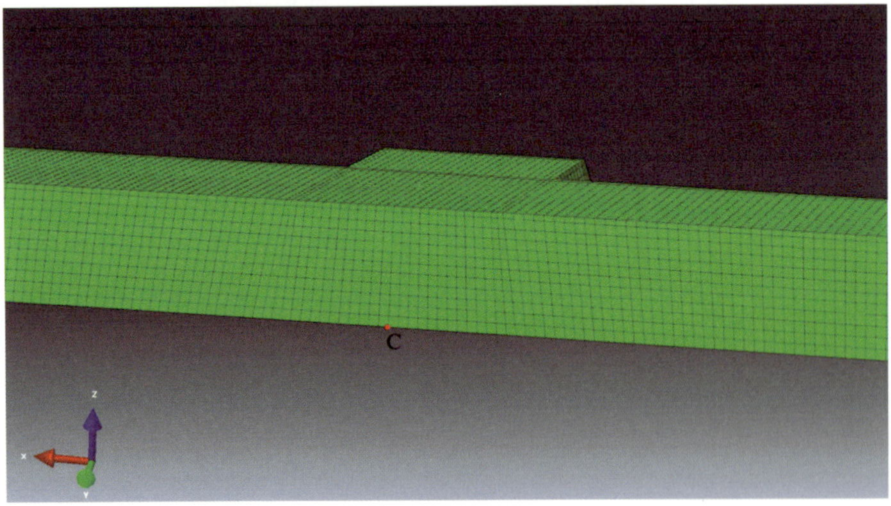

（b）

图 3-42 监测点位布置

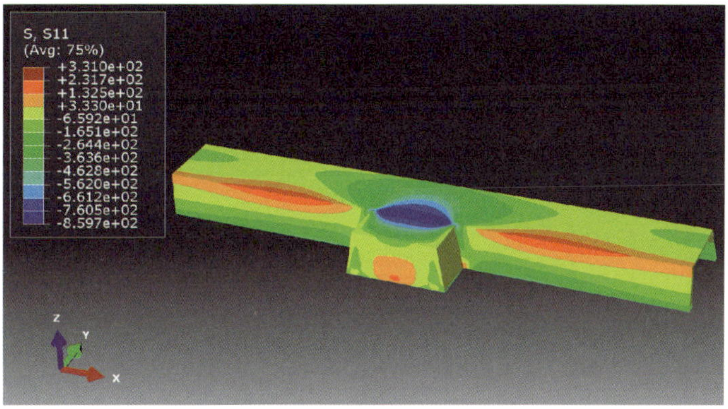

（a）*X* 方向应力云图

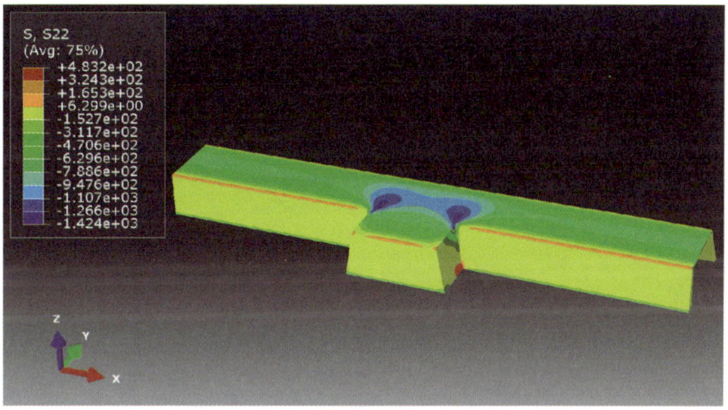

（b）*Y* 方向应力云图

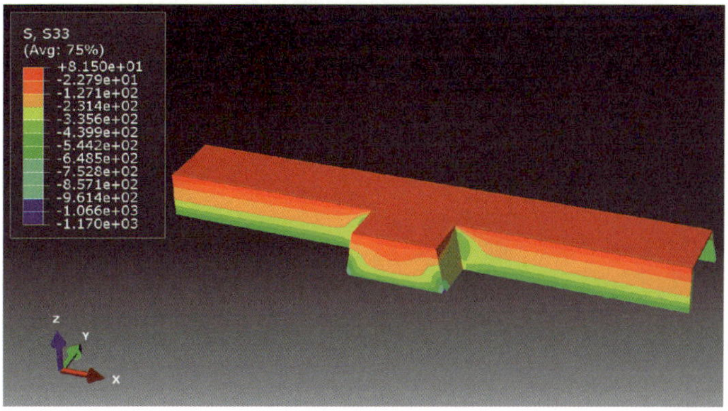

（c）*Z* 方向应力云图

图 3-43 工况 8 沉降 50mm 应力云图

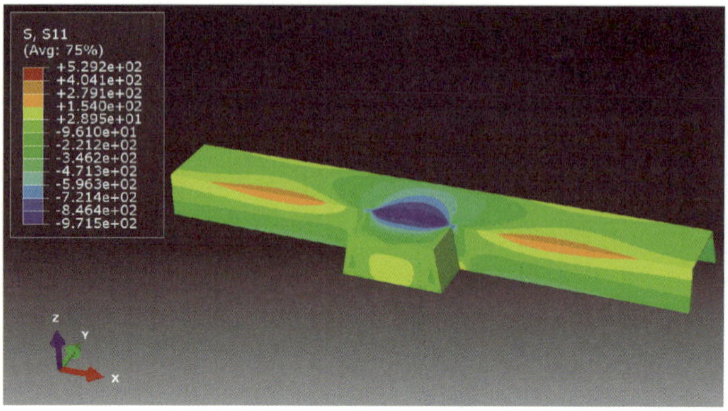

（a）*X* 方向应力云图

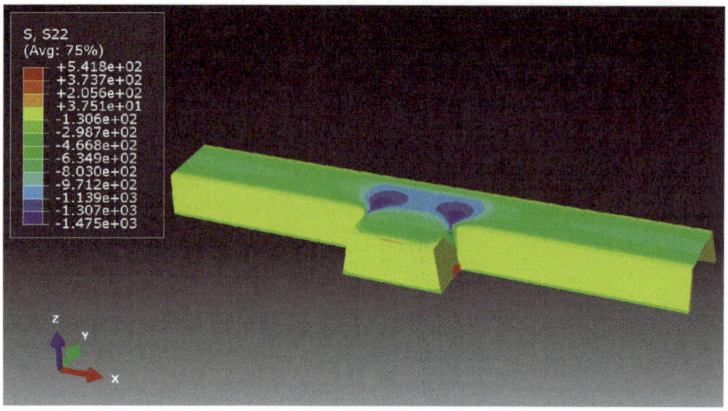

（b）*Y* 方向应力云图

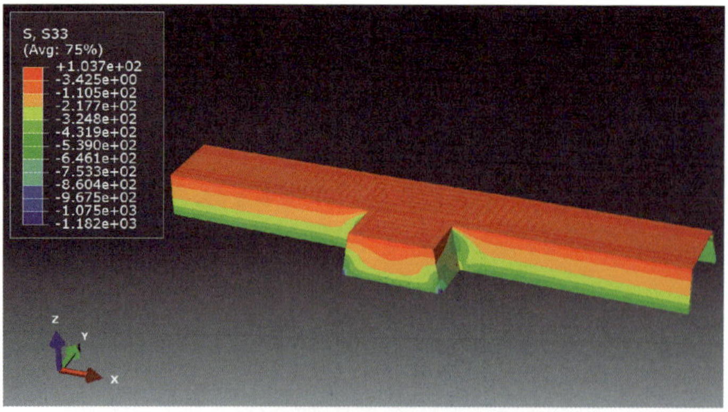

（c）*Z* 方向应力云图

图 3-44 工况 8 沉降 100mm 应力云图

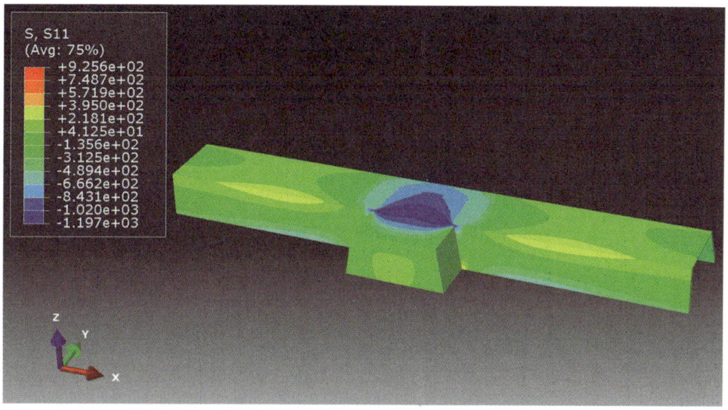

（a）*X* 方向应力云图

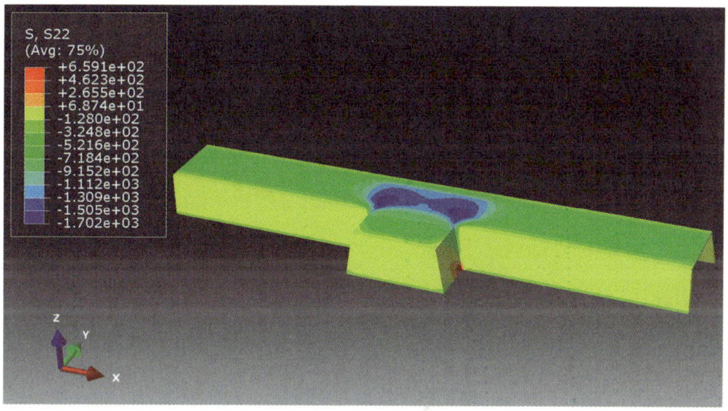

（b）*Y* 方向应力云图

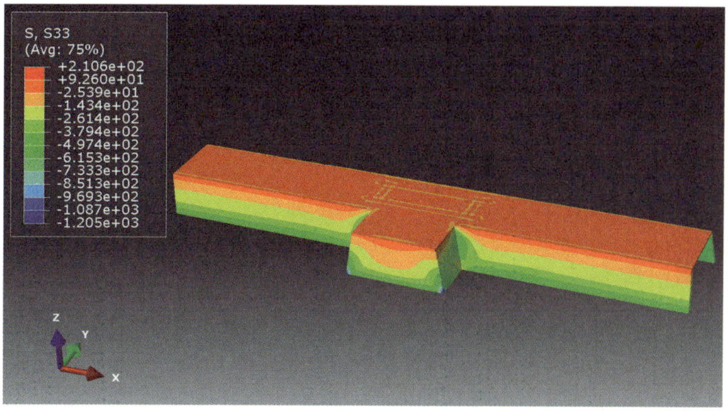

（c）*Z* 方向应力云图

图 3-45　工况 8 沉降 200mm 应力云图

表 3-14 沉降量与拉应力对应关系一览表

沉降量/mm	X方向 / kPa		
	A点	B点	C点
0	163	189	117
-35	169	232	228
-50	171	274	275
-100	179	317	433
-150	187	360	592
-200	196	402	750
-250	204	445	908
-300	212	488	1066

该工况下各测点的拉应力大小如表3-14所示。从表3-14可以看出，在沉降量达到35mm时，此时B点和C点拉应力超过0.2MPa，城砖开始沿砖缝产生裂缝；当沉降量达到100mm时，B点和C点拉裂缝进一步扩大，C点拉应力超过0.4MPa；当沉降量达到200mm时，C点拉应力将要达到0.8MPa，此时C点处城砖可能被拉断破坏。

综上所述：

（1）当沉降量小于35mm时，墙体发育2条A级裂缝。

（2）当沉降量在35～100mm之间时，墙体有1处沿砖缝发育的B级裂缝，1条C级裂缝。

（3）当沉降量在100～200mm之间时，墙体有2处发育的C级裂缝，C点即将超过城砖的抗拉强度。

（4）当沉降量超过200mm时，墙体发育1条D级裂缝，1条C级裂缝，1条A级裂缝。

三、海墁沉降（工况9）

工况9模拟马面海墁13m×60m范围内等沉降，在海墁上分别施加-35mm、-50mm、-100mm、-150mm、-160mm、-200mm的沉降量，沉降位置如图3-46所示。

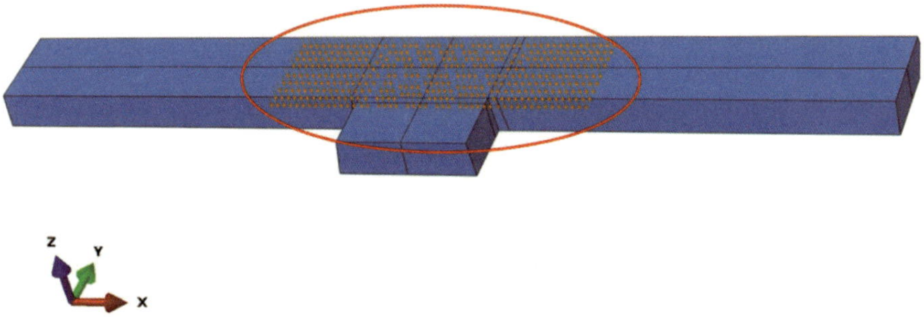

图 3-46　工况 9 海墁沉降位置

根据工况9沉降后应力云图上S11（*X*方向）、S22（*Y*方向）、S33（*Z*方向）上拉应力较大区域，选取该工况下拉应力较大的观测点A～D，以分析沉降过程中城砖墙体各点拉应力变化情况。监测点位如图3-47所示。应力云图见图3-48～3-50。

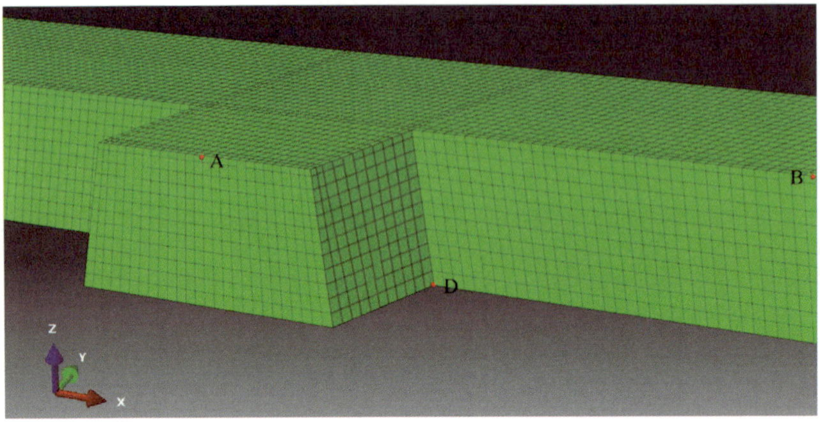

（a）

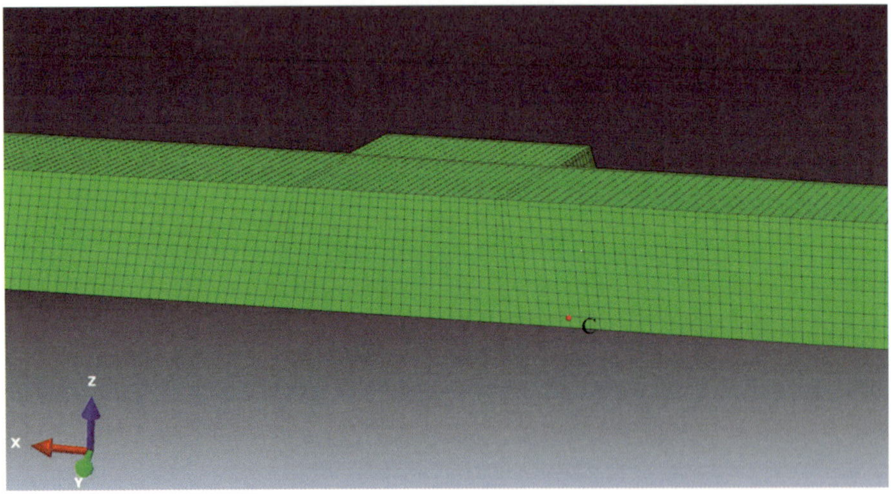

（b）

图 3-47 监测点位布置

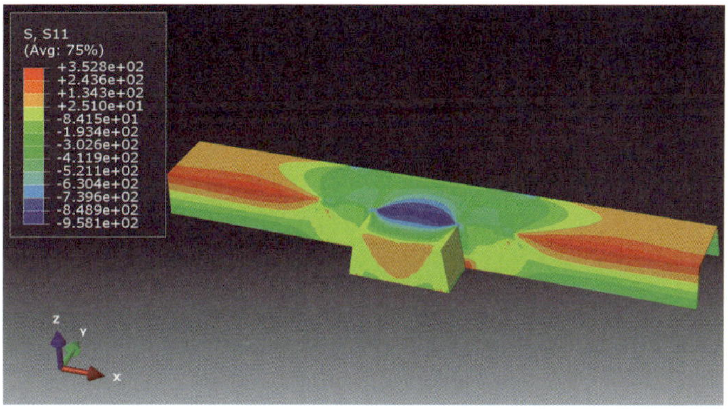

（a）*X* 方向应力云图

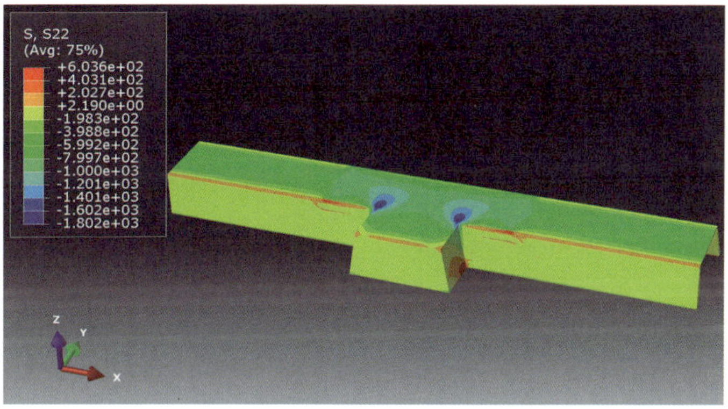

（b）*Y* 方向应力云图

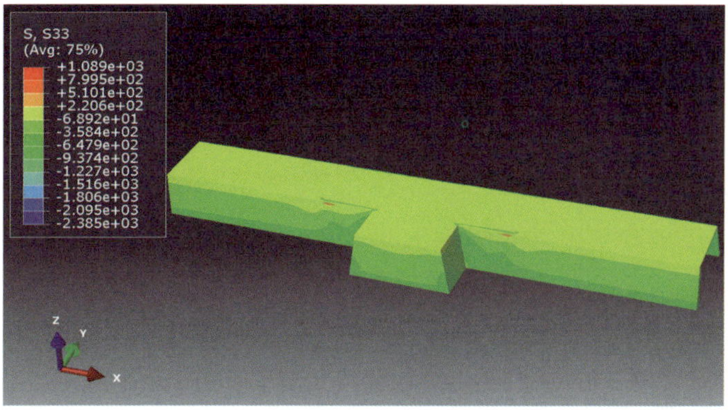

（c）*Z* 方向应力云图

图 3-48　工况 9 沉降 50mm 应力云图

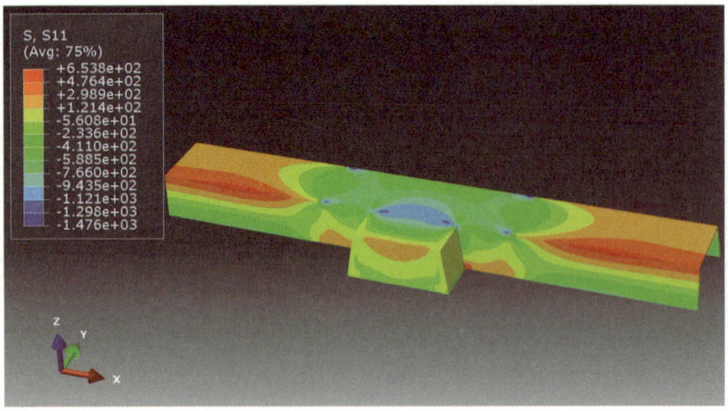

（a）X 方向应力云图

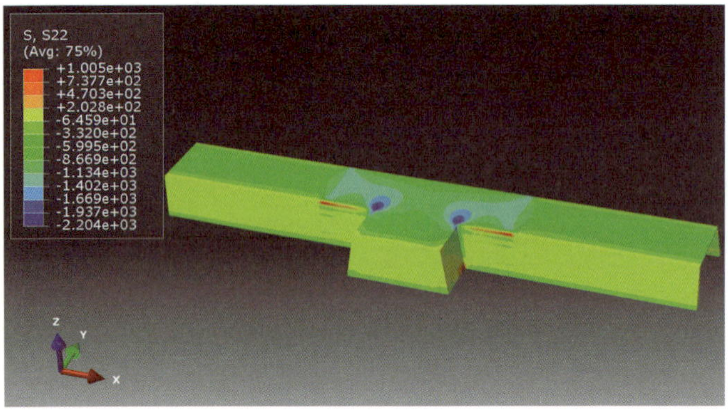

（b）Y 方向应力云图

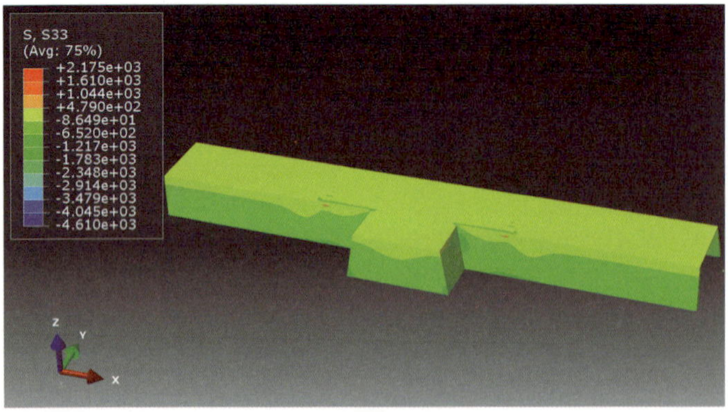

（c）Z 方向应力云图

图 3-49　工况 9 沉降 100mm 应力云图

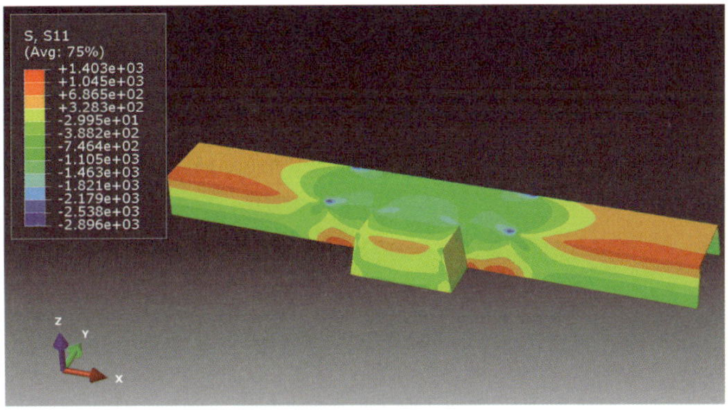

（a）*X* 方向应力云图

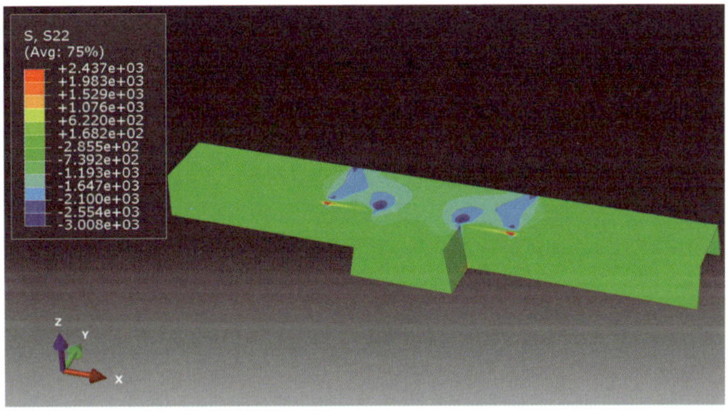

（b）*Y* 方向应力云图

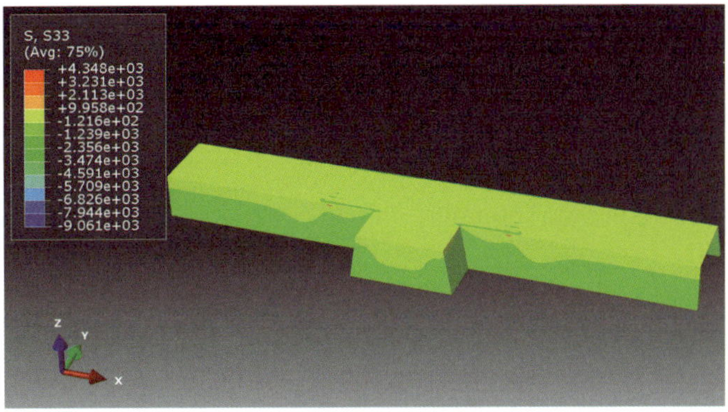

（c）*Z* 方向应力云图

图 3-50　工况 9 沉降 200mm 应力云图

该工况下各测点的拉应力大小对应沉降量关系如表3-15所示。

表 3-15　工况 9 沉降量与拉应力对应关系一览表

沉降量/mm	X方向 / kPa			
	A点	B点	C点	D点
0	-139	114	-27	152
-35	-26	263	155	290
-50	22	326	233	350
-100	183	539	492	548
-150	345	751	751	747
-160	377	794	803	787
-200	506	964	1011	945

从表3-15可以看出，在沉降量达到35mm时，此时B点和D点拉应力超过0.2MPa，城砖开始沿砖缝产生裂缝；当沉降量达到100mm时，B点和D点拉裂缝进一步扩大，C点产生裂缝，B点、C点、D点拉应力超过0.4MPa；当沉降量达到160mm时，C点拉应力达到0.8MPa，此时C点处城砖可能被拉断破坏。

综上所述：

（1）当沉降量小于35mm时，墙体发育2条A级裂缝。

（2）当沉降量在35～100mm之间时，墙体有3处沿砖缝发育的C级裂缝。

（3）当沉降量在100～160mm之间时，墙体有4处发育裂缝，其中1条为B级裂缝，2条C级裂缝，1条D级裂缝。

（4）当沉降量超过200mm时，墙体发育3条D级裂缝，1条C级裂缝。

四、城墙海墁沉降分析

根据上述3个海墁沉降典型工况的计算，总结如下：

（1）海墁局部沉降发生范围越大，墙体承受拉应力越大，耐受最大沉降量越小。如工况7沉降范围为5m×5m，在沉降300mm时，C点拉应力几乎达到0.8MPa；局部沉降范围为13m×60m，沉降160mm时，C点拉应力超过0.8MPa。

（2）基础沉降在0～35mm时，三种工况墙体拉应力局部超过0.2MPa，整体而言墙体可能发育1～2条A级裂缝。

（3）基础沉降在35～100mm时，各工况墙体较大拉应力处于0.2～0.4MPa，局部点超过0.4MPa，墙体可能发育1～2条C级裂缝。

（4）基础沉降在100～160mm时，墙体较大拉应力处于0.4～0.8MPa，局部1处超过0.8MPa，墙体可能发育1条D级裂缝，若干条C级、B级、A级裂缝。

（5）基础沉降量大于160mm时，墙体发育多条D级裂缝。

西安城墙修筑至今，各部分沉降多少无从可考，根据数值计算模拟海墁不同沉降引起的城墙墙体变形裂缝等病害特征归纳于表3-16。

表 3-16 城墙海墁沉降变形与病害特征对应关系一览表

沉降量/mm	海墁病害特征
<35	1～2条A级细裂缝，无明显裂缝
35～100	1～2条C级裂缝，局部发育沿砖裂缝
100～160	1条D级裂缝，局部砖已断裂，若干条C、B、A级裂缝
>160	2条及以上D级裂缝

第四章

四色分级预警阈值确定

第一节　不同方法下的变形值

西安城墙作为砖表土芯的特殊结构体，自隋唐皇城到洪武扩建至现状形式，历经自然灾害、人类不利活动（挖洞、战争等），病害严重，其已产生多少不均匀变形也无从得知，如何判断其在现状情况下还能耐受多少不均匀变形，是非常困难的课题。

难点一：城墙历史上变形未知；

难点二：城墙13.74km墙体保存现状不一。

为此，在调研了国内外类似结构的建构筑物允许变形标准的基础上，分析总结历年来沉降变形监测资料，建立三维数值模型仿真分析城墙各病害工况应力应变规律，对城墙现有裂缝局部倾斜实地测量，综合分析提出分级预警阈值。

一、现行国内外规范

现将国内外有关砖砌体结构的规范总结如下：

1. 有关建筑物地基容许变形值的规定

我国规定地基容许变形值的规范主要有《建筑地基基础设计规范》（GB50007-2011）。该规范规定：对于砌体承重结构应由局部倾斜值控制，建筑物的地基容许变形值，按表4-1采用，对表中未包括的建筑物，其地基容许变形值应根据上部结构对地基变形的适应能力和使用上的要求确定。

表 4-1　建筑物地基容许变形值一览表

变形特征	地基土类型	
	中、低压缩性土	高压缩性土
砌体承重结构基础的局部倾斜	0.002	0.003

注：局部倾斜应取砖混承重结构沿纵墙6～10m内基础两点的变形量之差与其距离的比值。

不同地区地方规范有差异。上海市《地基基础设计规范》（DGJ08-11-1999）规定，建筑物地基容许变形值应根据建筑结构和基础类型及使用要求，按表4-2、4-3采用。天津市《岩土工程技术规范》（DB29-20-2000）规定，建筑物地基容许变形值应根据建筑结构和基础类型及使用要求，按表4-4采用。湖北省地方标准按表4-5采用。

表 4-2　上海地区建筑物地基容许变形值一览表

建筑结构和基础类型	容许变形值	
	基础中心计算沉降量 /mm	倾斜/rad
砖混结构	150～200	0.004

表 4-3　上海地区建筑物地基容许变形值一览表

建筑结构	砖承重结构	
地基基础类型	天然地基条形基础	
建筑物长高比	3	5
沉降量/mm	200～400	100～200
倾斜或局部倾斜/rad	0.007～0.003（相对弯曲0.0003～0.008）	
实测建筑物说明	6层及6层以下房屋，一般有圈梁	

表 4-4 天津地区建筑物地基容许变形值一览表

建筑物长高比	沉降值 /mm	倾斜 /rad
≤2	240	
3	200	0.003
4	160	

表 4-5 湖北地区建筑物地基容许变形值一览表

变形特征	地基土类型	
	中、低压缩性土	高压缩性土
砌体承重结构基础的局部倾斜 /rad	0.001	0.0015

2. 膨胀土地区建筑技术规范（GBJ 112-87）

由于盾构施工中会有地面隆起现象，可参考膨胀土地区相关规范（GBJ 112-87）的3.2.10条，对于膨胀地区地基变形量取值应符合表4-6要求。

表 4-6 建筑物地基容许变形值一览表

结构类型	相对变形		沉降值 /mm
	类型	数值	
砖混结构	局部倾斜 /rad	0.001	15

3. 加拿大《岩土工程手册》容许变形值见表 4-7。

表 4-7　建筑物容许变形值一览表

结构	连续结构的最大倾斜 /rad
高的连续砖墙	0.005～0.001
砖石结构住宅	0.003

二、地铁盾构施工通过变形实测值

根据机械工业勘察设计研究院有限公司已完成西安地铁二号线、一号线和四号线盾构施工穿越城墙评估项目，采用的地表最大沉降量（“+”为隆起，“-”为沉降）和局部倾斜的沉降变形控制标准，盾构施工中最终实测沉降量在变形控制范围内，城墙墙体未发生安全问题，证明研究成果科学合理，具体数值见表4-8所示。

表 4-8　西安地铁穿越城墙沉降控制标准实测值统计一览表

研究对象	穿越文物	隧道拱顶埋深 /m	最大沉降量 /mm	局部倾斜 /rad	实测最大沉降量 /mm
二号线	永宁门	17.4～18.5	-15～+5	0.001	-7.78
	安远门	13.0～14.2			-9.99
一号线	朝阳门	17.2～19.4	-15～+5	0.001	-5.3
	玉祥门	15.5～16.7			-6.4
四号线	和平门	18.2	-15～+5	0.001	—

三、历年实测成果

根据第二章对历年来监测数据的总结，各马面的沉降变化见表4-9～4-20所示。

表 4-9　8 号马面沉降变化统计表

马面编号	时间段	累计沉降量 s /mm	最大沉降速率 v /（mm/d）	累计裂缝宽度变化量 d /mm	局部倾斜 /rad
8号马面	2007.10—2010.5	$s \leqslant 5$	−0.0053	$d \leqslant 2$	—
	2010.5—2014.12	$5 < s \leqslant 15$	−0.0058	$d \leqslant 5.1$	0.00018
	2014.12—2016.12	$15 < s \leqslant 30$	−0.016	$d \leqslant 4$	0.00026

表 4-10　9-10 号马面区间沉降变化统计表

马面编号	时间段	累计沉降量 s /mm	最大沉降速率 v /（mm/d）	累计裂缝宽度变化量 d /mm
9-10号马面区间海墁	2015.12—2016.6	$s \leqslant 5$	−0.017	$d \leqslant 1$
	2016.6—2016.9	$5 < s \leqslant 15$	−0.100	$d \leqslant 1$
	2016.9—2016.12	$15 < s \leqslant 30$	−0.057	$d \leqslant 1$

表 4-11　16 号马面沉降变化统计表

马面编号	时间段	累计沉降量 s /mm	最大沉降速率 v /（mm/d）
16号马面海墁	2008.12—2009.5	$s \leqslant 5$	−0.021
	2009.5—2010.10	$5 < s \leqslant 15$	−0.023
	2010.10—2011.12	$15 < s \leqslant 30$	−0.033
	2011.12—2013.4	$s > 30$	−0.020

表 4-12　19 号马面沉降变化统计表

马面编号	时间段	累计沉降量 s /mm	最大沉降速率 v /（mm/d）	累计裂缝宽度变化量 d /mm	局部倾斜 /rad
19号马面基础	2007.10—2014.12	$s \leqslant 6$	−0.002	$d \leqslant 3$	0.0001
	2014.12—2016.6	$6 < s \leqslant 75$	−0.13	$d \leqslant 38$	0.0042
	2016.6—2016.10	$75 < s \leqslant 87$	−0.075	$d \leqslant 42$	0.0049
19号马面海墁	2007.10—2014.12	$s \leqslant 10$	−0.0032	—	—
	2014.12—2016.6	$10 < s \leqslant 71$	−0.1242	—	—
	2016.6—2016.10	$71 < s \leqslant 82$	−0.089	—	—

表 4-13　21 号马面沉降变化统计表

马面编号	时间段	累计沉降量 s /mm	最大沉降速率 v /（mm/d）	累计裂缝宽度变化量 d /mm）	局部倾斜 /rad
21号马面基础	2007.10—2014.9	$s \leqslant 10$	−0.0033	$d \leqslant 3$	0.00031
	2014.9—2016.2	$10 < s \leqslant 120$	−0.2305	$d \leqslant 6$	0.0037
	2016.2—2016.11	$120 < s \leqslant 125$	−0.0227	$d \leqslant 5$	0.0041

（续表）

马面编号	时间段	累计沉降量 s /mm	最大沉降速率 v /（mm/d）	累计裂缝宽度变化量 d /mm）	局部倾斜 /rad
21号马面海墁	2015.4—2015.5	$s \leqslant 10$	−0.144	—	—
	2015.5—2015.6	$10 < s \leqslant 20$	−0.591	—	—
	2015.6—2015.7	$20 < s \leqslant 50$	−0.927	—	—
	2015.7—2016.11	$50 < s \leqslant 130$	−0.193	—	—

表 4-14　32 号马面沉降变化统计表

马面编号	时间段	累计沉降量 s /mm	最大沉降速率 v /（mm/d）	累计裂缝宽度变化量 d /mm	局部倾斜 /rad
32号马面基础	2007.12—2008.2	$s \leqslant 6$	−0.070	$d \leqslant 1$	0.00041
	2008.2—2009.4	$5 < s \leqslant 16$	−0.023	$d \leqslant 1$	0.00087
	2009.4—2015.11	$5 < s \leqslant 15$	−0.0013	$d \leqslant 4$	0.00094

表 4-15　41 号马面沉降变化统计表

马面编号	时间段	累计沉降量 s/mm	最大沉降速率 v/（mm/d）	累计裂缝宽度变化量 d/mm	局部倾斜 /rad
41号马面基础	2007.7—2008.4	$s≤5$	−0.015	$d≤1$	0.00017
	2008.4—2011.7	$5<s≤15$	−0.009	$d≤3$	0.00049
	2011.7—2016.12	$15<s≤30$	−0.004	$d≤2.5$	0.00058
41号马面海墁	2007.7—2007.11	$s≤5$	−0.036	—	—
	2007.11—2008.8	$5<s≤15$	−0.030	—	—
	2008.8—2011.3	$15<s≤30$	−0.018	—	—
	2011.3—2016.12	$s>30$	−0.008	—	—

表 4-16　43 号马面沉降变化统计表

马面编号	时间段	累计沉降量 s/mm	最大沉降速率 v/（mm/d）	累计裂缝宽度变化量 d/mm
43号马面海墁	2007.11—2008.10	$s≤5$	−0.013	$d≤1$
	2008.10—2013.9	$5<s≤15$	−0.005	$d≤5$
	2013.9—2016.12	$15<s≤30$	−0.004	$d≤6$

表 4-17 44 号马面沉降变化统计表

马面编号	时间段	累计沉降量 s /mm	最大沉降速率 v /（mm/d）	累计裂缝宽度变化量 d /mm	局部倾斜 /rad
44号马面基础	2007.11—2010.7	$s \leqslant 6$	-0.0053	$d \leqslant 2$	0.00021
	2010.7—2015.9	$6 < s \leqslant 10$	-0.0018	$d \leqslant 6$	0.00042

表 4-18 45 号马面沉降变化统计表

马面编号	时间段	累计沉降量 s /mm	最大沉降速率 v /（mm/d）
45号马面海墁	2012.6—2012.7	$s \leqslant 5$	-0.112
	2012.7—2012.10	$5 < s \leqslant 15$	-0.135
	2012.10—2012.11	$15 < s \leqslant 30$	-0.357
	2012.11—2014.12	$s > 30$	-0.031

表 4-19 东北城角沉降变化统计表

马面编号	时间段	累计沉降量 s /mm	最大沉降速率 v /（mm/d）	累计裂缝宽度变化量 d /mm
东北城角基础	2007.10—2010.9	$s \leqslant 7$	-0.0058	$d \leqslant 2$
	2010.9—2016.12	$7 < s \leqslant 15$	-0.0050	$d \leqslant 3$
东北城角海墁	2010.10—2012.12	$s \leqslant 6$	-0.0031	—
	2012.12—2016.12	$6 < s \leqslant 15$	-0.0032	—

表 4-20　西北城角沉降变化统计表

马面编号	时间段	累计沉降量 s /mm	最大沉降速率 v /（mm/d）	累计裂缝宽度变化量 d /mm
西北城角海墁	2007.11—2008.10	$s \leqslant 6$	-0.016	$d \leqslant 5$
	2008.10—2011.3	$6 < s \leqslant 16$	-0.017	$d \leqslant 6.5$
	2011.3—2016.12	$16 < s \leqslant 35$	-0.015	$d \leqslant 8$

四、数值模拟计算

假定墙体为完好初建状态并建立一个标准马面单元，模拟不同沉降变形工况下墙体应力应变，以拉应力为控制标准，得出基础和海墁在不同沉降工况下对应病害关系见表4-21。

表 4-21　马面沉降变形与病害特征对应表

基础	沉降量 S/mm	＜35	35～90	90～125	≥125
	局部倾斜 /rad	＜0.002	0.002～0.004	0.004～0.005	≥0.005
海墁	沉降量 s/mm	＜35	35～100	100～160	≥160
墙体病害特征		无明显裂缝	有 1 条 C 级裂缝，若干条B级、A级裂缝	有1条上下贯通的D级裂缝，若干条C、B、A级裂缝	有 2 条及以上的D级裂缝

第二节 马面病害沉降监测分级预警阈值

西安城墙初建于明洪武年间，部分墙体可追溯至隋唐时期，漫长的岁月加上人为破坏，又屡经历朝历代的维修，在破坏与维修的不断轮回中，今天我们所看到的城墙，与初建时期已大不相同，且层层叠加的夯土层更使墙体的差异性极大。为此对其病害预警也宜分段进行，可分马面段进行，或根据病害发育部位分段进行。结合规范、现场实测值、数值分析确立城墙沉降量的预警阈值。为便于后期使用，对于同等级用颜色说明其等级，定义为“四色分级预警体系”：“绿色”代表安全；“黄色”代表较安全；“橙色”代表较危险；“红色”代表危险。

一、墙体基础沉降量预警阈值

由于城墙各马面段保存现状不同，因现监测马面多发育裂缝等病害，可对表4-21中沉降量数值降低50%取值，其结果见表4-22。

表 4-22 折减后基础沉降量预警值统计表

预警级别	绿色	黄色	橙色	红色
基础累计沉降量 s/mm	$s<17.5$	17.5～45	45～62.5	$s\geqslant62.5$

根据马面实测数据，当地铁过南北门区段沉降小于15mm时，城墙墙体无新增裂缝，故可将15mm作为黄色预警值。根据8号、9-10号、16号、41号、43号、马面西北城角和角台实测数据，墙基观测期间累计沉降为30mm时，墙体裂缝加宽或新增细小裂缝。结合表4-23，可将30mm定为橙色预

警值。根据19号、21号马面，墙基观测时间累计沉降为70mm时，墙体裂缝宽度加大38mm，增加局部倾斜为0.004rad，安全性差，与表4-23中红色界限62.5mm接近，考虑到红色区内城墙的安全性极差，将62.5mm进行一定折减，选取40mm作为红色预警值。基础沉降量预警阈值详见表4-23所示。

表 4-23　基础沉降量预警阈值统计表

预警级别	绿色	黄色	橙色	红色
基础累计沉降量 s/mm	s<15	15～30	30～40	s≥40

二、海墁沉降量预警阈值

同墙体基础沉降，考虑海墁现状病害对模型计算结果进行折减，折减50%，其结果见表4-24所示。

表 4-24　折减后海墁沉降量预警值统计表

预警级别	绿色	黄色	橙色	红色
海墁累计沉降量 s/mm	s<17.5	17.5～50	50～80	s≥80

根据9-10号、41号、43号马面海墁沉降实测数据，当累计沉降量小于15mm时，旧有裂缝大多变化不大，局部有细小裂缝发育，但整体状况较好，故选15mm作为达到黄色级别的预警值。同时上述几个马面数据中，当累计沉降量达到30mm时，大多裂缝有加宽，或发育新裂缝，故将30mm作为达到橙色级别的预警值。根据19号、21号马面海墁沉降实测数据，当累计沉降量71mm时，裂缝宽度加大较大，破坏严重，但当沉降量40mm时，一方面裂缝宽度不利于城墙安全成了雨水下渗通道，同时也影响海墁正常使用，故取40mm作为达到红色级别的预警值。综上所述，得到海墁沉降量预警阈值见表4-25所示。

表 4-25 海墁沉降量预警阈值统计表

预警级别	绿色	黄色	橙色	红色
海墁累计沉降量 s/mm	s<15	15～30	30～40	s≥40

累计沉降量计算时间段为观测点设置至加固工程竣工时，对马面加固后的预警值则从加固后的观测时间为起点，继续累计进行。

三、沉降速率预警阈值

根据马面沉降实测数据，基础和海墁沉降速率小于0.02mm/d时，沉降变形缓慢，对墙体安全影响较小；当沉降速率达到0.04mm/d时，如16号马面，累计沉降量达到30mm进入了橙色级别，故将0.04mm/d作为橙色预警值。9-10号、19号、21号马面数据说明，当速率达到0.06mm/d时，变形增加较快；达到0.08mm/d时，变形速率太大，累计沉降量已超过70mm，城墙处于危险状态，应为红色预警值。综上所述，沉降速率预警阈值详见表4-26。

表 4-26 沉降速率预警阈值统计表

预警级别	绿色	黄色	橙色	红色
沉降速率v /（mm/d）	v<0.02	0.02～0.04	0.04～0.08	v≥0.08

四、裂缝宽度增大预警阈值

根据总结第二章数据和以往经验分析，确定裂缝宽度变化量预警值如表4-27所示。

表 4-27 裂缝宽度变化预警阈值统计表

预警级别	绿色	黄色	橙色	红色
基础裂缝宽度变化量 S/mm	0～2	2～4	4～6	S≥6
海墁裂缝宽度变化量 s/mm	0～3	3～6	6～8	s≥8

第五章

四色分级预警体系确立

第一节　四色分级预警体系

影响西安城墙安全的因素很多，墙体发育的病害类型各异，病害成因不同，因此，对城墙安全进行预警是一个复杂的综合体系，本文仅针对监测数据制定合适的沉降监测四色分级预警体系。

影响预警级别的主要指标有现状、基础累计沉降量、海墁累计沉降量、基础沉降速率、海墁沉降速率、裂缝宽度增大值，共计六个指标。根据第三章计算分析，马面现状保存状态程度的差异，是墙体承受变形能力差异的主要根源，是影响预警阈值的重要因素，现状类别在数值计算中按照一定比例折减综合考虑，但对于病害严重马面或重点研究地段，需进行安全评估确定其具体数值。累计沉降量是判定马面在加固周期内累加的变形，主要指某个马面某次加固竣工后至下一次加固时间内的变形，分基础累计沉降量和海墁累计沉降量，是西安城墙维修—破损或病害严重—维修轮回中的特殊规律。有些马面未知上次加固竣工时的变形基准点，只能自观测开始至下一次加固时间的变形进行累加。沉降速率是直接反映变形发展速度的指标，其值大小反映墙体是否处于稳定或变形加速状态，应是瞬时速率而不是加固周期内的平均速率，是相邻监测时间内的变化速率。裂缝宽度增大值则是病害在墙体表象表现出来的具体指标，其可对病害严重程度给予预警。

根据马面沉降监测数据和影响预警值的要素，首先判定单个指标级别，即基础累计沉降量、海墁累计沉降量、基础沉降速率、海墁沉降速率、裂缝宽度增大值的级别，然后综合判定马面段监测预警级别。其触发条件详见表5-1所示。

表 5-1　四色预警体系触发条件一览表

等级	触发条件
绿色	当五项指标均为绿色时，综合判定为绿色
黄色	①基础累计沉降量或基础沉降速率有一项为黄色，未超过黄色级别 ②除上一条中两指标外，有两项或以上为黄色，未超过黄色级别
橙色	①基础累计沉降量或基础沉降速率有一项为橙色，未超过橙色级别 ②除上一条中两指标外，有三项为黄色，未超过橙色级别
红色	①基础累计沉降量与海墁累计沉降量两项指标均为橙色 ②基础沉降速率与海墁沉降速率两项指标均为橙色 ③基础累计沉降量或基础沉降速率有一项为红色 ④四项指标为橙色

第二节　各级预警应对措施研究

在第四章中已经建立了四色预警体系，对于不同预警级别应作出相应的应对措施。

1. 绿色状态时

沉降速率很低，未达到允许的沉降量阈值，不需要进行处理。由于所产生的沉降量很小，可以忽略不计，不会影响城墙安全。其监测周期可调整为6个月一次。

2. 黄色预警时

沉降速率增高，应加密观测点或加密观测频次，加强对异常点的监测。其监测周期可调整为3个月一次。

3. 橙色预警时

首先应加密监测，然后查明沉降原因，根据沉降原因以及沉降量选择处理方案，以防安全状态进一步恶化。其监测周期可调整为1个月一次，或更密的监测频次。当维修或加固竣工之后，继续监测，重新按四色预警体系执行。

4. 红色预警时

沉降量达到红色阈值时，沉降速率较大，总体沉降量较大，应启动安全应急预案，采取紧急加固措施。其监测周期可调整为1周一次甚至1天一次，并进入紧急抢险程序，采取适当加固措施。当维修或加固竣工后，继续监测，重新按四色预警体系执行。

综上所述，对应各级预警监测体系，应对措施如表5-2所示。

表 5-2 预警体系应对措施一览表

预警等级	应对措施
绿色	①监测周期为6个月一次； ②监测2年内，累计沉降变形量小于3mm时，其对墙体的安全影响很小，可停止监测。
黄色	①应加密观测频次，周期可调整为3个月一次； ②如有新增病害可根据病害位置加密观测点。
橙色	①应加密监测频次，周期可调整为1个月一次； ②如有新增病害，可根据病害位置加密观测点； ③将预警结果及时上报城墙管理部门； ④查明病害原因，组织专家开展病害研判。
红色	①应加密监测频次，可根据病害严重程度调整周期为7天一次或3天一次甚至1天一次； ②如有新增病害可根据病害位置加密观测点； ③将预警结果及时上报城墙管理部门； ④查明病害原因，组织专家开展病害研判。

第六章

应用实例

第一节　日常监测研判

自2018年8月起，机械工业勘察设计研究院有限公司与西安城墙管理委员会开始实行城墙季度研判汇报工作，每次会议中邀请2～4位文物保护专家共同进行城墙病害研判。

研判会议每个季度一次，会议中由机勘院对所有城墙监测马面进行汇报，汇报内容包括：变形规律、各马面预警级别和建议监测频次。每个季度一次的会议可以使管理人员和文物保护专家及时掌握城墙各部位病害变化情况，并及时调整管理措施。自该研判会议实施以来，已经成功预警了21号马面、29-30号马面区间和安远门U型区的加固，得到了业内的广泛认可。

图 6-1　城墙季度研判会议照片

第二节　21号马面维修

2007年起，机械工业勘察设计研究院有限公司开始对21号马面进行长期变形监测，21号马面位置见图6-2所示。

图 6-2　21 号马面位置示意图

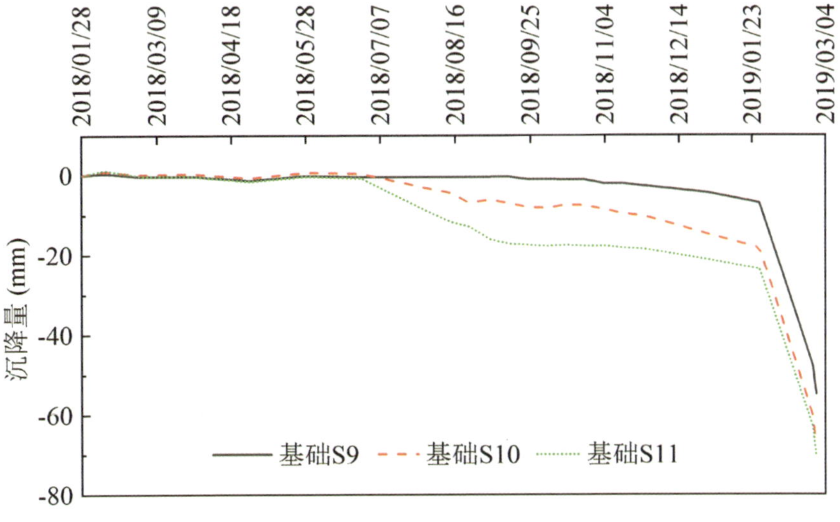

图 6-3　21 号马面沉降曲线

2019年2月25日，发现2019年1月27日—2019年2月25日期间，21号马面以东南城角为中心发生急速下沉，墙体基础最大沉降量达到41.88mm，随即发出红色预警。2019年2月25日—2019年2月27日，两天内墙体基础又沉降7.89mm，沉降变形曲线见图6-3所示。此时墙体裂缝有明显扩张趋势（见图6-4），险情严重。

图 6-4　21 号马面墙体裂缝（2019 年 2 月 28 日拍摄）

由于21号马面突发病害，城墙管理委员会立即组织文物保护专家到现场对21号马面病害进行研判（图6-5），并委托机械工业勘察设计研究院有限公司对病害原因进行勘察。

图 6-5　西安城墙管理委员会组织文物保护专家进行现场研判

通过对现场详细的勘察，和文物保护专家的研判结果，最终得出结论：导致21号马面本次发生变形突然异常增大的主要原因为局部地下管网存在较长时间的渗漏，造成马面外侧、马面下、城墙下大范围地基土的含水率增加，导致地基土的承载力下降，地基土压缩变形增大，带动马面、城墙的基础和海墁的变形共同增大，进而发生相关的一系列病害。随即，城墙管理委员会立即关闭掉附近管网。当管网关闭后，墙体基础整体走势见图6-6，可见关闭管网后，沉降走势明显变缓，消除了突发病害带来的隐患。

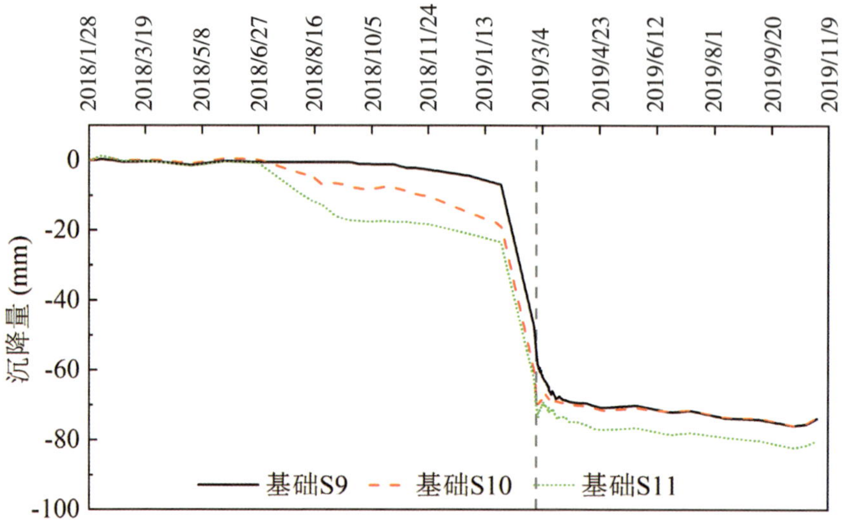

图 6-6 21 号马面基础沉降曲线

21号马面的及时预警是四色预警体系应用的成功案例，四色预警体系的运行给西安城墙的预防性保护提供了重要的数据支撑，发现监测数据超出预警阈值后可对病害部位及时预警，促使管理方及时排除安全隐患，最终使西安城墙得以“延年益寿”。

后记

墙体变形监测四色分级预警体系，是西安城墙在保护探索实践过程中基于多年来对城墙墙体监测数据的积累，利用综合分析方法对城墙结构病害监测预警进行的深入研究，针对马面的不同安全等级提出相应预警体系。四色分级预警体系的开展能够充分挖掘这些数据背后的丰富信息，给管理者带来参考，进而指导城墙的后续监测工作。能够填补目前国内外对城墙结构病害监测分级预警体系研究的空白，对于推进砖石建筑、土遗址等的学术研究都有着十分重要的意义。监测预警工作正是实现预防性保护的基础。建立病害监测分级预警体系符合文物保护行业的未来发展趋势，具有广阔的推广应用前景。

然而，保护城墙是多学科综合性问题，鉴于编者所学有限，后续尚需进一步研究探讨，预警体系的合理性也尚需时间的验证。因此次的研究前提是对已有监测数据的整合与分析，且受基础数据所限，仅针对西安城墙马面病害进行分级预警，未将城墙古建筑、护城河及其桥梁、四个瓮城包括在内，后期需对这些预警值进行专门研究，补充完善。另外，本次因尚未对城墙全程进行勘察与安全性评估，仅作定性评价后对相关指标进行了折减，未做定量化评估，对于某些重点部位或病害严重的马面，需进行勘察并查明原因，进行安全性评估，修正预警值。

任何科研成果，都需要不断完善，需要对实测数据不断进行修正，以使西安城墙在预警体系的警戒线内带病延年，千古留存。